보현행원으로 완전해지는 화엄의 지혜

화엄경
보현행원품
강의

이종린

지음

불광출판사

이 책을

우리시대의 문수와 보현으로 오신

금하당(金河堂)

광(光)자 덕(德)자 큰스님께 바칩니다.

머
리
말

보현행원은 모든 것이 저절로 되는 가르침
깨달음도 행복도, 보현행원만 하면 저절로 온다!

21세기는 굳이 닦지 않더라도 일상 삶이 그대로 수행이 되고, 수행이 그대로 일상 삶이 되는 가르침이 필요한 시대가 되었다. 또 종교와 민족을 뛰어넘어 서로 차별하거나 대립하지 않고 똑같이 자비와 지혜를 고양할 인류 공동의 보편적 가르침이 나올 때가 되었다. 시절인연이 그렇게 된 것이다. 그리고 실지로 전 세계가 그런 가르침에 목말라 하고 있다. 달라이 라마 역시 그런 사실을 기회만 되면 외치고 있고, 또 그런 가르침을 온 힘을 다해 찾고 있다.

보현행원이 그런 시대의 요구에 딱 맞는 가르침이다. 닦지 않아도 수행이 되고, 닦지 않아도 밝아지고, 닦지 않아도 자비로워지고, 종교가 다른 것은 물론 심지어 종교를 몰라도 함께 지을 수 있는 수행, 피부색이 다르고 가치관이 달라도 함께 나눌 수 있는 보편적인 가르침이 바로 보현행원이다. 또 많고 적게 아는 것과 상관없이 누구나 이해하기 쉽고 누구에게나 공감되고 누구나 행하기 쉬운 가르침이 보현행원으로, 이제 대한민국만 아니라 온 세계가 보현행원을 알고 보현행원을 할 때가 되었다.

보현행원의 뛰어난 점은 무척 많지만, 그중의 하나는 모든 것이 '저절로 이루어진다'는 것이다. 보현행원만 하면 모든 공덕(功德)이 저절로 이루어진다. 이는 부처님의 많은 가르침 중에 유독 보현행원만이 가지는 뛰어난 장점이다. 행마다 간절한 바람[誓願]을 가지고, 서로 공경하고 찬탄하고 섬기는 보현행원은 우리가 찾는 모든 것이 행원 속에 저절로 이루어지게 한다. 복 짓는 것만 해도 그렇다. 우리는 복을 많이 지음으로써 복을 많이 받으려 한다. 불교에서도 복은 매우 중요하다[福德資糧]. 열반 해탈을 증득하려 해도 복이 없으면 안 된다. 그래서 복을 많이 쌓아야 하는 것인데 이렇게 애써 복을 쌓으려 하면 예상치 못한 문제가 생긴다. 복을 많이 지으려 하는 그 자체가 문제로, 그런 마음은 흔히 욕심이 되기 쉽다. 욕심으로 복을 지으려 하니 복 자체가 지어지지 않고 지은 복도 만사휴의(萬事休矣)가 되기 십상이다. 그런데 보현행원을 하면 저절로 복이 지어진다. 이웃을 공경하고 찬탄, 섬기는 행위 자체가 복을 짓는 행인 것이다. 그러니 보현행원은 복을 못 지을까 걱정할 필요가 전혀 없다. 그저 보현행원만 하면 된다.

　　화쟁, 평화, 소통도 마찬가지다. 많은 분들이 원효(元曉, 617~686)의 화쟁사상을 연구하고 우리 사회에 가져오려 하지만 그 방법을 잘 모른다. 서로 싸우는 것을 멈추고 대립과 갈등을 사라지게 하는 것은 좋은데, 막상 화쟁을 가져오는 구체적인 방법을 모르는 것이다. 그런데 보현행원을 하면 화쟁도 저절로 온다. 대립하던 분들이 대립을 멈추며 갈등이 사라지고 마음에 평화가 온다[安樂心]. 이웃을 공경하고 칭찬하는 행위 자체가 그렇게 만든다. 그러므로 보현행원이 있는 곳은 분노, 대립, 불안, 걱정이 없다. 늘 행복이 넘친다. 가정이면 가정, 직장이면 직장이 지겹고 마지못해 사는 곳이 아니라 그야말로 아름답고 장엄한 부처님 화엄정토로 변하는 것이다. 불자들이 그렇게 가지고 싶어 하는 하심(下心)도 마찬가지다. 겸허(謙虛)는 사회생활의 가장 큰 덕목인데, 보현행원을 하면 하심도 겸허도 그냥 찾아온다. 그것은 보현행원이 공경을 기반으로 하기 때문이다. 온 세상을 공경하는데 어찌 겸허하게 되지 않을 수 있으며, 온 이웃을 섬기고 모시는데 거기 어디 교만한 마음이 있겠는가. 그러니 보현행원을 하는 분들은 하심을 못 갖출까 걱정할 필요가 없다. 오직 보현행원만 하면 된다.

아상(我相)도 마찬가지다. 많은 분들이 아상 없기를 바라지만 실생활에서는 그렇지 못한데, 설상가상으로 아상 없으려는 그 마음 때문에 오히려 더 심한 스트레스를 받기도 한다. 아상을 버리고 싶은데 아상이 도무지 버려지지가 않는 것이다. 그러나 보현행원은 그렇지 않다. 보현행원은 이미 아상이 없는 세계의 이야기이다. 공경하고 찬탄, 섬기고 참회할 때 나라는 놈은 이미 거기에 없다. 아상이 없는 자리에서 그런 행원이 이루어지기 때문이다.

깨달음도 마찬가지다. 불자들이 보현행원을 망설이는 가장 큰 이유가 혹시라도 보현행원을 하다가 깨달음을 놓치지 않을까 하는 것이다. 그래서 우선 많은 수행을 하고 그 후에 보현행원을 하겠다는 것인데(이것을 필자는 수행 따로 보현행원 따로의 '따로 국밥'이라 부른다), 그것은 정말 기우(杞憂)에 불과하다. 보현행원은 그 자체가 깨달음의 구체적 모습이다. 따라서 보현행원을 하면 그 순간순간 깨달음이 나타난다. 그것이 화엄의 여래출현(如來出現)으로, 부처님은 다른 곳이 아니라 이웃을 섬기고 공양할 때 나타나신다.

명상도 자비도 보현행원은 저절로 이룬다. 행원을 하면 명상을 배우러 일부러 애써 어디 다닐 필요가 없으니 저절로 사띠가 오고 사마타와 위빠사나가 이루어진다. 배워서, 닦아서가 아니라 저절로 오는 것이다. 자비심도 저절로 솟는다. 자비의 속성이 공경, 찬탄, 공양이기 때문이다. 따라서 자비심을 기르려 따로 무엇을 배우고 닦을 필요가 없다. 행원 자체가 자비다. 명상이라는 이름 없이 명상이 오고, 자비라는 이름 없이 자비가 넘치며, 지혜라는 이름 없이 지혜가 눈부시게 빛나는 것이 보현행원이다.

보현행원을 하면 닫혔던 마음이 활짝 열린다. 그리고 그 열린 마음으로 진리의 빛이 무진장 쏟아져 들어온다. 그렇게 마음에 진리의 빛이 들어오게 되면 그동안 몰랐던 세상을 알게 된다. 이 세상이 얼마나 은혜로우며 본래 얼마나 아름다우며 또 얼마나 밝은 곳인지! 반야(般若)를 따로 공부하지 않아도 반야가 나타나며 온 세상이 진공묘유(眞空妙有)로 가득 찬 것을 저절로 알게 된다. 그야말로 세상은 모두가 진리 덩어리, 온 존재가 진리 생명이다. 그리하여 온 세계가 평등하며 온 세상이 본래로 완전한 것을 '불완전한 이 자리'에서 '확연히' 알게 된다.

보현행원을 하면 건강해진다. 온 마음이 밝음으로 가득 차기에 병이 오려고 해도 올 수가 없다. 있던 병도 사라지니 그것은 우리 몸과 마음이 생명력으로 가득 차기 때문이다. 그래서 보현보살의 다른 이름이 연명(延命)보살이다. 생명을 연장시켜 주는 보살인 것이다. 그러므로 보현행원을 하는 한 우리는 질병을 걱정할 필요가 없다. 늙으면 건강이 아주 중요하다. 그래서 요즘은 노후의 질병 치료를 위해 개인 보험을 많이 들고 늙어 병들까봐 걱정이 대단한데, 보현행원을 하는 한 우리는 그런 걱정을 할 필요가 없는 것이다. 늘 공경, 찬탄의 마음이 가득하고 늘 일체중생을 섬기고 모시는 한, 우리는 언제나 밝고 건강하게 늙어간다. 또 보현행원을 하면 나날이 성장한다. 공경 찬탄 속에 우리 생명은 나날이 성장하는 것이다. 성장하는 삶이므로 노년기의 무료함 같은 것 역시 걱정할 필요가 없다. 늘 가슴 벅차다.

보현행원은 이와 같이 불가사의한 세계의 가르침이다. 단지 보현행원을 할 뿐인데, 아무 복도 지은 것 없고 아무 것도 아는 것 없고 어떤 것도 이룬 것이 없는 우리에게 보현보살께서 그냥 공경하라 해서 공경하고 단지 찬탄하라 해서 찬탄한 것뿐인데, 세상은 평화로워지고 모든 존재가 행복해지며 우리도 모르게 모든 공덕이 저절로 출현하는 것이다. 저절로 되는 가르침! 굳이 애쓰고 구하지 않아도 모든 것이 이루어지는 우리 본래의 소식! 이것이 보현의 행이요 보현의 서원이다. 『화엄경』이 불교의 모든 가르침을 담고 있듯 보현행원 역시 불교의 모든 수행을 담고 있는 것이다.

보현행원이 울려 퍼지면 내가 바뀌고 한국이 변하고 세계가 변한다. 눈부신 생명의 세기, 대립이 소멸되고 모두가 평화와 행복을 향해 나아가는 축복받은 21세기에 부디 많은 분들이 보현의 노래를 들으시고 일체중생이 모두 행복하기를 발원드린다.

나무 보현보살 마하살 나무 마하반야바라밀

제1장

『화엄경』과 보현행원

『화엄경』의 번역

『화엄경(華嚴經)』은 부처님이 성도하신 후 삼칠일(혹자는 이칠일이라고 도 한다) 동안 설하신 경전으로, 불교사상의 최고 정수로 알려져 있다. 다만 그 내용이 너무 방대하고 난해하여 보편적으로 읽히지 못하는 경향이 있어 화엄사상을 요약하는 게송이나 일부 품(品)이 별행본(別行本) 형태로 널리 유포되었다. 의상대사의 법성게나 용수보살의 약찬게, 그리고 지금 말씀드리는 「보현행원품(普賢行願品)」이 그 대표적 예라 하겠다. 「보현행원품」은 『화엄경』의 맨 마지막에 나오는 말씀으로, 선지식을 찾는 구도 여행을 마친 선재동자가 마지막으로 보현보살을 만나 열 가지 보현행원에 대한 구체적 가르침을 받는 내용이다.

화엄은 내용적으로 크게 두 부분으로 구성된다. 하나는 우주가 어떻게 만들어지는가 하는 우주 구성의 원리로 이 세상의 실상을 밝히는 부분이다. 또 하나는 그렇게 구성된 세상에서 실지로 생명이 꽃 피우고 번성하는 부분으로 우주 속에서 생명이 탄생하고 성장하는 원리가 그것이다. 전자는 '노사나불의 세계[毘盧法界]'로 법계연기 등의 내용이 그것이며 후자는 '보현보살의 실천 세계[普賢行海]'로 대표된다(보현행원의 관점에서 보면 법계를 구성하는 물질 역시 섬기고 공양하는 보현행원의 원리에 의해 탄생하고 소멸한다).

한역 『화엄경』은 모두 세 차례 번역되었다. 처음 나온 한역 『화엄경』은 불타발타라가 번역한(418~420) 60(권본)화엄으로 구역(舊譯)본, 또는 진역(晉譯)본이라고 하며 그 다음 당나라 때 실차난타(652~710)가 번역한 80화엄은 주본(周本), 또는 신경(新經)이라 부른다. 마지막으로 반야삼장이 번역한(795~798) 40화엄은 정원(貞元)본이라고도 부른다. 반야삼장의 40화엄은 이전의 번역본들과 달리『화엄경』전체를 번역한 것은 아니고「입법계품」만 따로 번역한 것이며,「보현행원품」은 앞의 두 번역본에는 나오지 않고 오직 반야삼장의 40화엄에만 나온다.

보통 부처님 경전은 크게 세 부분으로 구성된다. 첫째 서분, 둘째 본분(정종분), 셋째 유통분으로 유통분은 부처님이 설하신 내용을 부촉하시는 부분이다. 이것이 있어야 완전한 경전이라 할 수 있다. 그런데 기존 60 또는 80화엄에는 유통분이 없다. 유통분에 해당되는 내용은 40화엄에서야 등장하고 그것이「보현행원품」이다. 그렇다면 왜「보현행원품」은 40화엄에만 나올까? 그 이유는 크게 두 가지로 생각해 볼 수 있다.

첫째는 경전 형성의 시기다.『화엄경』은 집성경전(集成經典)으로「십지품」과「입법계품」이 먼저 생겼고 나머지 품들은 나중에 만들어졌다고 한다. 그리고 그렇게 형성된 여러 품들을 중앙아시아의 불교국에서 하나의 경전 형태로 편집했으며, 이렇게 편집된『화엄경』이 중국에 건너와 60 또는 80화엄으로 번역된다. 이런 경전 형성의 과정을 볼 때, 경전의 유통분에 해당하는「보현행원품」이 가장 늦게 만들어졌으며, 그래서 40화엄에만「보현행원품」이 나오는 것으로 볼 수 있다.

두 번째는 보현행원의 중요성을 후대에서 깊이 인식한 결과가 아닐까 하는 것이다. 처음에는 60이나 80화엄의 형태로 끝내려고 했으나, 보현행원을 요약하는 내용이 새로이 요구되었기에 편집자들이 나중에 「보현행원품」을 편찬하여 넣었을 가능성이다. 그러나 중국 화엄승들이 처음부터 보현행을 강조한 것, 그리고 60과 80화엄에 다른 불교 경전들과 달리 유통분이 없는 것으로 볼 때, 초기 화엄 편찬자들이 중요성을 몰랐다기보다 보현행원이 너무나 위대한 가르침인 탓에 『화엄경』이 두 번 편집될 때까지 미처 정리되지 못했을 가능성이 더 크다고 본다. 비록 맨 나중인 40화엄 시대에 나왔지만 「보현행원품」은 화엄 사상 발달에 매우 중요한 의미를 갖게 된다.

화엄은 세 가지로 말할 수 있다. 화엄사상, 화엄교학 및 『화엄경』 사상이 그것으로, 화엄사상은 『화엄경』에 기초하여 『화엄경』을 근거로 형성된 사상 일반을 총칭하는 말이다. 화엄교학은 중국·한국·일본의 화엄종 사람들이 만들어낸 체계적인 화엄사상을 말하며 『화엄경』 사상은 『화엄경』에 설해진 사상을 직접적으로 표현한 것이다. 화엄을 공부할 때 대부분은 화엄교학을 중심으로 시작하는데, 중국 화엄종으로 대표되는 화엄교학은 화엄 가르침의 일부만 학문적으로 성립했을 뿐이지 방대한 화엄사상을 대표한다고는 할 수 없다. 화엄에는 기존의 화엄교학이 말하지 못하는 화엄만의 세계가 분명 있다. 당나라 초기의 거사이자 화엄 사상가인 이통현(李通玄, 635~730)은 화엄교학이 지적으로만 검토·이해되어 수행이 소홀한 걸 개탄하고 스스로 80화엄을 연구하여 『신화엄경론(新華嚴經論)』을 완성했고, 고려시대의 보조국사 지눌(知訥, 1158~1210) 역시 "나는 화엄교문이 궁극적 이치에 대해 설하는 것이 미흡하다고 생각지 않는다. 다만 신속히 보리를 증득하기 위해 가르침을 잊고 마음을 통찰하기에는 교학자들이 너무나도 말과 이론에 얽매여 있다는 것이다.”라고 말했다.

화엄은 살아 있는 세계이며 생명이 용솟음치는 세계다. 따라서 화엄법계는 실천의 세계요, 실천하지 않고는 화엄세계를 제대로 이해할 수 없다. 화엄의 실천은 보현행이다. 그런데 기존의 60, 80화엄은 보현행을 강조하긴 했으나 무엇이 보현행원인지에 대한 구체적인 설명이 없다. 이로 인해 기존 화엄학은 이론은 훌륭하나 실천 부분을 정립하지 못했고, 이는 오늘날까지 이어져 왔다. 보현행원이 무엇인지 확실하게 말하는 40화엄이 나옴으로써 화엄의 실천 부분이 완성되었다. 그러므로 화엄을 제대로 알려면 반드시 보현행원을 알고 또 반드시 실천해야 한다. 보현행원은 실천의 세계라 실천하지 않으면 보현행원의 깊은 세계를 알 수 없다. 공경의 바다, 찬탄의 바다, 수순의 바다에 직접 들어가야 비로소 불가사의한 공경과 찬탄, 수순의 세계가 열린다. 머리가 아니라 몸으로 뛰어들어야 하는 것이다. 보현행원을 모르는 화엄, 또 화엄을 모르는 보현행원은 모두 반쪽 화엄, 반쪽 보현행원이다.

보현행원이란?

범어로 보현보살은 'Samantabhadra(완전한 선)'로 음역하면 삼만다발타라(三曼多跋陀羅), 의역으로는 보현(普賢), 또는 편길(遍吉)이라 하는데 '보편의 법문'이란 뜻을 지니고 있다. 보현보살은 부처님의 이(理)와 덕(德)을 상징하며, 문수보살이 지혜의 덕[智德, 體德]을 맡는 반면 행의 덕[行德(실천의 덕, 중생 제도의 구원행)]을 맡는다고 한다. 중생의 목숨을 연장하는 일도 하여 연명보살(延命菩薩), 혹은 '보현연명보살'이라고도 부른다.[1]

1　「보현행원품」은 생명성을 일깨우므로 병으로 고통받는 분들에게 아주 좋은 경전이다. 병에서 벗어나는 불교적 방법으로 「보현행원품」 독송이 아주 뛰어나다. 몸이 아프거나 집안에 몸이 힘든 분이 있는 경우, 「보현행원품」을 매일 독송하기를 권한다. 매일 일독 내지 십독 정도 하면 분명히 달라지는 것을 볼 것이다. 이때 중요한 것은 독송 전 우리 생명이 무한 생명, 이미 병이 없는 자리임을 자각하고, 그 병 없는 자리에 부처님 밝은 가르침을 공양 올리는 마음이다. 따라서 서원을 세우고 그 아래 행원품 독송을 공양 올리도록 한다. 한편 필자가 발견한 일반적으로 병 치유에 도움이 되는 마음가짐은 다음과 같다. 첫째, 현대 의학을 믿고 따를 것. 둘째, 병의 공성(空性)을 볼 것. 셋째, 네 가지 마음(감사의 마음, 참회의 마음, 연민의 마음, 서원의 마음)을 일으킬 것. 병이 아니면 알지 못할 나의 어긋난 삶을 일깨워 주었으니 병에 고마워할 일이며, 내가 함부로 살았으니 그를 참회함이며, 나보다 더한 고통을 앓는 이가 있으니 그 분들을 가엾이 여김이며, 그분들에게 다음 생에라도 반드시 도움을 주겠다 서원을 세우는 것이다. 『육조단경』을 편집한 몽산화상(蒙山和尙)이 젊을 때 병에 걸려 죽기 직전에 살아나게 된 것도 바로 참회와 서원 덕분이다. 화두를 절절히 들어도 사라지지 않던 병이, 삶을 헛되이 보낸 것에 참회하고 병이 낫거나 낫지 않거나 다음 생에는 기어코 참된 공부를 이루겠다는 서원 앞에 그만 사라지고 만다.

보현행원의 보(普)에는 크게 두 가지 뜻이 있다. 하나는 보편, 둘은 광대하다는 뜻이다. 또 현(賢)은 덕성을 말하며 생명을 살리는 모든 행을 뜻한다. 따라서 보현행원은 특수한 행이 아닌, '보편의 행'을 '광대하게' 함으로써 일체 생명을 이익되게 하고 살리는 모든 행을 말한다. 여기서 보현행의 '보편'과 '광대'에 주목해야 한다. 우리는 흔히 특수가 보편보다 더 좋은 줄 알지만 사실 특수는 보편의 일부이다. 보편이 조건 지어지면 특수가 되는 것이다. 따라서 보현행이 특별한 행이 아닌 보편행이라는 것은 조건 지어지지 않고 한계가 없는, 누구에게나 열린 행이라는 뜻이다. 이기영은 "진실로 깨달은 이는 보편적이 된다"라고 말한다. 보편이기에 광대하고, 광대하기에 또한 보편이다.[2]

원효와 이통현 역시 보편을 중시했다. 원효는 교판에서 불성을 기준으로 삼승과 일승을 나누고, 삼승은 법공(法空)을 기준으로 삼승별교(사제경, 연기경)와 삼승통교(반야, 유식)로, 다시 보법(普法)을 기준으로 일승을 일승분교와 일승만교를 나눴다. 그리고『화엄경』은 보법을 말하므로 최상위의 가르침인 일승만교로 분류했다. 이통현 역시 보법을 강조했으니, 화엄은 뛰어난 보살이나 상근기만 이해하는 경은 아니며 범부 초학(初學)이 이해하지 못하는 경전은 무의미하다며 '보법을 근본으로 하는 이 경(『화엄경』)을 통하여 보통 사람들이 믿고 깨치지 못한다면 이 경전은 반드시 결절되리'라고 말한다. 원효와 이통현에게 보편은 이토록 중요했던 것이다.

---

2   이기영,『원효사상 세계관』, 한국불교연구원, 2002, 389쪽.

보현행은 크게 두 가지로 나눌 수 있다. 하나는 광의의 보현행으로 보살도를 총칭하며, 둘은 협의의 보현행으로 「보현행원품」에서 설해지는 열 가지 행을 말한다. 그러니까 우리가 보통 보현행이라 하면 후자를 말하지만, 넓은 뜻으로는 생명을 살리는 일체의 광대하고 보편적인 모든 행[慈悲行]이 모두 보현행인 셈이다. 법장(法藏, 643~712)은 『화엄경탐현기』에서 "보살의 덕이 법계에 두루해 있음을 '보'라 하며, 그 보살의 행, 즉 작용이 선을 이루기에 '현'이라고 한다[德住法界曰普, 用順成善稱賢]."라고 말한다.[3]

행원은 원을 행한다는 뜻이다. 금하광덕(金河光德, 1927~1999)은 참 자기, 거짓되고 허망한 자기를 벗어나서 자기의 내면을 그대로 쓰는 것이 행원이라 말한다.

"아무리 더워도 더위가 미칠 수 없는 것, 아무리 죽을래야 죽어지지 않고 아무리 아플래야 아플 수 없는 것, 불에 넣어도 타지 아니하고 물에 빠져도 죽지 않는 그 한 물건을 누구나 다 가지고 있습니다. … 행원이 바로 그러한 참 자기, 거짓되고 허망한 자기를 벗어나서, 그 자기의 내면을 그대로 내어 쓰는 것입니다. 내가 진리 광명인 까닭에 진리 광명을 토하는 것이고, 내가 끝없는 사랑인 까닭에 식을 수 없는 사랑의 체온, 사랑의 향기가 그냥 퍼져 나가는 것이며, 내가 태양같은 지혜인 까닭에 지혜를 태양같이 쏟고 살아가는 것입니다. 내가 영원한 생명 그것인 까닭

3　　이도업, 『화엄경사상연구』, 민족사, 1998, 606쪽.

에 그러한 밝음도 지혜도 사랑도 끝없이 주고 또 주고, 세상이 다 하고 허공이 다할지언정 나의 생명이 가지고 있는 끝없는 표현은 다할 날이 없을 것입니다."[4]

이것은 보현행원의 뜻을 가장 화엄적으로, 그리고 가장 간단하게 정리한 말이라 할 것이다. 전통적으로 보현행원은 일반적으로 다음 두 가지로 해석되는 경향이 있다. 하나는 '보현보살이 하는 보살도로서의 실천행'으로서 보현행원이다. 이것은 보현행을 부처가 되는 인위(因位)의 보현행과 부처가 된 이후 과위(果位)의 불행(佛行) 중 어느 입장에서 보느냐에 따라 인위의 행이 될 수도 있고 과위의 행이 될 수도 있다. 즉 보현보살이 부처를 이루는 실천행이 보현행이며, 또한 중생 이익과 구호의 서원을 이루는 구체적 방법이 보현행원이다. 두 번째는 '부처를 이룩한 자리에서 이루어지는 행'이다. 그런데 이런 풀이는 이론적으로는 모자랄 데 없으나 무엇이 보살행이며 부처행인지 구체적인 제시가 없다. 그런 이유로 화엄승들이 보현행원을 중요시하기는 했으나 화엄 수행으로 보현행원을 정립하지 못하

---

4   광덕, 『만법과 짝하지 않는 자』, 불광출판사, 1995, 128-129쪽.
     필자는 처음 이 대목을 읽으며 몸에 전율이 이는 것을 느꼈다. 사랑, 자비, 지혜가
     닦아서 또는 깨쳐서 이루어지는 것이 아니고 바로 내 생명 자체라니! 내 생명 그
     대로가 무한 사랑, 무한 자비, 무한 지혜 그대로라니! 그래서 나의 사랑 나의 자비
     나의 지혜가 나온다니! 사랑 자비 지혜가 내가 사랑하거나 닦아서 나오는 것이 아
     니라 나의 본질, 내 생명 자체가 사랑 덩어리 자비 덩어리 지혜 덩어리 그러하다
     니! 조건이 아니라 무조건이라니! 가히 일찍이 들어본 적도 없고 상상도 못해본 청
     천벽력같은 사자후였다.

고 관법 등으로 화엄의 실천적 부분을 흡수하려 했던 것으로 보인다. 결국 이런 흐름은 오늘날까지도 일본, 한국에 이어져 화엄 수행은 그 본질이 보현행원의 실천임에도 그것을 누구도 인지 못하고 있는 듯하다.[5] 과거 보현행원 해석의 문제점은 보현행이 무엇인지 그 내용 자체를 몰랐던 것과, 40화엄 이후에도 범우주적 가르침인 보현행원을 단지 화엄의 결론이나(전부가 아니고) 선행 실천 정도의 유위법으로 본 것이라 하겠다.

"여래의 낱낱 모공 속에 계시는 수많은 부처님이 모두 보현보살의 수승한 행을 연설한다. 수많은 세계에 중생들이 출현하는 이런 분신지 경계는 보현행 중에 건립된 것이다. 보현의 광대원에 들면 모든 불법을 출생시키며 비로자나불의 법바다에서 수행하여 여래지를 얻는다. 보현보살이 깨친 바를 일체 여래가 찬탄하고 기뻐한다. 여래의 큰 위신력은 보현행원으로 이룬 것이다. 보현행은 중생들이 좋아하는 행이다. 보현행은 모든 여래가 설하는 가르침이다. 여래가 수많은 세상에 출현하는 것은 모두 보현행 속에서 나온다. 이 세상은 보현의 원력으로 된 것이다. 보현행원은 중생을 섭수한다. 보현행은 삼매행이다. 보살도의 궁극은 보현행이다."

---

5   화엄의 실천을 의상은 관법과 엄정융합(嚴淨融合, 화엄과 정토신앙의 융합)으로, 징관은 관법으로, 종밀은 참선으로 정립하려 했다.

『화엄경』에 설해지는 여러가지의 보현행 설명이다. 그런데 『화엄경』은 왜 굳이 보살행에 '보현행'이란 이름을 붙여 기존의 보살행과 차별화했을까? 심오한 법계연기를 설하는 화엄이 왜 고작 유치원생도 아는 공경 찬탄이라는 유치한 덕목을 굳이 보현행원이라는 이름으로 따로 만들어 강조했을까? 스즈키 다이세츠(鈴木大拙, 1870~1966) 선사는 이렇게 말한다.

> "『화엄경』은 어떤 의미에서 보현보살의 내적인 종교적 의식의 역사이다. 보현보살의 지혜안, 헌신적 삶(보살행), 그리고 본원(本願)이 그 내용을 구성한다. 그래서 법계를 만드는 데 참여한 모든 보살들은 보현보살의 발원과 삶을 통해서 생겨난다. 그리고 선재의 주요한 구도 목적은 『화엄경』에 상세히 언급되어 있으며 보현보살과 자기 자신을 동일화하는 것에 지나지 않는다."[6]

보현행원은 보살행을 특별한 몇 개의 거룩하거나 고매한 행이 아닌, 어디에나 있고 누구나 할 수 있는 행으로 확대한 데 의의가 있다. 보살만이 할 수 있는 행이 아니라 범부중생도 할 수 있는 행인 것이다[普遍廣大]. 보현행원은 저 어려운 화엄교학과 장엄한 화엄세계가 우리의 일상을 떠나 있는 것이 아님을 알려준다. 범부중생의 일거수일투족이 바로 화엄세계요 화엄법계를 여는 열쇠다. 보현행원은 이와 사를 관통하고[理事無碍] 덧붙여 사와 사를 관통하는[事事無碍]

---

6 석법장 엮음, 『선에서 화엄으로』, 우리출판사, 1992, 95쪽.

가르침이다. 그래서 화엄의 처음이요 끝, 아니 화엄의 전부다. 이것이『화엄경』에 보현행원이 처음부터 그리고 끝까지 전체에 걸쳐 나오는 이유다. 그럼에도 여전히 화엄 따로 보현 따로, 즉 화엄을 먼저 다 배우고 그 후에야 다시 화엄을 총 정리하는 의미에서 마지막에 보현행을 하는 것으로 알고 있다. 화엄이 바로 보현, 보현이 바로 화엄이 되지 못하는 것이다.

　　또한 보현행원은 보살행을 단순한 중생제도의 자비행으로만 국한시키지 않고 깨달음을 가져오는 어엿한 수행으로 승화시킨 점에서 큰 의의가 있다. 보현행원에 이르러 깨달음(正覺)과 보살행은 그야말로 둘이 아니게 된 것이다. 보현행원으로 깨달음과 보살행은 하나로 통합된다. 이런 이유로 화엄경류 편집자들이 기존의 보살행 대신 새로운 보살행의 대명사로 굳이 보현행원이라는 말을 만든 것으로 보인다.

왜 보현행원인가?

금하광덕은『보현행원품 강의』머리말에서 이렇게 말한다.

"출생으로서 천인이 되는 것이 아니고, 출생으로부터 바라문이 되는 것도 아니다. 행위에 의해서 천인이 되고, 행위에 의해서 바라문이 된다.'『경집』의 이 말씀을 계급 신분이 철벽같이 쳐 있던 인도 고대시대에 말씀하셨다는 점에 우리는 특별히 주목을 하는 것이다. 부처님께서는 행위가 일체를 결정한다고 보았다. 출신 신분이야 어떻든 오늘의 행동이 문제다. 사람은 행동으로 자기를 실현하며 자기를 형성해 간다. 필경 행위로써 성인도 되고 범부도 되고 오늘의 성공도 미래의 역사도 열려 간다. 이 점에서 보현행원은 과연 원왕(願王)이다. 부처님의 한량없는 공덕을 성취하는 결정적 행이기 때문이다. 보현행원을 통해서 제불여래가 출현하고 정불국토가 열려 간다. 보현행원을 통해서 부처님을 이루고 불국토를 이루거늘 그 밖의 것이야 말해 무엇하겠는가. 이처럼 보현행원은 일체를 이루는 불가사의의 방망이다. 가정의 평화를, 사회의 번영을, 국토의 안녕을, 역사의 광휘를 그리고 필경 성불하는 대도인 것이다. 어째서 그럴까. 보현행원은 그 본질이 법성신(法性身)의 윤리이며 법성신의 전일적 자기실현 방식이기 때문이다. (중략) 비록 지혜가 태양처럼 빛나고 서원이 수미산같이 지중하고, 자비심이 바다같이 넉넉하다 하더라도 하나의 바라밀행이 없다면 무슨 소용이겠는가. 결단적 각행이 필경의 대도를 굴리는 것이다. 거룩한 행위 법문에 부질없는 군말을 붙인 것이 죄송하기는 하나 행동주의 불교의 선봉인 보현행자의 정진을 찬양하는 마음에서 감히 판에 싣는다. 양해를 빈다."

보현행원은 수행 문제에 있어서도 많은 가르침을 준다. 먼저 수행 자체의 문제다. 우리는 수행을 하면 세상 여러 문제가 저절로 해결되는 것으로 많이 착각한다. 가령 수행하면 저절로 남을 공경하게 되고 수행하면 남을 저절로 찬탄하고 섬기게 되는 줄 안다. 그러나 실지 주위를 보면 수행이 깊을수록 오만하고 수행을 많이 할수록 대접받으려 하는 분들을 적지 않게 본다. 탐진치 역시 범부인 우리들과 크게 다르지 않은 모습도 많이 본다. 또 수행이 깊다고 세상 일에 밝지도 못하다. 어찌보면 대다수 수행자들은 단지 '수행만 깊을 뿐'일지 모른다. 서양 위빠사나의 대가 잭 콘필드는 "내가 인도와 아시아 지역에서 만난 수많은 위대한 스승 가운데 어느 누구라도 미국에 데려다 놓고 집과 두 대의 자동차와 배우자와 세 명의 자녀들과 직업을 갖게 하고 보험금과 세금을 지불하면서 살게 한다면 … 그들은 모두가 하나같이 허우적거릴 것이다."라는 75세의 어느 서구 수피교단 지도자의 말을 인용하여 수행의 효과성에 의문을 제기한다.[7]

수행은 어떤 마음을 가지고 하는지도 중요하다. 밝은 마음으로

---

7   잭 콘필드 지음, 이균형 옮김, 『깨달음 이후 빨랫감』, 한문화, 2021, 20쪽.

하면 어떤 수행이든지 깨달음을 성취하고 꽃피우는 무위법이 되지만, 어두운 마음으로 하면 오히려 업장만 더하게 되기도 한다.[8]

그러면 우리는 왜 보현행원으로 가야 하는가?[9] 첫째, 보현행원의 확대가 『화엄경』과 화엄세계이기 때문이다. 기존 화엄은 『화엄경』을 십지나 십바라밀의 측면에서 보는 경향이 있다. 그런데 그렇게 보면 화엄의 극히 일부밖에 볼 수 없다. 화엄의 근본은 십지나 십바라밀이 아니라 보현행원이다. 보현행원의 눈을 가지고 화엄을 바라볼 때 화엄의 모든 품, 모든 가르침이 이해가 될 수 있다. 화엄 전편에 넘쳐흐르는 불보살의 무량한 자비, 무량한 서원, 광대무변하고 불가사의한 방편과 중생 제도의 구체적 행이 바로 보현행원이다. 보현

8　다음의 경우에 똑같은 수행을 해도 어두운 수행이 된다. 첫째, 밖으로 향하면 어둡다. 둘째, 구하면 어두워진다(구하면 집착하게 되고 흐려짐). 셋째, 스스로 한계를 지으면(예: 업보, 중생, 팔자, 타령, 등 불성을 부정하는 것) 어두워진다. 넷째, 남을 치면[排他] 어두워진다(예: 내 수행이 최고다, 다른 가르침은 소용이 없다 등). 다섯째, 조건을 붙이면 어두워진다. 조건을 붙이는 순간, 본래 무한한 우리의 삶[無爲法]이 그 조건에 갇혀 버린다[有爲法]. 끝으로 싫어하는 마음을 내면 어두워진다. 보현행원은 이런 어둠을 초래하는 일과는 거리가 멀다. 보현행은 언제나 긍정과 밝음 속에 전개되며, 보현행 자체가 긍정과 밝음을 가져오기 때문이다.

9　필자는 졸저 『실천 보현행원』(불광출판사, 2003)에서 보현행원 수행의 특징을 다음 열 가지로 정리한 바 있다. 첫째, 모든 공덕을 솟아나오게 하는 수행. 둘째, 공덕이 즉각 나타나는 수행(부처님 공덕의 바다로 직접 들어가게 함). 셋째, 우주의 질서·흐름과 맞으며 지혜과 자비가 동시에 성숙되는 수행. 넷째, 언제 어느 때나 할 수 있는 수행(현실 생활이 곧 수행으로 직결). 다섯째, 나와 남이 동시에 밝아지는 수행(중생이 성숙되고 법계가 밝아진다). 여섯째, 현실에서 증명되는 수행. 일곱째, 행으로 하는 염불(마음이 늘 부처님을 향한다). 여덟째, 모든 종교, 모든 수행을 하나로 돌리는 수행. 아홉째, 모든 수행의 종착점이자 재출발점. 열째, 부처가 부처되는 수행(행원의 출발점은 부처, 작은 부처가 큰 부처되는 수행).

행원의 소식을 알고 『화엄경』을 보면 『화엄경』은 처음부터 끝까지 모두 보현행원 뿐이다. 각 품마다 무슨 이야기가 나오든, 십신, 십회향, 십지, 방편, 서원, 무엇이 나오든 모두 '보현행원의 자기표현, 자기확대'에 지나지 않는다.

가령 십지의 자리에 들어가는 여러 방법을 보면 그 내용이 공경, 찬탄, 공양, 참회 등 보현의 열 가지 행이다. 십회향의 경우, 그 이름이 무엇이든 모두 보현의 서원을 열 가지로 표현한다. 십행도 보현행원을 하게 될 때 나타나는 행과 방편의 특성을 열 가지로 말한 것이다. 사실 흔히 화엄 수행법으로 아는 십바라밀은 보현행원과 다르지 않다. 열 가지 보현행이 기술된 보현행원품이 가장 나중에 편집된 것으로 볼 때, 어쩌면 십바라밀은 보현행원품이 성립되기 전의 화엄 수행이고 보현행원은 십바라밀의 발전된 형태로 볼 수 있다. 십바라밀의 또 다른 구체적 표현이 보현행원인 셈이다.

이찬훈은 『불이문을 넘어 붓다의 세계로』(산지니, 2024)에서 십바라밀을 중생 구제를 위한 수행(보시, 지계, 인욕), 불법을 깨닫기 위한 수행(정진, 선정, 반야), 깨달음을 기반으로 중생 구제로 회향하는 수행(방편, 원, 력, 지)의 삼지 구조로 설명한다. 결론적으로 보현행원은 보살 52계위, 즉 십주, 십행, 십회향 등의 『화엄경』에 설해지는 모든 보살행을 하나로 통일한 수행이다. 보현행원을 떠나서 보면 다 따로 보이는데, 함께 보면 모두 하나다. 수행 52계위가 보현행원으로 수렴되는 것이다.

화엄의 어느 부분도 보현의 행과 원을 한 치도 떠나지 않는다. 보현행원을 통해 화엄의 모든 소식이 펼쳐진다. 심지어 신해행증(信解行證)의 문제, 서원의 문제, 수행할 때 자세와 마음가짐, 회향, 방편,

바라밀행, 지혜의 성취, 자비의 전개 등등이 40화엄 맨 마지막의 그 작은 「보현행원품」(별행품) 속에 모두 들어있다. 그야말로 수행의 핵심이 모두 들어있는 것이다. 마치 지눌이 감격의 눈물을 흘렸다던 「여래출현품」에 나오는 미진경권유(微塵經卷喩)의 비유처럼, 그 티끌 같은 작은 경전(별행 「보현행원품」)에 이 깊은 소식이 모두 들어 있었을 줄 감히 누가 알았겠는가?[10]

그런데 실지로 방대한 『화엄경』에 비하면 얼마 되지도 않는 그 작은 「보현행원품」 속에 『화엄경』의 모든 근본 소식이 다 들어있는 것이다. 기무라(木村清孝) 교수에 따르면 지엄(智儼, 602~668)은 담천(曇遷, 542~607)의 『망시비론(亡是非論)』에 대해 높은 평가를 한 적 있는데, 이는 매우 복잡하고 난해하게 보이는 화엄사상도 결국 대단하고 간결하고 명쾌한 체험으로부터 출발하여 또 그곳으로 돌아간다는 것을 시사하고 있어 흥미롭다고 한다.[11] 우리는 단순 소박한 것을

---

10 미진경권유의 비유: 『화엄경』 「여래출현품」에 나오는 내용으로 하나의 미세한 티끌에 대천경권이 들어 있으나 그 사실을 중생들이 알지 못하고 있는 것을, 어떤 청정안을 구족한 지혜 밝은 이가 이 티끌을 깨뜨려 속에 있는 경책을 꺼내어 모든 중생으로 하여금 이익을 얻게 했다는 비유이다. 그런데 보조의 고민은, '어떻게 미진 속의 경권을 꺼내는가' 하는 것이다. 지눌은 이에 대해 결국 그 방법을 '믿음'으로 결론짓는다. 즉, 우리가 티끌 속 경전을 꺼낼 수가 없는 것은 우리 스스로를 범부로 생각하고 부처인 것을 믿지 않기 때문이라는 것이다. 따라서 '우리 자신이 곧 부처'임을 믿을 때, 우리는 티끌을 부수고 그 속의 무수한 소식을 들을 수 있다. 그런데 필자가 보기에 티끌을 부수는 가장 쉬운 방법은 바로 '보현행원'이다. 보현행원을 하면 티끌은 '저절로' 부서진다. 지눌이 왜 이렇게 쉬운 방법을 말씀하지 않았는지 이유를 모르겠다. 이 작고 단순 소박한 가르침이 저 깊은 화엄세계를 모두 담고 저 광활한 화엄세계를 열 줄은 지눌도 몰랐나 보다.

11 기무라 기요타카 지음, 정병삼 옮김, 『중국화엄사상사』, 민족사, 2005, 63쪽.

무시하는 경향이 있지만 알고 보면 단순 소박한 것이 사실은 그 무엇보다 깊은 이치를 담고 있는 경우가 많다. 너무 복잡 난해하므로 오히려 단순해지는 것이다. 또 세상은 고차원에서 단순해진다. 그러니까 단순 소박한 것은 차원이 낮아 그럴 수도 있지만 참으로 높은 차원이라 또한 그럴 수 있다. 생명이 그러하고 보현행원 역시 그러하다. 보현행원은 단순 소박한, 그러나 명쾌한 체험을 시작으로 복잡하고 난해한 세계를 경험하고 다시 단순 소박한 세계로 돌아간다.

일심에 심진여문(心眞如門) 심생멸문(心生滅門)이 있듯 보현행원도 유위의 세계인 선인선과의 선업(윤리적)과, 무위의 세계인 생사를 뛰어넘는 도업(진리적)의 두 가지 측면이 있다. 그런데 많은 이들이 도업의 면을 보지 못하여 단지 선업의 측면만 본다. 그리하여 보현행원은 수행이 아니다, 깨침과는 상관없다, 보현행원이 좋기는 하지만 그것 가지고는 안 된다 등등 나름대로 결론을 짓는다. 보현행원에는 세속[俗際]의 측면인 선업 복덕의 가르침과 출세속[眞際]의 측면인 도업, 공덕의 가르침이 함께 공존한다. 따라서 진속이 자유로울 뿐 아니라 속제, 진제가 같이 원융무애(圓融無礙)하게 조화되고 어울리는 가르침임을 꼭 명심해야 한다. 그러므로 보현행원을 하면 세속적 삶도 뛰어나지고 진리의 세계도 밝아지는 것이다.[12]

둘째, 보현행원은 모든 삶과 수행의 종착지다. 차별과 대립을 보

---

12 그런데 이런 윤리적 측면은 현대에 와서는 종교를 떠나 전 인류의 보편적인 가르침으로 자리 잡게 하는 데 큰 도움을 준다. 그리고 다른 윤리적 가르침은 윤리 그 자체에 머무는 반면, 보현행원은 윤리 너머의 더 큰 세계로 이끌어 주는, 다른 가르침이 갖지 못한 장점이 있다.

이던 우리의 모든 모습은 섬기고 공양하는 보현의 품에서 차별과 대립이 사라지고 하나가 된다. 우리 자신을 위해 존재할 때는 대립과 차별을 보이지만, 보현의 품에서 함께 존재할 때는 그러한 것들이 모두 사라진다. 아무리 돈이 많고 재능이나 학문이 뛰어나고 아는 것이 많고 높은 지위에 있고 권력이 있더라도 중생을 공경할 줄 모르고 중생을 섬길 줄 모른다면 그 많은 돈, 그 많은 재능이 무슨 소용이 있겠는가? 그 소중한 복덕은 우리 모두를 성장시키는 것이 아니라 오히려 대립과 갈등만 유발하며 본인의 업장만 더하는 결과가 된다. 그래서 재주 많고 돈 많으나 사람됨이 부족한 분들을 보고 우리는 먼저 인간이 되라고 일갈한다.

　　이것은 수행에서도 마찬가지다. 아무리 수행을 많이 하고 이룬 깨달음이 높다 하더라도 중생을 섬기고 공양할 줄 모른다면 헛수고에 지나지 않을지 모른다. 보현행원은 모든 삶, 모든 수행이 마지막으로 가야 할 귀결이요 종착점이다. 모든 강물이 바다에서 모이듯, 모든 국민의 땀 흘린 노력이 국가라는 틀에서 모두 하나 되듯, 모든 수행, 모든 공덕은 보현의 바다에서 하나 되는 것이다. 섬기고 공양할 때 차별 많던 우리의 삶과 수행은 하나가 된다. 나의 모든 세속적 삶과 종교적 수행이 모두 함께 만나는 것이다.

　　깨달은 이의 두 가지 특징은 지혜와 자비인데 이것은 보현행으로 나타난다. 지혜에 해당하는 것이 공경·칭찬·공양·참회 등이며 나머지 보현행은 자비행이다. 나와 남이 동시에 밝아지고 지혜와 자비가 동시에 성숙된다. 이기영은 『대승기신론강의』(한국불교연구원, 2004)에서 "앞으로 종교는 뭘 믿으라는 것이 중요하지 않고, 사람으로 되돌아가는 길밖에 없다."라고 말한다. 보현행원이 중요한 이유도 이런 데 있다. 가장 인간답게 사는 길, 그 길이 보현행원이다. 원효가 그렇게 목숨 걸고 돌아가려 했던 귀일심원(歸一心願)이 바로 이것으로 본래의 티 묻지 않은 일심을 가진 존재 그리고 그것을 나투는 현현하는 존재, 바로 참된 사람(임제의 표현을 빌리면 眞人)이 되는 것이고, 그 길이 보현행원이다. 못 깨친 자의 모습도 중생이지만 깨친 자의 모습도 중생이다. 가장 중생다운 삶이 가장 부처님다운 삶이다. 보현행원은 가장 인간다운 인간이 되는 가르침이다. 보현행원을 할 때 우리는 가장 인간다운 인간이 된다. 부처님도 가장 인간다운 삶을 살아가신 분이다. 부처님 열반 후 많은 중생들이 그토록 부처님을 잊지 못한 데는 많은 이유가 있겠지만 필자는 부처님의 인격 때문으로 생각한다. 부처님처럼 완전한 인격을 보이시고 인간적으로 사셨던 분이 부처님 이전에는 없었다. 그렇기에 중생들은 그토록 부처님을 그리워했고, 마침내 인류의 가르침으로 부처님 일생을 담은 불교가 탄생한다.

셋째, 보현행원에서 모든 공덕이 새로 태어난다. 그렇게 보현의 품에서 모인 모든 공덕은 이제 모두의 공덕이 되어 다시 출발한다. 섬기고 공양하는 마음에서 하나 된 모든 공덕이, 그 마음에서 다시 새롭게 전개되는 것이다(이것이 인과불이의 화엄사상이다). 우리는 그동안 타자와의 차별로 인해 대립과 갈등을 겪었다. 그리고 그러한 대립, 갈등은 보현의 품에서 하나가 되었다. 공경하고 공양하며 우리는 자연스럽게 하나로 모인 것이다. 그러한 하나의 자리에서 다시 우리의 모든 공덕이 모두를 향해 뿜어 나간다.

아무리 뛰어나고 아무리 훌륭하더라도 그 자체로 끝난다면 세상은 아무 소득이 없다. 더 큰 세계로 가 모두의 품에서 태어나야 비로소 개인적으로 끝날 공덕이 우리 모두의 영광이 되는 것이다. 가령 어떤 기업가가 아무리 많은 부(富)를 창출한다 해도, 그것이 자신만의 영광과 이익으로 끝난다면 필경 근로자나 사회의 반발을 불러일으킨다. 기업의 부가 그 회사 근로자의 부로 나누어지지 못하고 나아가 한 사회의 이득으로 돌려지지 않는다면 혼자 잘나고 혼자 잘 사는 것으로 끝나는 것이다. 운동선수나 과학자, 예술가의 영광도 마찬가지로 한 개인의 영광으로 끝난다면 그들의 영광에 온 국민이 열광할 이유가 없다. 우리 모두의 영광이니 우리 모두가 그렇게 반기고 힘찬 성원을 보내는 것이다. 따로 놀기만 하면 개인의 영광은 되어도 모두의 영광은 되지 못한다. 함께 존재할 때 비로소 의의가 있다. 그러니 개인의 영광은 반드시 우리 모두의 영광으로 다시 태어나야 한다. 이런 이유로 국가가 세금을 거두고 그것을 다시 복지 사업이나 공공사업으로 재투자하는 것이다.

이것은 수행에서도 마찬가지다. 모든 수행은 섬기고 공양하는 보현행원으로 하나 되고 다시 태어난다. 그렇게 하나 된 마음에서 우리는 다시 일체중생의 공양으로 나아간다. 절을 잘하는 분은 절로, 참선을 잘하는 분은 참선으로 시방에 가득한 부처님과 중생을 향해 나아가는 것이다. 이때 마음에는 절을 한다, 참선한다, 또는 잘한다, 못한다는 마음이 없다. 오직 부처님 공양, 중생 공양의 마음뿐이다. 부처님 공양하러 나는 절을 하고 당신은 참선을 하는 것이다. 올 때는 차별이 있었으나 나갈 때는 차별이 전혀 없다. 이러한 마음과 행이 더 큰 섬김과 공양으로 나아갈 때 우리는 그동안 집착하고 갈망하는 작은 유한의 나에서, 영원불멸의 더 큰 나로 성장해간다. 그러므로 보현행원은 모든 대립과 갈등을 하나로 모아 모두의 행복으로 다시 재생산해내는 불가사의한 가르침이다.

넷째, 보현행원은 조건이 없는 가르침이다. 조건이 없다는 것은 한계가 없다는 것이다. 즉 무엇을 구해서 밝아지고 무엇을 더해서 밝아지는 가르침이 아니다. 본래 완전하고 본래 충족하고 본래 넘치는 우리의 진실 생명이 행원을 통해 그대로 쏟아지는 것이다.[13] 그러니 모든 공덕이 저절로 이루어지고 저절로 출현한다. 보현행을 통해 여래가 출현한다는 경의 말씀은 이를 증명한다[菩薩如是知, 住普賢行地, 智慧悉明了, 出生一切佛(「보현행품」)].

보현행원은 굳이 계를 지키려 하지 않는다. 그러나 계가 저절로 지켜진다. 만물을 부처님으로 공경하고 찬탄하며 섬기는 분들은 생명을 죽이고 거짓말을 하고 도둑질을 할 수가 없다. 안 하려고 해서 아니하는 것이 아니라, 도저히 할 수가 없기에 못하는 것이다. 이러한 지계는 십지 중 두 번째인 이구지에서 십선(十善)이 저절로 되는 것으로 말씀된다[佛子 菩薩住離垢地 性自遠離一切殺生]. 계가 지켜지니

---

13 불교에서 완전하다는 것은 이 세상의 차별과 모순이 없다는 말이 아니다. '불완전한 이대로 완전'이라는 말인데 이 말뜻을 이해하기는 쉽지 않을 것이다('예외 없는 규칙은 없다'는 말을 참고해 보라). 완전은 불완전을 배제하거나 없는 것을 말하는 게 아니라, 모자라고 불완전한 하나하나가 서로 조화를 이루며 함께 존재할 때 이루어진다. 그래서 모난 돌은 모난 돌대로 둥근 돌은 둥근 돌대로 쓸모가 있는 것인데, 이것이 연기의 세계이며 그 정점이 법계연기다

선정은 당연히 온다. 선정이 오니 지혜도 당연히 밝아진다. 우리가 그렇게 얻으려고 하는 계율, 선정, 지혜가 보현행을 하면 저절로 이루어지는 것이다.

업장 참회도 마찬가지로, 참회는 수행에서 대단히 중요해 따로 참법이 만들어져 수행으로 발전되기도 한다. 그러나 보현행원에서는 굳이 참회를 따로 구하지 않는다. 보현행 자체가 참회다. 정토왕생도 마찬가지니, 보현행자는 굳이 정토왕생을 발원하지 않는다. 보현행 자체가 정토왕생의 방법이다. 정토삼부경을 보면 상품상생하는 가르침이 나와 있는데 그 내용이 바로 보현행원이다.『관무량수경』에는 극락세계에 나는 복으로 부모에게 효도하고 스승과 어른을 받들어 섬기며 불살생 등 십선을 닦고, 삼보에 귀의하고 계를 지키며, 보리심을 내고 독경하며 이웃에게도 그렇게 정진할 것을 권하는 세 가지를 말한다. 그런데 그 내용이 보현행원이다. 또 상품상생하는 삼종발심[至誠心, 深心, 廻向發願心]이 있는데 이 내용 역시 보현행원이다. 행원은 지극한 정성심이며 깊은 마음이며 모든 공덕을 언제나 부처님께 향하는 회향발원심이다. 그러니 보현행원을 할 때는 죽어서 서방 정토에 못 갈까봐 걱정할 필요가 없다. 윤회 해탈도 마찬가지다. 사실 보현행원은 윤회 해탈을 바라지 않지만(수많은 생사를 거듭해도 보현행은 끝이 없다) 「입법계품」의 석가 아씨 구바녀는 보현행원을 하면 생사의 물결을 끊을 수 있다고 노래한다[見諸衆生在諸趣 爲集無邊妙法輪 令其永斷生死流 此是修行普賢行].

수행에서 그렇게 중요시하는 정견, 믿음, 발심도 마찬가지다. 보현행원을 하면 '내가 부처구나, 일체가 중도 연기구나' 하는 것을 저절로 알게 되고 저절로 믿음이 불같이 일어나며 저절로 발심이 된다 (믿음뿐 아니라 원을 세우는 것이 바로 발심으로 연결된다). 그러므로 행원은 정견이 서지 않아도, 믿음이 일어나지 않아도, 발심이 없어도 바로 밝음을 창조하고 올바른 삶을 살아가게 한다. 정견을 세우고 믿음을 일으키고 발심하여 그 연후에 밝은 길을 가는 것이 아니라, 무지몽매한 이대로 바로 부처님의 행, 부처님 밝은 삶으로 나아가는 것이다. 흔히 "당신은 부처님 우리 모두 부처님"이라 할 때 "그래서 어쨌단 말인가?" 하고 질문을 하면 대답이 궁해진다. 그것은 부처 선언만 있고 그 다음이 없기 때문이다. 『화엄경』 첫머리에는 수많은 화엄성중들의 시성정각(始成正覺)을 이룬 부처님 마중이 나온다. 그런데 그 마중의 내용이 공경 찬탄 공양, 즉 보현행원이다. 이렇게 『화엄경』 첫머리를 보면 우리가 당신은 부처님이라는 부처 선언을 하고 그 다음 이어져야 하는 것은 보현행원임을 알 수 있다.

다섯째, 보현행원은 일상이 바로 수행이 되는 가르침이요 수행이 바로 일상이 되는 가르침이다. 우리가 살아갈 때 섬기고 모셔야 할 일이 얼마나 많은가. 그런데 바로 그런 일이 고달픈 삶의 일부가 아니라 우리가 깨달음을 이루고 일체중생을 이익되게 하는 수행이요 깨달음의 행인 것이다. 그러므로 따로 깨닫고 보살행을 하기 위해 애쓸 필요가 없다. 지금까지 우리가 몰랐을 뿐 일상 삶이 그대로 보리행이요, 보살행이요, 수행인 것이다. 보현의 눈을 뜨니 그런 것이다. 또 수행을 할 때 무엇을 구해서가 아니라, 깨닫거나 내 공덕 내 자량을 쌓기 위해서가 아니라 부처님을 공경하고 섬기기 위해서이니 수행 자체가 일상이 되는 셈이다. 보현행원은 이렇게 인식의 전환을 일으킨다.

　중생의 눈으로 보면 우리 삶은 그야말로 생존 경쟁의 현장이지만, 부처의 눈으로 보면 그대로가 보리 이룰 도량이다. 보현의 마음으로 밥을 먹으면 밥이 바로 보리행이요, 보현의 마음으로 일터를 가면 일터가 바로 보리 이룰 보리도량이다. 보현의 마음으로 좌복에 앉으면 일체가 부처님 무량광명이요, 보현의 마음으로 절을 하면 일체가 부처님 무량축복이다. 따라서 바쁜 현대인에게 딱 알맞다.

　여섯째, 보현행원은 스승이 없어도 가능하다. 스승(선지식)의 역할은 모든 공부에서 매우 중요하고 『화엄경』에서도 숱하게 강조된다. 문제는 스승을 만나기란 여간 쉽지 않으며 심지어 박복한 중생은 평생 스승을 만나지 못할 수도 있다는 것이다. 「입법계품」에서 문수보살은 구도길을 떠나는 선재에게 스승의 중요성을 이르며 특히 참된 스승을 만나야 한다[若欲成就一切智智, 應決定求眞善知識]고 강조한다. 그런데 어리석은 범부는 도대체 어떤 스승이 참 스승인지 알 수 없다. 사이비 종교가 난무하는 것도 범부에게는 바른 스승을 알아볼 수 있는 안목이 없기에 그럴 것이다. 그런데 보현행은 굳이 스승이 없더라도 큰 문제 없이 지어나갈 수 있다.[14] 원이 있기 때문인데, 보현의 원은 스승 없이도 공부가 어긋나지 않게끔 올바른 길잡이 역할을 한다. 이러한 모든 공덕이 저절로 지어지는 것이 보현행원이라, 문수

14　진정으로 밝은 스승을 찾지 못하면, 스스로 자신에게서 구할 수도 있다. 부처님이 우리에게 불법승 삼보에게 귀의하라는 것도 이런 이유이다. (남회근 지음, 신원봉 옮김, 『남회근 선생의 알기 쉬운 불교수행법강의』, 씨앗을뿌리는사람, 2003, 573쪽) 참된 스승님을 찾기 어려울 때 경전은 훌륭한 스승이 될 수 있다. 특히 『화엄경』은 더욱 그렇다.

보살은 구도 여행을 떠나는 선재를 이렇게 찬탄한다.

엄청난 서원을 세우며 중생의 괴롬을 없애려고 세상 사람 위해 보살행을 닦나니 / 만일 어떤 보살이 생사의 괴롬을 싫어하지 않으면 보현의 도를 갖추어 아무도 깨뜨릴 수 없으리 / 복의 빛 복의 위력 복의 처소 복의 깨끗한 바다, 그대 중생을 위하여 보현의 행을 닦으려네 … 그대 끝닿은 데 없는 시방의 부처님을 뵈옵고 법을 들으면 받아 지니고 잊지 않으리 / 그대 시방 세계에서 한량없는 부처님 뵈옵고 모든 원력 바다를 성취하면 보살의 행을 구족하리라 / 방편 바다에 들어가 부처님 보리에 머물면 지도하는 스승을 따라 배워서 온갖 지혜를 이루게 되리 / 그대 모든 세계에 두루하여 티끌 같은 겁 동안에 보현의 행을 닦아 행하면 보리의 도를 성취하리니 / 한량없는 세계에서 그지없는 세월에 보현의 행을 닦으면 큰 서원을 이루리니 / 이 한량없는 중생들 그대의 소원을 듣고 보리심을 내어서 보현의 법을 배우려 하리.[15]

---

15 善哉功德藏 能來至我所 發起大悲心 勤求無上覺. 已發廣大願 除滅衆生苦 普爲諸世間 修行菩薩行. 若有諸菩薩 不厭生死苦 則具普賢道 一切無能壞. 福光福威力 福處福淨海 汝爲諸衆生 願修普賢行. 汝見無邊際 十方一切佛 皆悉聽聞法 受持不忘失. 汝於十方界 普見無量佛 成就諸願海 具足菩薩行. 若入方便海 安住佛菩提 能隨導師學 當成一切智. 汝徧一切刹 微塵等諸劫 修行普賢行 成就菩提道. 汝於無量刹 無邊諸劫海 修行普賢行 成滿諸大願. 此無量衆生 聞汝願歡喜 皆發菩提意 願學普賢乘.

여기서 보듯 문수보살은 보현행의 의의를 이렇게 말한다. 첫째, 보현행을 하는 이유는 일체중생을 위해서이다. 둘째, 보현행을 닦으면 깨달음을 이룰 수 있다. 셋째, 보현행 자체가 서원을 이루는 방법이다. 넷째, 방편이 중요하다. 다섯째, 보현의 서원을 세워 행원을 하면 시방 중생들도 같이 발심하여 보현행을 할 것이다. 그중에서 특히 마지막 부분은 화엄의 동시성불(同時成佛) 사상을 말해주는데, 보현행원을 하면 행원을 하지 않는 다른 분들도 발심하게 되고 함께 행원을 하게 된다는 것이다. 「여래출현품」에 '여래가 정각을 이룰 때 그 몸에서 일체중생이 정각을 이루는 것을 본다[如來成正覺時 於其身中 普見一切衆生成正覺 乃至 普見一切衆生涅槃]'는 말 역시 화엄의 동시성불 사상을 시사한다. 화엄의 동시성불 사상은 매우 중요한 가르침이다. 화엄의 불보살은 결코 혼자 성불하지 않는다. 언제나 함께 성불하고, 수많은 중생, 수많은 보살행과 함께 온다. 일본의 도원(道元) 선사는 이를 동시성도(同時成道)라 하였다.[16]

티베트불교에는 복덕자량을 기르기 위한 수행으로 칠지작법(七地作法)이 있다. 칠지작법은 예경 올림(정례지), 공양 올림(공양지), 참회 올림(참회지), 선업을 수희(수희지), 스승들에게 법을 청함(청법지), 깨달은 분이 열반에 들지 말기를 간청(소청주세지), 모든 이를 위해 자신의 선업을 회향(회향지)인데, 칠지작법을 행하면 복덕자량이 성취된다는 것이다. 까담파 전승의 위대한 라마들은 단지 칠지작법만 열심히 하고 다른 불법 수행은 하지 않았다고 한다. 그런데 칠지작법을 보면

---

16 오강남, 『불교, 이웃종교로 읽다』, 현암사, 2006, 215쪽.

이것이 바로 보현행원이다. 즉 보현행원을 하면 복덕자량은 저절로 길러진다.

　　보현행원은 이처럼 복을 짓지 않아도 저절로 복이 지어지고 깨달음도 해탈도 저절로 오는 소식이다. 수행하지 않아도 깨닫지 않아도 정토에 가며 해탈하는 가르침인 것이다. 오로지 보현행원만 하면 된다. 그러면 모든 공덕이 저절로 갖추어진다. 이러한 보현행원의 원리는 기존 불교의 가르침과는 많이 다르다. 삼학의 경우 기존 불교는 먼저 계를 지키는 것으로 시작한다. 즉 지켜지지 않는 계를 '억지로' 지킨다[有爲行]. 그 결과 선정에 들고 그런 선정을 바탕으로 지혜를 다시 닦는다. 그러나 화엄, 보현행원의 경우는 앞서 언급한 대로 그런 억지로 짓는 것이 없다[無爲行]. 보현행원을 하면 굳이 계를 지키려 애쓸 필요도 없이 저절로 지계가 이루어진다. 중생을 찬탄하고 공경하니 살생, 사음, 망어 등등이 나오려야 나올 수가 없는 것이다. 발심, 믿음도 모두 그런 원리로 이루어진다. 굳이 발심하려 하지 않아도, 믿음을 내려 하지 않아도 저절로 발심이 되고 믿음이 생긴다. 이런 원리는 『화엄경』 자체에서도 볼 수 있는데, 『화엄경』은 처음에는 부처님에 대한 공경, 찬탄, 공양으로 시작하여 그 후에야 믿음과 발심에 대한 가르침이 구체적으로 나온다. 보현행원이 믿음과 발심을 저절로 가져오는 원리를 경전 구성으로 밝혀 주고 있다.

　　보현행원은 화엄의 처음이요 끝이요 그리고 그 전부다. 보현행원은 비로법계를 먼저 다른 방법(예: 관법, 명상 등)으로 알거나 깨친 뒤에야 덤으로 혹은 결론으로 닦는 가르침이 아니라 그 자체가 비로법계를 알게 하고 이 세상을 화엄으로 만들어 가는 가르침이다. 따라서 처음부터 보현행원인 것이다.

종합하면, 보현행원에는 불교의 모든 것이 들어있다. 우선 수행 면에서 보면 보현행원은 수행의 끝판왕, 수행의 종합 세트라 할 수 있다. 우리가 수행을 할 때 원을 세우는 것이 중요한데 보현행원은 처음부터 원으로 들어간다. 원을 세우고 그 원 속에서 우리의 모든 수행 하나하나가 이루어지는 것이다. 발보리심의 문제도 보현행원으로 해결이 되니, 원을 세우는 것이 바로 발심으로 이어지기 때문이다. 수행의 자세 역시 염념상속, 무유간단, 무유피염의 세 가지로 우리가 어떤 자세로 수행을 임해야 할지 분명하게 일러준다. 또 수행은 믿음이 중요하고 해행(解行)이 중요한데 보현행원은 이미 그 가르침에 신해행증이 들어있다. 따라서 보현행원은 그 어떤 수행보다 믿음이 저절로 샘솟게 한다. 자비 문제도 그렇다. 자비의 실천이란 말은 좋은데 막연하다. 구체성이 없다. 그런데 공경, 칭찬, 섬김, 수순이 바로 자비다. 구체적 자비행이다. 즉 보현행원이 바로 자비행인 것이다.

다른 수행과의 관계는 어떨까? 보현행원은 그 자체가 염불이요 사마타 위빠사나요 참선이요 명상, 기도이다. 보현행원을 하면 저절로 부처님을 늘 염하게 되고 지관이 오며 명상과 기도가 되는 것이다. 깨달음마저 저절로 오게 한다. 더욱이 행원 하나하나에 이르면 불교의 목적이 어디에 있는지 보현행원은 명확하게 알려준다. 일체 중생을 이익하게 하고 공경, 찬탄, 섬기고 모시는 삶이 그것이다.

보현행원의 특징 중 하나는 매사를 둘로 나눠 보는 '이분법'이 사라지는 것이다. 따라서 보현행원에서는 수행과 일상적 삶이 둘이 아니다. 모든 것이 '하나'다. 화엄은 이분법을 철저히 경계한다. 화엄은 언제나 '다르되(또는 따로 있되) 하나'다(상즉상입은 우리 눈에 다르게 보이는 일체가 원래 하나임을 뜻한다). 놀기는 따로 놀지만, 존재할 땐 함께 존재하는 것이다. 놀 때는 차별이 있지만, 존재할 땐 아무 차별이 없다. 오직 하나의 화엄세계[一眞法界], 하나의 부처님세계[佛華嚴]만 있을 뿐이다. 원효도 『본업경소(本業經疏)』에서 "불지에 이르면 둘을 여의고 오직 하나이므로 그 하나를 일도(一道)라 이른다. 이와 같이 일제(一諦)가 잘 통하여 막힘이 없고, 제불의 도(道)가 동일하기에 일도라 이름한다."라 하여, 궁극의 자리에서는 모두가 하나 됨을 말한다.

물리학자 브라이언 그린(Brian Greene, 1963~)은 이 우주는 분리를 허락하지 않는다고 말한다. 현대 과학도 우주의 실체를 '분리될 수 없는 전체(The Undivided Wholeness)'로 보고 있다. 보현행원에서 수행과 삶이 둘이 아닌 이유 역시 이처럼 애시당초 수행과 삶은 둘이 아니[不二]었기 때문이다. 마치 시간과 공간이 실은 하나인데 그동안 서로 다른 것인 줄 알아왔듯, 삶과 수행은 분리할 수 없는 것임에도 분리하고, 또 분리한 것조차 몰랐기에 그동안 괴리가 있었던 것이다. 진제·속제도 마찬가지니 이 역시 원래 분리될 수 없는 하나임에도 진속을 구분하여 속제는 싫어하고 진제만 찾아 헤맨다. 보현행원은 이런 모든 착각을 깨뜨려 준다. 그리하여 분리될 수 없는 본래의 하나로 되돌려 준다. 원효의 말처럼 하나됨으로 가는 것이다. 『화엄경』에는 일체의 법문이 포함되어 있어서 일체 가르침은 화엄의 바다로 흘러들어가며 화엄의 바다에서 하나 된다고 하는데, 보현행원 역시 일체의 수행과 가르침을 섭수하며 하나로 모든 공덕을 성취하게 한다[如四大河 奔忙流入海 經於累劫 亦無疲厭 菩薩亦復如是 以普賢行願 盡未來劫 修菩薩行 入如來海 不生疲厭(「십정품」)].

불교 수행의 문제점 중 하나가 대부분을 '따로 짓는 것'이다. 하심, 복덕자량, 삼매, 깨달음 등을 한 번에 하지 못하고 각각 분리해서 짓는 것인데, 이제는 한 번에 이루어야 할 시절인연이 되었다. 지금까지의 가르침이나 수행을 보면 이처럼 모두 각각 '따로' 해야 얻을 수 있으며 삶과 수행이 분리되어 있다(예:복 짓고 참선하고 자비행하고). 그런데 수행이든 삶이든 하나로 지어 가야 원만하고 완전해진다. 수행과 삶이 분리되지 않고, 복 따로 지혜 따로 또 선정 따로가 아니라 하나로 이 모든 것을 이뤄야 하는 것이다. 내 삶이 선정이고 내 삶이 지혜요 내 삶이 복이며 내 숨결이 바로 자비가 되는 것이다. 보현행원은 이 모두를 이렇게 '따로'가 아니라 '한 번'에 이루게 한다. 어떤 분은 "수행과 보현행원이 '함께' 가야한다"고 말하기도 한다. 이 말이 틀린 것은 아니지만 정확한 것은 못 된다고 하겠다. 이 말 속엔 이미 수행과 보현행원이 '따로' 있기 때문이다. 보현행원에서 가장 경계해야 하는 것이 '따로 보는 것(따로 국밥)'이다. 수행이 따로 있고 보현행원이 또 따로 있어서 '함께' 가는 것이 아니라 수행 그 자체가 '바로 보현행원'임을 알아야 한다. 참선한 후 보현행원을 다시 따로 다른 곳에서 찾아 하는 게 아니라, 참선하는 그 자리가 바로 보현이 실현되는 자리다(염불보현행원은 공경, 찬탄의 마음으로 염불). 좌복에 앉는 것이 부처님 공경, 공양과 무관한 것이 되어서는 안 된다. 이것은 아주 미세한 차이 같지만 아주 큰 차이다.

우리는 늘 개인적 성취[上求菩提]와 사회적 책임[下化衆生] 사이에서 고민한다. 내 욕심을 따르자니 이웃 보기 민망하고, 내 욕심을 포기하자니 그러기에는 내 성취욕이 너무 크다. 그런데 보현행원은 개인적 성취와 사회적 책임을 함께 이루게 한다. 그러므로 보현행원을 하는 한 우리는 그런 고민을 할 필요가 없다. 보현행원은 깨침과 보살행이 같이 가는 가르침이요, 깨달음의 길과 보살의 길이 다르지 않은[不異] 가르침이다. 보현행 하나만 하면 상구보리 하화중생이 모두 실현된다. 한국 불교계의 두 가지 큰 문제점이 사회적 책임은 도외시한 채 나만 깨쳐서 부처를 이루려는 '도인불교'와 내 복만 비는 '기복불교'인데, 보현행원은 개인적 성취(깨달음, 기복)와 사회적 책임 (선행, 자비행)을 동시에 이룬다. 상구보리하고 나중에 하화중생하는 것이 아니라 하화중생 자체가 상구보리의 길이니, 보현행원이 바로 상구보리의 깨침의 길이요 또한 동시에 하화중생의 보살행이다. 보현행원 하나에 상구보리와 하화중생이 같이[不二] 있다.

보현행원은 세상 그 자체에 있다. 삶을 살면 삶이 보현행원, 수행을 하면 수행이 보현행원이다. 밥 먹는 것, 잠자는 것, 이웃을 돕고 사랑하는 그 모든 것이 보현행원이다. 보현의 원과 행 속에서 수행과 내 생명의 불이 타오르는 것이다. 지금 이 자리, 내 수행과 삶이 바로 보현의 원과 행이 되지 못하면 보현행원은 영원히 없다. 이러한 보현행원을 우리는 지금까지 너무 간과해 온 듯하다. 깨달음과는 상관없이 『화엄경』을 다 배우고 난 뒤에야 하는 마무리용 가르침, 또는 깨닫고 나서 따로 해야 하는 자비의 실천 정도로만 알고 있었던 것이다. 사실 40화엄의 「보현행원품」은 그냥 나온 것이 아니다. 거기에는 40화엄을 편집한 편찬자들의 이루 말할 수 없는 정성과 깊은 뜻이 담겨 있다. 행원품 본문 글자[字句] 하나만 봐도 그냥 선택된 것들이 아니다. 『화엄경』 전반에 걸친 수많은 글자 중 가장 대표적이고 핵심적인 자구들만 들어있다. 그만큼 정성과 심혈을 기울인 것이다. 그런데 우리는 그동안 그 깊은 정성과 뜻을 알지 못하고 그저 경전 맨 끝에 나오는 간단한 결론 정도로만 알고 『화엄경』 가르침과 연관 짓지 못한 채 그냥 흘려보낸 듯하니, 어찌 아쉬움이 없지 않겠는가.

달라이 라마는 '현재 21세기 모든 인류가 보편적으로 가져야 할 가르침을 찾고 있다'고 했다. 즉, 종교적 전통의 경계를 초월하는 보편적 가치로서 인간의 기본적인 선이라든가 자비심 같은 가치들을 사회적으로 고양할 수 있는 가르침을 찾고 있는 것이다.[17] 필자가 보기엔 그것이 '보현행원'이다. 보현행원을 하면 종교, 인종, 심지어 동식물을 가릴 것 없이 모두가 달라이 라마가 지향하는 사랑과 자비, 그리고 따뜻한 마음을 고양할 수 있다. 그런데 아마 달라이 라마께서는 보현행원을 모르시나 보다. 보현행원을 아셨으면 틀림없이 보현행원이 그렇게 당신이 찾던 가르침임을 말씀하실 텐데, 지금껏 아무 말씀이 없다. 보현행원이 바로 종교적 경계를 초월하며, 윤리적이며

---

17 달라이 라마는 이렇게 말한다. "만약 우리가 윤리를 종교적 가르침에 의지하여 발전시키려 한다면, 다양한 종교와 문화로 이루어진 하나의 지구촌에서 특정 종교의 가르침을 윤리의 근간으로 고집하는 것은 적절하지 않다고 할 수 있을 것이다. 그러므로 모두에게 충족되는 윤리를 발전시키려면, 그것은 인간의 선한 본성을 함양하는 것에서 벗어나지 않아야 한다. 만약 우리가 선한 본성을 외면한다면, 이후 나타나는 결과에 대해 어떻게 책임질 수 있겠는가? 내가 말하는 '종교와 무관한 윤리'란 인간에게 태생적으로 갖춰져 있는 선한 본성이며, 이는 또한 종교에서 가르치는 자애의 바탕이 되는 것이다." (달라이 라마 기획, 불교과학철학총서 편집위원회 엮음, 게쎄 텐진 남카 옮김, 『물질세계』, 불광출판사, 2022년, 16쪽)

저절로 선행, 선업으로 인도하며 선한 본성을 기르며 저절로 자비심이 증장되는 가르침임에도 보현행원 언급이 없는 것이다. 유위의 보현행이야말로 달라이 라마가 그토록 찾는 '인간에게 태생적으로 갖춰져 있는 선한 본성인 종교와 무관한 윤리'인데 참 안타깝다. 달라이 라마께서 보현행원을 언급하시면 당장 지금 전 세계적으로 보현행원이 연구될 터인데 말이다.

　　현대 물리학은 그동안의 모든 물리학 이론을 '만물 이론(Theory of Everything)'이라는 하나의 이론으로 통합하기 위해 노력 중이다. 하나의 자리에서 모든 이론을 설명하는 것이다. 그런데 불교에는 이미 만물 이론이 있다. 그것은 바로 화엄과 보현행원이다. 불교의 모든 사상, 수행법 및 공덕은 모두 화엄과 보현행원의 자리에서 하나로 설명된다.

보현행원으로 본 『화엄경』 사상의 특징 다섯 가지

『화엄경』이 경전 중의 경전으로 불리는 이유는 『화엄경』이 불교 대부분의 가르침을 융섭하기 때문이기도 하지만 불교 공부가 깊어지면 모두 화엄적으로 변하기 때문일 것이다. 수행도 사람됨도 가르침도 깊어지면 모두 화엄적으로 변한다(사회도 그렇다).

　　화엄승은 크게 두 부류가 있다. 하나는 『화엄경』에만 몰두해 『화엄경』을 전부로 아는 소위 『화엄경』 지상주의, 둘은 여러 경전을 두루 섭렵한 끝에 화엄의 가르침이 가장 뛰어난 것을 알고 화엄승이 된 경우로, 전자는 지론종, 의상, 법장을 들 수 있고 후자는 원효를 들 수 있다. 동교일승(同敎一乘, 회삼귀일의 일승으로서의 『법화경』을 말함)과 별교일승(別敎一乘, 일승과 삼승은 본래부터 완전히 다르다는 것으로 『화엄경』을 말함)의 논쟁도 화엄종에서 얼마나 『화엄경』을 별도로 중시했는지 알 수 있다.

　　그렇다면 우리는 어떻게 공부를 해야 할까. 다른 경론 공부를 어느 정도 한 후에 『화엄경』을 읽는 것이 가장 바람직하겠지만 이 경우는 공부가 화엄 수준에 이르기 전에 다른 경론에서 끝날 수가 있다. 그렇다고 『화엄경』을 먼저 공부하면 자칫하면 『화엄경』 지상주의가 될 수도 있다. 『화엄경』이 워낙 뛰어나므로 『화엄경』에 빠져 『화엄경』만 알고 다른 경은 모르는 것이다. 꽃은 다른 꽃과 더불어 있을 때 그 참된 모습이 가장 잘 드러난다. 홀로 있을 때는 진가를 잘 모른다.

『화엄경』 공부도 마찬가지. 따라서 이 둘의 경우는 어느 것도 바람직하지 않다. 필자 개인 생각으로 해결책은, 보현행원을 함께 처음부터 공부하는 것이다. 보현행원을 함께 공부하면 다른 경전을 읽어도 다른 경전의 가르침에 걸려 막히는 것을 막을 수 있다. 이미 광대한 화엄의 세계에 발을 들인 까닭이다. 또 『화엄경』을 처음부터 보현행원과 함께 공부하면 화엄 지상주의에 빠지게 되지 않는다. 『화엄경』은 단지 수많은 법계의 입문서임을 알게 되어, 비록 훌륭하지만 이 법계에는 『화엄경』 밖의 소식도 있음을 알게 하기 때문이다. 그래서 보현행원이 중요하다. 보현행원은 설사 『화엄경』을 읽지 않더라도 이 세계가 화엄세계임을 알게 하며, 『화엄경』을 보더라도 단지 이 화엄세계의 일부를 글로 편집한 것에 불과함을 또한 잊지 않게 한다. 보현행원을 하면 어떤 공부를 하더라도 처음부터 완벽한 공부, 원만한 공부로 이끈다. 이것은 일상 삶에서도 마찬가지니, 보현행원으로 삶을 지어 나가면 처음부터 원만하고 완전한 삶이 전개된다.

보현행원의 관점으로 『화엄경』을 보면 기존 화엄학에서는 보이지 않던 많은 부분이 보인다. 그러면 화엄종의 화엄학이 아닌, 『화엄경』 본래의 가르침은 무엇이며 화엄적으로 변한다는 것은 어떤 것인지, 보현행원의 관점으로 알아보자.

1. 행복사상

불교가 어떤 종교냐고 물으면 흔히 '깨달음의 종교'라고 답한다. 그러나 필자는 행복의 가르침이라 말하고 싶다. 불교는 모든 존재를 행복, 그것도 제한적이고 한시적인 것이 아니라 영원한 행복으로 이끌고자 하는 가르침이다. 불교가 깨달음을 얻고자 하는 것은 다른 이유가 아니다. 깨달아야만 참되고 영원한 행복의 자리로 갈 수 있기 때문이다. 마치 의학에서 병의 원인을 찾는 병리학이 치료를 위해 매우 중요한 것과 같다. 그러나 우리가 잊지 말아야 할 것은 '깨달음이 전부'가 아니라는 사실이다.

우리가 목숨 걸고 얻으려는 깨달음은 단지 영원한 행복의 자리로 가기 위한 '과정'에 지나지 않는다. 그러므로 행복의 자리로 가지 못하고 깨달음에만 머문다면 우리의 삶은 깨닫지 못한 분들과 조금도 차이 없는 범부의 삶이 될 것이다. 행복은 이미 불교를 넘어서 있는 우주 만유의 개념이다. 불교라는 것도 어떻게 보면 다른 가치나 가르침처럼 행복으로 가는 하나의 방법, 방편에 지나지 않는다. 그러므로 『금강경』에서 '불법이 불법이 아니다[所謂佛法者 卽非佛法]'라고 말하는 것은 아닐까. 따라서 진정한 불자라면 궁극에는 불교마저 넘어설 수 있어야 할 것이다. 그러기에 우리는 어떤 곳에도 머무르지 말아야 하니 깨달음에도 머무르지 않아야 한다.

생명 있는 모든 존재의 행복, 그것은 불교의 발전에 따라 여러 형태로 나타난다. 그것이 불교의 최상의 가르침[華嚴]으로 나타날 때는 인간뿐 아니라 동식물까지도, 그리고 흘러가는 시냇물, 말없는 바위 하나도 모두 존엄한 가치를 지닌 절대 존재, 무한 생명으로 나타난다. 인간만 아니라 동물과 식물, 풀 한 포기, 벌레 하나, 바위 한 덩이, 물 한줄기도 소중하고 무한한 존엄을 지닌 무한한 생명, 절대 생명으로 다가오는 것이다.

부처의 마음은 일체중생, 우리 눈으로 보기에 생명을 가졌든 아니 가졌든(인간이란 얼마나 자기중심적, 이기적 관점에서 사물을 보는가?) 모든 존재의 행복, 그것도 영원한 행복, 오직 그것이다. 불교 신자를 늘리고 불교 교세를 확장하고, 그래서 불교를 믿는 사람들이 더 많아져 불교 자체가 번성하는 것은 불교 본래의 바라는 모습이 아니다. 오직 단 하나, 불교를 믿든 안 믿든, 모든 존재들이 스스로의 존엄성을 자각하여 스스로를 존중하고, 그와 함께 내가 존엄하듯 다른 존재들도 존엄함을 알아 나 아닌 모든 존재를 존중하고 인정하고 화합하며, 작든 크든 있는 그 자리에서 자신의 개성을 마음껏 뽐내며, 비록 삶이 제한되어 때가 되면 사라지더라도 그 자체로 영원한 삶, 영원한 행복으로 이어지기만을 바라는 것이다. 그러기에 불교 삼천 년 역사를 보면 핍박을 받은 적은 있어도 핍박을 준 적은 없다. 순교자는 있어도 남을 순교하게 한 적은 없다. 타 종교의 박해로 자신의 모든 역사가 무(無)로 돌아간 적은 있어도 남의 역사, 남의 문화를 무로 돌린 적은 없다. 불교를 믿든 안 믿든 불교 신자이든 아니든 그것은 다른 종교와 달리 불교에서는 아무런 상관이 없다. 오직 열린 마음, 밝은 마음으로 모두 함께 일체 모든 존재의 영원한 행복으로 향해 가는 마음! 이것이 진정한 불교의 목표이자 가르침이다.

달라이 라마는 2011년 5월 11일 우리나라에 전한 봉축 메시지에서 "불교의 궁극적인 목적은 인간을 섬기고 이롭게 하는 것입니다. 우리의 불교 가르침에 따라 인류사회에 기여하는 공헌에 비한다면 타인을 불교도로 개종시키는 것은 그다지 중요하지 않습니다. 부처님께서는 타인을 이타적으로 섬김으로써 만족과 관용의 모범을 우리에게 보여 주셨습니다. 능력이 되면 남을 돕고, 능력이 미치지 못하면 최소한 남을 해치지 않는 것이 부처님의 근본 가르침입니다."라고 말한다.

2. 견불사상

> 번뇌가 지혜의 눈을 가리어 깨달으신 부처님 보지 못하고, 무량 무수한 오랜 겁 동안 나고 죽는 바다를 헤매고 있네.
> – 「보살운집묘승전상설게품」, 60화엄[18]

『화엄경』에서는 중생이 윤회하는 이유를 무명이나 번뇌 혹은 깨닫지 못한 것으로 말하지 않는다. 대신 부처님을 못 만났기 때문이라 말한다. 부처님을 못 만나고 부처님 이름을 못 들었기에 우리는 끝없는 생사의 바다를 헤매고 있다는 것이다.[19] 그리하여 『화엄경』에서는 무슨 일이 있어도 부처님을 놓치지 않겠다는 간절한 서원을 세우게 된다. 얼마나 부처님을 간절히 사모하는지, 『화엄경』 곳곳에 부처님 사모의 노래가 물결친다. 다음은 그 중 일부다.

---

18 塵垢障慧眼 不見等正覺 無量無數劫 流轉生死海. (지혜보살)

19 『열반경』에도 견불의 중요성이 강조된다. 가령 난타는 탐욕이 컸으나 부처님을 뵈온 이후로 탐심이 사라졌고, 앙굴리말라는 성내는 마음(진심瞋心)이 컸으나 역시 부처님을 뵈온 후 사라졌으며, 아사세왕은 매우 어리석었으나 부처님을 뵈온 이후로 역시 치심(癡心)이 사라졌다고 한다(「고귀덕왕보살품」).

편안히 받으리라 무량의 고통을! 부처님 음성을 들을 수 있다면.

받지 않으리라 일체의 즐거움을! 부처님 이름 들을 수 없다면.

왜냐하면 한없는 오랜 겁 동안 갖가지 고뇌를 받고 죽는 가운데

를 흘러 온 것은, 부처님 이름을 못 들었기 때문이네.

–「보살운집묘승전상설게품」, 60화엄[20]

차라리 한량없는 겁 동안 나쁜 길에서 고통을 받을지언정, 여래

를 버리고 벗어나기를 구하지 않으리.

차라리 중생을 대신하여 온갖 고통을 받을지언정, 부처님을 버

리고 안락을 구하지 않으리.

차라리 나쁜 길에 있으면서 부처님 이름을 들을지언정, 선한 길

에 태어나 잠깐이라도 부처님 듣지 못함 원치 않으리.

여러 곳 지옥에 있어 낱낱이 수없는 겁 지낼지언정, 부처님을 멀

리 여의고 나쁜 길에서 벗어나지 않으리.

–「입법계품」 80화엄, 신통왕보살[21]

화엄은 이처럼 다른 것을 요구하지 않는다. 오직 부처님을 떠나

지 말 것만 요구한다. 부처님 이름을 들을 수 있으면 어떠한 즐거움

---

20 寧受無量苦 得聞佛音聲 不受一切樂 而不聞佛名. 所以無量劫 受此眾苦惱 流轉生死中 不聞佛名故.

21 寧於無量劫 受諸惡道苦 終不捨如來 而求於出離. 寧代諸眾生 備受一切苦 終不捨於佛 而求得安樂. 寧在諸惡趣 恒得聞佛名 不願生善道 暫時不聞佛. 寧生諸地獄 一一無數劫 終不遠離佛 而求出惡趣.

도 필요 없고, 부처님을 뵈올 수 있으면 악도에 떨어져도 아무 상관이 없다는 것이다. 이처럼 애절한 것이 화엄의 부처님 사모[佛思慕]의 마음이다. 그 이유를 경전에서는 이렇게 말한다.

모든 나쁜 길에 오래 있기를 어째서 원하는가? 여래를 뵈옵고 진리를 늘리려 함이니, 만일 부처님 뵈오면 모든 고통 없애고 여래의 지혜 경계에 들어가게 되나니. 만일 부처님 뵈오면 온갖 장애 떠나고, 무진한 복덕 길러서 보리를 성취하오리. 여래께서는 영원히 중생들의 의심을 끊고, 그들의 좋아하는 마음 따라서 모두 만족케 하시네.
– 「입법계품」, 신통왕보살[22]

부처님은 위없는 보배여서 만나기 어려우니 만일 부처님 뵈오면 모든 악도의 공포를 끊을 것이다. 부처님은 의사와 같아서 모든 번뇌의 병을 다스리고 모든 생사의 고통을 구원할 것이다. 부처님은 길잡이와 같아서 중생들을 끝까지 편안한 곳에 이르게 할 것이다.
– 「입법계품」, 석가아씨 구바녀[23]

---

22 何故願久住 一切諸惡道 以得見如來 增長智慧故. 若得見於佛 除滅一切苦 能入諸如來 大智之境界. 若得見於佛 捨離一切障 長養無盡福 成就菩提道. 如來能永斷 一切衆生疑 隨其心所樂 普皆令滿足.

23 佛無上寶 難可値遇 若得見佛 永斷一切惡道怖畏 佛如醫王 能治一切諸煩惱病 能救一切生死大苦 佛如導師 能令衆生 至於究竟安隱住處.

부처님만 떠나지 않으면 된다. 깨닫지 않아도 업장이 태산같이 많아도, 오직 부처님만 붙잡고 부처님만 떠나지 않으면 언젠가는 진리를 알게 되고 장애를 떠나고 복덕이 성취되며 해탈의 세계로 가는 것이다. 그러므로 『화엄경』에서는 부처님을 뵙는 게 우선이지 지금 당장의 즐거움, 괴로움, 심지어 깨달음도 아무 상관이 없다. 견불이 얼마나 중요한가 하면, 무량 생사 헤매며 일찍이 보리심을 못 내더라도 부처님을 보거나 이름을 들으면 부처님 보리를 이룬다고 한다[無量生死中 未曾發道心 若聞見如來 具足佛菩提(「도솔천궁보살운집찬불품」, 법당보살)]. 또 견불이 해탈의 인(因)이 된다고 한다[樂見如來普淸淨 衆生悉得無盡樂 隨順能起解脫因 得解脫冠心歡喜(지국건달바왕)].[24]

이렇게 부처님에 대한 그리움이 사무친 가르침이 화엄이다.[25] 화엄염불은 부처님을 그리워하는 사무친 그리움[憶佛]으로, 그렇게 사무친 그리움이 선정으로 이끌어 준다. 우리는 어떤 수행을 하더라도 종국에는 부처님을 뵈어야 한다. 수행도 스승도 모두 부처님 만나는 방편에 불과할 뿐 수행이나 스승이 부처님은 아니다. 그래서인지

---

24   보현행원은 견불수행법이다. 보현행원을 하면 부처님을 본다. 우리가 보현행원을 하면 부처님이 출현하시며 우리도 모르게 우리 역시 부처님이 되어간다. 상대방은 내게 부처님으로 오시고 나는 상대방에게 부처님이 되어 드리는 것이다. 보현행원은 가장 쉽게 부처 되는 길이다. 이렇게 쉬운 부처 되는 길을 놔두고 우리는 왜 빙빙 도는지 모르겠다.

25   그래서 필자가 하는 새 불교 운동 단체의 이름이 '부처님을 사모하는 모임(부사모)'이다. '부사모'라고 하니 대부분이 부처님을 '사랑하는' 모임으로 오해하는데, 부처님을 사모하는 것과 사랑하는 것은 전혀 다른 차원의 이야기다. 사랑은 나를 위해서 하는 것이지만 사모는 나를 위한 것이 아니다. 부처님을 위한 것이다. 오직 부처님만 계신 것이 사모심(思慕心)이다.

「이세간품」에서는 마장 열 가지를 설명하며 그 중의 하나로 '선지식 마(魔)'를 든다.[26] 선지식을 매우 중요시 여기는 것이 화엄이지만 여기 서는 오히려 선지식을 경계하라[善知識魔]는 것이다. 선종에서는 흔히 불조(佛祖)라 하여 부처와 조사를 동등하게 여기는 경향이 있으나 그렇다면 이것은 대단히 잘못된 견해라 할 것이다. 『화엄경』에는 '사람이 아무리 훌륭해도 부처님 한 털 복에도 미치지 못한다'는 말씀이 나온다[一切眾生諸功德 不及如來一光福 佛智慧海不可議 是名寶王如是見(60 화엄, 비사문야차왕)]. 이것은 부처님을 잊고 부처님을 떠나 사람에게 집 착하고 가르침에 집착하고 수행에 집착하는 것을 지극히 경계하는 말씀으로 보인다. 무슨 공부를 하든, 그리고 어떠한 공덕을 이루든 종국에는 부처님께로 돌아가야 한다. 수행, 깨달음이 우리의 종착지 가 아니라, 부처님이 우리의 종착지이다.

3. 불이사상: 화엄은 평등, 대긍정의 가르침

『화엄경』에는 일찍이 다른 경전에서는 보기 쉽지 않은 가르침이 있다. 그것은 일중다 다중일 사상으로, 하나와 여럿이 다르지 않다, 여럿 속에 하나가 있고 하나 속에 여럿이 있다는 것이다. 또 시간도 이와 같아서 찰나 속에 무한한 시간이 있고, 영원한 시간이 또 한 순간

---

26 佛子 菩薩摩訶薩 有十種魔 何等 爲十. 所謂蘊魔生諸取故. 煩惱魔恒雜染故. 業魔能障礙故. 心魔起高慢故. 死魔捨生處故. 天魔自憍縱故. 善根魔恒執取 故. 三昧魔久耽味故. 善知識魔起着心故. 菩提法智魔不願捨離故 是爲十.

에 있다고도 한다. 이 가르침은 당시 불교 수행자들에게도 큰 충격을 주어 일중다 가르침은 화엄의 특징 사상 중 하나가 되었다. 다르지 않다는 불이사상은 불교의 주요 사상 중 하나다. 그럼에도 『화엄경』처럼 다르지 않음을 다양하게 강조하는 가르침은 없을 것이다.[27]

우리는 평생을 허기져서 살아간다. 적은 것과 많은 것이 다른 줄 알아 하나라도 더 얻고 더 가지려고 한다. 가령 새로운 블루 오션으로 떠오른 유튜브 같은 경우 한 명이라도 더 많은 구독자, 한 번이라도 더 많은 조회수를 가지려 안간힘을 쓴다. 그런데 화엄은 이 모두 그런 것이 아니라고 말한다. 구독자 한 명이 백만 명 구독자와 다르지 않고, 한 번의 조회가 백만 번의 조회와 다르지 않다는 것이다. 그러니 더 많은 것에 허기지지 말고 지금 하나에 충실할 것을 우리에게 일러준다. 이것이 더 크고 더 많은 것을 갈망하고 거기에 허기진 오늘날 우리에게 주는 화엄의 가르침이다. 또 우리는 어떻게든 오래 살고 싶어하고 영광을 오래 누리고 싶어하는데, 찰나와 영원이 다르지 않다고 화엄은 말한다. 지금 흘러가는 이 무상한 찰나가 바로 영원이다, 영원과 조금도 다르지 않다, 이렇게 말하는 것이다. 십현문(十玄門), 육상원융(六相圓融) 등의 화엄 특유의 가르침도, 모두가 다르지

27　대표적인 것으로 「보현행품」의 십종보입(十種普入)이 있다. 이 열 가지가 모두 다르지 않은 것이다. 佛子 菩薩摩訶薩住此十智已則得入十種普入 何等爲十 所謂 一切世界 入一毛道 一毛道 入一切世界. 一切衆生身 入一身 一身入一切衆生身. 不可說劫 入一念 一念 入不可說劫. 一切佛法 入一法 一法 入一切佛法. 不可說處 入一處 一處 入不可說處. 不可說根 入一根 一根 入不可說根. 一切根 入非根 非根 入一切根. 一切想 入一想 一想 入一切想. 一切言音 入一言音 一言音 入一切言音. 一切三世 入一世 一世 入一切三世 是爲十.

않기에 일어나는 일이다. 노인이 소녀 되는 방망삼매(方網三昧)의 가르침도, 노인과 소녀가 다르지 않기에 가능하다.

다르지 않다는 것을 아는 것은 우리가 인생을 사는 데도 정말 중요하다. 우리는 더 많은 돈, 더 많은 명예, 더 많은 건강을 가지려 한다. 그러나 사람이 사는 데 그다지 많은 돈은 필요하지 않으며 명예나 건강 또한 그러하다. 또 돈이 많거나 많지 않거나 별로 다르지 않고 명예, 건강 또한 그러함을 알면 그동안 우리를 짓누르고 무겁게 하던 많은 짐들이 사라진다. 지금의 나를 소중히 여기게 되고 현재에 감사하게 된다.

실로 참된 지혜는 이 세상 모든 존재가 나와 조금도 다르지 않다는 것을 아는 데서 시작한다. 저 미물, 고대 박테리아, 고세균, 암모나이트부터 오늘날의 고래, 강아지, 장미꽃, 나비까지 모두가 나와 조금도 다르지 않구나, 나와 똑같은 존재구나! 하는 데서 세상을 보는 시각이 바뀌기 시작하는 것이다. 그 사실을 알고 나면 일체 만물이 나와 똑같은 마음[一心]을 가지고 있고, 비록 형상과 가진 몸에 따라 표현은 달라도 모두 똑같이 존엄하고 똑같이 존경받고 똑같이 대우받아야 할, 거룩하고 고귀한 무한 생명으로 다가온다. 모든 존재가 나와 조금도 다르지 않은 것을 아는 데서부터, 일체 존재에 대한 공경심과 찬탄, 슬픔 역시 싹튼다. 세상의 모든 선(善), 모든 복(福)은 그렇게 시작된다. 우리 모두가, 무한한 소망과 무한한 복을 원하는, 다르지 않은 똑같은 마음[一心]을 지니고 태어난 존재들인 것이다. 그 사실을 알고 나면 남을 속일 수도, 남에게 상처를 줄 수도 없다. 내가 행복을 갈구하듯 다른 이도 똑같이 그러하기 때문이다. 이것은 평등과 대긍정으로 귀결된다.

화엄은 세상을 평등하게 보게 하고[等觀] 긍정으로 보게 한다.[28] 화엄세계는 절대 평등의 세계이다. 불평등하게 보이는 이대로가 완전한 평등이며, 화엄세계는 모든 존재가 똑같은 가치[等價]를 가진다. 둥글면 둥근 대로 모나면 모난 대로, 길면 긴 대로 짧으면 짧은 대로 모두가 똑같은 가치로 화엄세계를 이루는 소중한 존재들이다. 또 화엄의 긍정은 부정에 대립하거나 맞서는 긍정이 아니라, 부정을 섭수하고 포함하는 긍정이다. 틀린 것도 맞는 것이 화엄의 긍정이다. 그래서 '대긍정'이라 한다. 원효가 『금강삼매경론』에서 말하는 '무리지지리 불연지대연(無理之至理 不然之大然)의 경계가 그런 것이라 하겠다.[29] 틀린 것과 맞는 것은 사실 분리될 수가 없다. 앞서 언급한 대로, 이 세상이 분리를 허락하지 않기 때문이다. 『열반경』에 나오는 공덕천(功德天) 흑암천(黑闇天)의 이야기도 이런 비유의 하나라 하겠다.[30]

28　이기영은 진여를 평등일여(平等一如)하게 보는 마음이라며 팔정도의 올바를 정(正)을 옛사람들이 평등하게[等]란 뜻으로 옮긴 것에 새삼 놀랐다고 한다. (이기영, 『원효사상 70강』, 한국불교연구원, 2003, 226쪽)

29　상대적 도리가 아닌 지극한 도리, 절대적인 도리, 즉 상대적인 긍정이 아닌 여실한 대긍정을 말한다. 불연지대연은 또 "그렇지 않지만 아주 큰 의미에서 그렇다"하는 마음가짐을 말하며, 무리지지리는 모든 자질구레한 특수하고 특정적인 진리가 아니지만, 모든 것에 다 통하는 진리이기 때문에 그렇게 말한 것이다. (이기영 옮김, 『한국의 불교사상』, 삼성출판사, 1984, 162쪽)

30　「성행품」에 나오는 이야기로, 어떤 사람에게 재물을 늘리고 이로운 일을 가져오는 공덕천이라는 미모의 여인이 찾아온다. 그 사람이 매우 기뻐하는데 공덕천이 '나에게 흑암천이라는 아주 못생긴 자매가 있고, 그는 나와 반대로 재물의 손괴와 나쁜 일을 가져오는데 우리 두 자매는 반드시 함께 있어야 한다'고 하자 공덕천과 흑암천 모두를 포기하는 이야기다.

화엄 세상에는 틀린 것이 없다. 모두 옳다. 그러한 대긍정은 그동안 닫혔던 우리의 마음이 열리게 한다. 그렇게 열린 마음에는 세상이 있는 그대로 보인다[如實知見]. 화엄적으로 변하면 반야가 출현, 즉 깨달음이 오는 것이다.

불교의 최고점 가르침은 '불보살이 나와 조금도 다르지 않다'는 것을 아는 것이다. 불교는 비록 부처와 보살을 공경하고 예배하나 그분들이 본질적으로 나와 조금도 다르지 않다는 것을 전제로 한다. 화엄의 유명한 게송, '마음과 부처, 그리고 중생이 다르지 않다[心佛及衆生 是三無差別]', 그리고 원효가 그렇게 추구했던 '하나' 되는 세상, 이런 것이 일체가 조금도 다르지 않다는 가르침이다. 원효는 불교의 목표가 우리 인간들이 한 개인으로서, 혹은 집단으로서 '하나'가 되는 데 있다고 믿었다고 이기영은 말한다. 여기서 하나라는 말은 획일주의, 전체주의적 의미의 하나가 아니다. 하나가 된다는 말은 불이, 즉 두 가지 것들의 대립이 없이 두 가지, 세 가지, 여러 가지 것들이 상호마찰 없이 원만한 융화의 관계를 갖고 평화를 누린다는 것이다(이를 원융회통이란 말로 표현했다).[31] 그러므로 불보살을 저 멀리 위에 두고 나는 납작 엎드려 불보살은 잘난 이, 나는 못난 이로 생각한다면 백날 불교를 해 봐야 아무 소득이 없다.[32]

---

31 이기영, 『불교개론강의(상)』, 한국불교연구원, 1998, 302쪽.

32 『유마경』 역시 '이 세상 수많은 부처님께 공양하나 나와 부처님 사이에 분별하는 생각 없다[供養於十方 無量億如來 諸佛及己身 無有分別相(「관중생품」)].'라며 부처님과 내가 조금도 다름이 없음을 노래한다. 『유마경』은 『화엄경』과 무척 닮았다. 필자가 보기에 『유마경』은 『화엄경』의 축소판이요, 「보현행원품」의 확대판이다. 『화엄경』

'나와 조금도 다르지 않다'는 것은, 부처님이 성도하실 때 아신 사실이기도 하다.[33] 즉, 일체가 나와 조금도 다르지 않음을 아는 것은, 어찌 보면 깨침과 동격이다(나와 다름이 없다는 것은, 일체 만물에서 불성을 본다는 말). 그런 사실을 알고 나면 공경하고 찬탄하고 섬기는 삶이 나오지 않을 수가 없다. 이 말은 반대로, 비록 깨치지 못해도 공경하고 찬탄하고 섬기는 삶을 살면 '깨침이 온다'는 말이기도 하다. 그런데 이것이 보현행원이다. 선재는 구도행 마지막에 보현보살을 만나 그토록 찾았던 모든 스승님들이 자신과 조금도 다르지 않은 분들이었음을 알게 된다. 그렇게 알게 되는 것으로 기존『화엄경』(60, 80화엄)은 끝난다.

이렇게 참된 불교 공부는 나와 불보살이 조금도 다르지 않다는 데서 시작한다.[34] 이것이 이통현과 보조 지눌이 주장하는 부동지불(不動智佛)이다. 또 불보살만 나와 다르지 않은 게 아니라 일체중생이 나와 다르지 않다.[35] 불보살, 중생이 나와 다르다는 한 생각이 천지 만

을 줄이면『유마경』이 되고,「보현행원품」을 확대하면『유마경』이 된다.

33 奇哉 奇哉 此諸衆生 云何具有如來智慧 愚癡迷惑 不知不見. 我當敎以聖道 令其永離妄想執著 自於身中 得見如來廣大智慧 與佛無異. 卽敎彼衆生 修習聖道 令離妄想 離妄想已 證得如來無量智慧 利益安樂一切衆生. 佛子 是爲如來心第十相 諸菩薩摩訶薩 應如是知.(「여래출현품」)

34 『화엄경』의 정견(正見)과 초기불교의 정견은 이렇게 다르다. 초기불교는 사성제에 대한 믿음이 정견이지만『화엄경』을 비롯한 대승불교의 정견은 '나와 부처가 조금도 다르지 않다'는 것이다. 또 깨달음의 내용도 다르니, 초기불교는 12인연을 깨쳤다고 하지만 대승 및『화엄경』은「여래출현품」에서 보듯 일체중생이 나와 다르지 않음을 깨쳤다고 한다.

35 보현행품은 중생세계와 부처와 불법이 다르지 않고[衆生世界劫 諸佛及佛法 一切如幻化 法界悉平等], 부처와 보살, 불법과 세간법을 진실로 보면 그런 게 아무 차별이 없다[諸佛及菩薩 佛法世間法 若見其眞實 一切無差別]고 말한다.

물을 갈라지게 한다. 차별 속에 같음을 알지 못하고 차별로만 세상을 보는 눈이, 절대 평등 속에 있으면서도 평등을 보지 못하게 하고 현실의 온갖 차별, 갈등, 대립 등을 만들어 내는 것이다. 그리하여 본래 우리 모두가 절대 평등, 절대 환희, 절대 긍정 속에 있음을 보지 못하고 눈앞의 어둠에 그만 휩쓸려간다. 다른 줄 알면 영원히 다르고(특수, 불평등), 같은 줄 알면 그 즉시 같아진다(보편, 평등). 그래서 불교는 돈오임에도 점오이기도 하고 돈수면서 점수이기도 하다.

4. 세간(현실) 중시 사상

중국은 불교 이전에도 현실 중시의 문화가 있었고 불교 전래 후엔 더욱 강조되었다. 북주(北周) 시대에는 비록 무제(武帝)의 폐불 빌미를 제공하기는 했지만 현실 자체가 그대로 진리[即事而道, 또는 即事而眞], 즉 우리들 고뇌 세계 그 자체가 부처님 생명이어야 한다는 사상이 유행했다. 승조(僧肇)는 있는 곳이 바로 진리[立處即眞]니 현실을 살아가고 있는 우리들 생활을 떠나 그밖에 진리가 있는 건 아니라 했고, 육조 혜능도 '불법은 세간에 있고 세간을 떠난 깨달음은 없다[佛法在世間 不離世間覺]'라고 말했다.[36]

---

36 이런 중국 문화의 경향으로 인해 반야에 비해 화엄의 이해가 비교적 쉽게 이루어지지 않았을까? 반야는 중국인들이 이해하기가 굉장히 어려워 반야경의 번역이 본격적으로 이루어지기 이전에는 오해가 많았지만 화엄은 화엄종이 나오기 이전부터 각종 주석서가 나오고 종파에 관계없이 영향을 주었다. 정토교의 담란, 지론남도파의 혜원, 천태종의 지의, 삼론종의 길장 등이 『화엄경』에 영향을 받은 사람들이다.

현실 중시는 불교 초기부터 있었던 불교의 특징 중 하나다. 불교는 석가모니불 시절부터 언제나 현실 가운데 서서 현실의 괴로움을 직시하고 그것을 해결하는 데 중점을 두었다. 대승 경전 중『화엄경』은 특히 현실의 중요성을 여러 곳에서 강조한다. 세간의 중요성은 여러 곳에서 설해지는데,「현수품」과「입법계품」이 대표적이다.「현수품」은 보살이 세간에서 중생을 이익하는 여러 모습이 묘사되어 있고 (특히 세간삼매),「입법계품」은 많은 선지식들이 실제로 현실적으로 이익중생하는 구체적 모습이 기술되어 있다. 구족우바이는 밥 한 공기로 여러 사람의 배를 불리며, 의사인 보안장자는 병을 낫게 한 후 올바른 길을 가르쳐 주고, 명지거사는 마음대로 온갖 보물을 허공에서 내려오게 하여 중생들의 경제적 어려움을 해결하며 바수밀다는 욕망 가득한 이들의 욕망을 풀어줌으로써 그들을 바른 길로 이끌고, 바시라 뱃사공은 많은 이들을 안전하게 모심으로써 삶에 지친 중생들을 밝은 길로 인도한다. 그런데 화엄의 현실 중시는 물질도 포함한다. 화엄에서는 깨달음만 아니라 물질적으로도 모자라지 않아야 하는 것이다. 이런 이유에서 수순의 한 방법으로 가난한 이에게 보배를 얻게 하는 이야기가 행원품에 나온다.

　　「십지품」에서 초지[歡喜地]보살은 세상을 사는 지혜[世智]를 이루고 제5지 난승지(難勝地)에 중생을 위해 세상의 여러 가지 기술, 기예를 익힌다. 그런데 화엄의 세간수순은 세간에 휩쓸려가는 것이 아니다. 세간을 따르지만 출세간을 여의지 않는 것이 화엄의 수순세간이다. 비록 세속을 따라 세속의 방법으로 문자를 쓰고 말하지만, 이들이 단지 가명임을 알고 거기에 매이거나 집착하지 않는 것이다. 그

러니까 꿈인 줄 알고 꿈을 꾸고, 모든 것이 공(空)임을 알고 유(有)를 짓는 것이다.[37]

　『화엄경』이 이렇게 유독 세간 중시, 현실 중시를 하는 이유는 현실 세간이야말로 모든 진리가 전개되는 자리이기 때문이다. 아무리 좋은 상품이라도 시장에 내놔야 비로소 진정한 평가가 이뤄진다. 아무리 그럴듯한 이론도 현실화시킬 때 비로소 의미를 가진다. 좋은 상품을 만들어 봐야 시장이 없으면 팔 수가 없고 아무리 노래를 잘 해도 무대가 없으면 노래를 뽐낼 기회가 없다. 그러므로 세간, 현실이 중요하다. 세상은 밝아질수록 현실을 중시하게 된다. 문명이 발달하고 물질적으로도 넉넉하고 도덕과 지성이 깊어질수록 현실을 중시하니, 뜬구름같은 이론이나 먼 훗날이 아니라 지금 당장이 중요하다(요즘 젊은이들이 종교에 관심이 적어진 이유도 이런 연유로 보인다). 풍족해진 먼 훗날에 이웃을 돕는 것도 좋지만 지금 조그마한 것이라도 돕는 게 중요하고, 죽고 나서 정토로 가는 것도 좋지만 지금 당장 부처 이루고 사바세계를 정토로 사는 것이 더 중요하다. 왜 바르게 살아야 하는지 이치를 알고 바르게 사는 것도 좋지만 지금 당장 남에게 몹쓸 짓 안 하는 게 더 중요한 것이다. 화엄이 현실을 중시한다는 것은 그만큼 화엄이 밝은 가르침이라는 것을 시사한다.

　징관(澄觀, 738~839)은 비록 법계의 종류는 많지만 그것을 통괄적으로 나타내자면 단지 일진법계일 뿐으로 제불과 중생의 본원청정심

37　雖隨世俗 演說種種無量文字 而恒不壞 離文字法 深入佛海 知一切法 但有假名 於諸境界 無繫無着(「십정품」).

(本源淸淨心)이 전개된 것이라 한다. 즉 법계를 일체제불과 일체중생의 근본인 동시에 보살행이 발생하는 근본으로 파악한 것이다. 그러나 이렇게 미오(迷悟)의 근본이요 범성(凡聖)을 만들어 내는 근원이지만 징관의 법계는 결코 청정일심을 떠나지 않는다. 그러므로 징관에게 법계는 보살이 보살행을 할 장소다. 따라서 당연히 세간이 중요하지 않을 수 없다.[38] 이처럼 화엄의 법계는 단순한 세상이 아니라 진리가 펼쳐지는 장소의 의미도 있다. 십현문(十玄門) 중 열 번째인 탁사현법생해문(托事顯法生解門)은 차별의 현실을 의탁해서 진리 법계를 나타내어 이해를 시킨다는 뜻이다. 즉 현실이 모두 진리의 나툼임을 말한다.

중생의 삶은 깨달음을 이미 넘어 있다. 중생이 어리석고 우리의 삶이 아무 가치도 없는 것 같지만, 깨달음이 극대화되어 종국에 나타나는 것이 결국은 평범한 중생의 모습이요 중생의 삶이다. 별 보잘것없어 보이는 우리 모습, 우리 삶이 사실은 바로 깨달음의 결정체인 것이다. 따라서 이미 진리로 나타난 오늘의 중생의 삶을 폄하하거나 무시해서는 안 된다. 부처님 최후의 모습이 바로 '중생'이요, 깨달음 최후의 모습이 바로 덧없이 울고 웃는 '중생의 삶'이다.[39] 그래서 화엄은 현실, 세간을 굉장히 중시한다. 현실, 세간이 바로 깨달음이 물질로 형상화된 구체적 모습이기 때문이다. 리처드 도킨스(Richard Dawkins, 1941~)는 저서 『현실, 그 가슴 뛰는 마법』에서 "나는 현실 세

---

38 眞界者 卽眞如法界. 法界類雖多種 統而示之但唯一眞法界, 卽諸佛衆生本源淸淨心(「보현행원품」별행소초). (정엄, 『중국화엄사상 연구』, 조계종출판사, 2023, 300-301쪽)

39 원효는 "제불은 돌아와 범부가 됐다"고 말한다. (『원효사상 70강』, 312쪽)

계에도 마법이 있다는 것을 보여주려 한다. 현실이기에 더 마법적이고, 우리가 그 작동 방식을 이해하기에 더 마법적이다. 현실이야말로 가슴 뛰는 마법이다."라며 마법이 저 멀리 어디 딴 세계에 있지 않고 현실이 얼마나 아름답고 신비한지를 토로한다.

『화엄경』에는 이 외에도 세간 중시를 보여주는 글들이 많다. 예로 '세간을 멀리 떠나 있어도 일체세간을 잘 수순한다[遠離世間而能隨順一切世間(60화엄 무착행)]', '보살은 중생계가 법계와 같음을 깊이 앎으로 중생계와 법계가 둘이 아니다[菩薩深解眾生界如法界 眾生界法界無有二(60화엄 존중행)]', '부처님 법을 버리지 않으며 세간법을 어기지 않고 세간에 두루 나타나 세간과 평등하면서도 집착하는 마음이 없다[不捨佛住不違世法 普現世間等 於世間心無所著(60화엄 존중행)]' 등등을 들 수 있다. 「여래현상품」에서 부처를 형상으로 볼 수는 없지만 또한 형상을 떠나서도 볼 수 없다고 말하는 것도 현실의 중요성을 뜻하는 것으로 볼 수 있다.

그런데 반야경에도 세간 중시의 가르침이 많이 나온다. 『대품반야경』「산화품」에는 반야바라밀을 색법에서 구할 수 없으나 색법을 여의고서도 또한 구할 수 없다고 한다. '반야바라밀은 색법이 아니지만 색법을 여읨도 아니다'라며 반야와 색법이 다르지 않음을 말하고, 또 일상(一相)이어서 무상(無相)이라고 말한다. 「법칭품」에서는 반야바라밀을 수지독송하여 부처님의 법신과 색신을 함께 봐야 한다고 하며, 「도수품」에는 "세속의 진실된 모습이 실상 진리의 모습이다. 보살은 세속의 진리[世諦]로써 중생들에게 보이는 까닭에 있다거나 혹은 없다고 하니 실상의 진리[第一義]로써가 아니다. 수보리야 세속의 진리와 실상의 진리는 다름이 없다. 왜냐하면 세속 진리의 진실된 모습이 실상 진리의 모습이기 때문이다. 중생들은 이 진실된 모습을 알지 못하고 보지 못하는 까닭에 보살은 세속의 진리로 있다거나 혹은 없다고 보이는 것이다."라며 세간이 바로 진리 세계이며 없음의 강조가 중생들을 깨우치기 위한 방편임을 설하고 있다. 또 「사섭품」에는 보살은 반야바라밀을 행하고 방편의 힘으로 중생을 가르치며 재물 보시를 하고 나서 다시 가르쳐 위없이 안온한 열반을 얻게 한다며, 먼저 현실로 중생을 수순한 뒤 불법으로 이끈다고 말한다. 또 「평등품」에는 부처님은 세속의 진리에 의하여 설하니 실상의 진리로 설하는 것은 아니라고 말한다.[40] 이런 경구들은 반야와 화엄이 둘이 아님을 시사한다.

5. 생명사상

불교 경전이 많지만 경전 이름 중에 꽃 화(華)가 들어간 경전은 별로 없다. 그런데 『화엄경』 편찬자들이 경전 이름으로 굳이 이 글자를 넣은 것은 바로 화엄이 생명을 논하는 가르침이기 때문이다. 우리는 생명을 상징하는 단어로 흔히 꽃[華]을 든다. 꽃이 폈다 하면 생명이 탄생한 것이요, 꽃이 졌다 하면 생명이 사라진 것이다. 따라서 『화엄경』의 이름에 꽃 화(華)자를 썼다는 것은 화엄 편찬자들이 이 세상을 단

---

40 혜담, 『대품 마하반야바라밀경(상·하)』, 불광출판사, 1999, 상권 324 ; 381쪽/하권 311 ; 391 ; 495쪽.

순히 물질이 아니라 생명의 장으로 보았다는 말이 될 수 있다. 화엄의 부처님이 비로자나불인 것도 유의할 필요가 있다. 비로자나불은 태양의 광조(光照) 작용을 신격화한 광명의 부처님을 말한다. 마치 태양이 일체 세간의 어둠을 없애고 일체의 만물을 생장시키는 것과 같이 우주에 두루 가득하고 우주의 구석구석까지 무한한 빛을 비추는 우주의 통일체를 상징하는 것이다.[41] 화엄의 부처가 비로자나불이란 것은 태양이 그러하듯 불교 역시 생명의 탄생, 번성을 가져오는 가르침임을 뜻한다. 생명으로 가득한 자리가 우주 법계이며 그러한 생명을 꽃피우고 번성시키는 방법이 보현행원이며 그러한 우주 법계와 그런 생명이 가득 찬 가르침을 일러 화엄이라 이름 붙인 것이다. 생명의 발현장이 화엄세계이며 그 생명의 발현 방법이 보현행원이다. 또 경의 이름을 '『대방광화엄경』'이 아니라 『대방광'불'화엄경』이라 붙인 이유는 화엄의 생명은 단순한 생명이 아니라 '진리 생명'이기 때문이다. 세상을 이렇게 아름답게 장엄하는 낱낱의 생명들이 단순한 생명이 아니라 '모두가 부처님의 나툼, 부처님 진리의 표현'이라는 것이다.

부처님은 '생명으로 나타난 진리'라 정의할 수 있다. 진리는 진리인데 '생명[形相]으로 나타난 진리가 부처님'인 것이다. 그에 반해 생명으로 나타나지 않는 진리 그 자체는 법(法)이라 부른다. 스즈키 선사가 '반야가 화엄에서 인격을 비로소 갖게 되었다.'라고 말한 것

---

41   가마타 시게오 지음, 장휘옥 옮김, 『화엄경 이야기』, 장승, 1998, 10쪽.

도 이런 이유에서라고 본다.[42] 진리가 진리 자체로 있으면 '반야', 진리가 생명을 가지면 '화엄'이 되는 것이다. 즉, 반야가 진리 자체로 있으면 '반야'라 이름하지만 반야가 생명을 갖게 되면 '화엄'이라 불렀던 것이다.[43]

생명은 소중하다. 선악도 생명에서 갈라진다. 생명을 살리는 것은 그 어떠한 것도 선이며, 생명을 죽이는 것은 그 어떠한 것도 악이다.[44] 인간의 야만성도 생명의 소중함을 모르는 데서 발생한다. 우리는 이 세상을 물질이 아니라 생명의 눈으로 보아야 한다. 생명의 관점에서 이 세상을 바라볼 때 세상은 참으로 장엄하고 아름답게 다가온다. 하늘에 떠 있는 구름도 흘러가는 시냇물도 생명의 눈으로 바라볼 땐 단순한 무정물이 아니라 진실 생명체로 다가온다. 나와 다른 존재가 아니라 나와 똑같은 존재, 즉 동일생명(同一生命)으로 다가오는 것이다. 이렇듯 생명은 모든 존재를 등가(等價)의 소중한 가치를

---

42 "반야경에서 발보리심을 일으킨 이후 불교적 생활의 두 번째 측면은 반야바라밀을 실천하는 것이다. 『화엄경』에서 이 실천은 깊게 보현보살의 삶과 밀접하게 관련되어 있다. 그리고 보리의 삶[菩提行], 즉 깨달음의 삶은 보현행이다. 보현보살은 그럼으로써 『화엄경』에서 문수보살과 대비된 채 조명된다. 인격이라는 관념이 여기에서 도입되었다고 말해도 좋을 것이다. 반야경에서 반야는 온통 비인격이다."(『선에서 화엄으로』, 212쪽)

43 「보현행원품」이 환자에게 좋은 이유도 생명성을 출현시키기 때문이다. 보현행원은 만물을 살리게 한다. 필자는 처음 보현보살의 이명(異名)이 왜 연명보살인지 의문이었는데, 화엄의 생명성이 그 비밀이었다.

44 도교의 표준으로는 어떤 사람이 위급할 때나 혹은 죽음의 경계에 다가섰을 때 그를 구출해 기사회생시키는 것을 선이라고 한다. (남회근 지음, 신원봉 옮김, 『불교수행법 강의』, 부키, 2019, 753쪽)

지닌 현실로 우리를 하나 되게 한다. 이렇듯 생명의 자리에서 세상을 보면 여지껏 안 보이던 많은 것들이 보인다. 생명은 그래서 그렇게 소중하다. 우리의 사고 범위를 확 넓힌다. 특히 불화엄(佛華嚴)이라 할 때는 생명 이전, 그리고 생명 너머의 안목이 열린다. 법계연기의 최고봉인 사사무애(事事無碍)도 불화엄이기에 그렇다. 모두가 진리[佛] 생명[華嚴]이므로 형상에 관계없이 모두가 무애하다. 우리의 생명성을 활짝 꽃피우는 것이 보현행원이다. 그래서 보현행원의 화엄은 생명성이 만개한 화엄이다.

불교 교리 중에도 진리가 생명성을 갖게 된 것은 화엄이 거의 유일하다. 즉 기존의 불교 교리 중 생명의 관점에서 세상을 보는 것이 바로 화엄이다. 그러한 생명의 자리는 영원한 생명, 영원한 평등, 절대 기쁨, 절대 행복의 자리다. 『화엄경』 역시 이러한 진리를 노래하고 있다. 우주의 생명성에 눈뜨지 않으면 결코 진리를 제대로 봤다고 할 수 없다. 출가자든 재가자든 진리에 눈뜰수록 세상을 생명의 눈으로 바라보게 된다. 화엄적으로 변하는 가장 큰 특징 중 하나가 세상을 생명의 눈으로 바라보는 것이다. 21세기가 인공 지능 등 생명 과학이 가장 발달한 시대가 된 것은 그만큼 인류의 문명이 발전한 것을 시사한다.

인류원리(Anthropic Principle) 이론에서는 왜 우주가 현재와 같은 모습을 갖게 되었을까? 하는 물음에 이렇게 답한다. "우주가 현재 모습처럼 된 것은, 현재 모습이 '인간을 탄생시키는 데 가장 적합하기 때문'이다." 그리고 우리 우주를 구성하고 있는 물질들은 우주가 지금과 같이 진화하여 인간과 같은 생명체들이 등장, 생존해 가는

데 매우 적합한 성질을 가지고 있다고 하는데 이를 '골디락스 효과(Goldilocks Effect)'라 부른다. 스티브 호킹은 인류원리란 말 대신 '선택원리(Selection Principle)'가 더 나은 명칭일 것이라 말한다. 인류원리는 많은 비판을 받는데, 그것은 너무 인간 위주의 이론이기 때문이다. 필자는 인류원리가 인간 대신 우주의 지금 모습이 '생명'을 탄생시키는 데 가장 적합하다는 '생명원리'로 말한다면 좀 더 많은 호응이 있지 않을까 생각한다. 그것은 생명이 우주 탄생의 최종 목적이기 때문이다. 생명에는 물질계를 포함하여 모든 우주의 진리가 숨어 있다. 불교는 처음부터 세상을 생명의 눈으로 바라봤으니, 오계 중 가장 중요한 것이 불살생이다. 삼천 년 전에 벌써 이런 가르침을 폈다니, 이를 보면 불교가 얼마나 뛰어난 가르침인가를 알게 한다.

화엄적으로 변한다 함은 크게 이런 특징을(이 밖에도 많지만) 갖게 되는 것을 말한다. 보현행원을 하면 이런 화엄안(華嚴眼)이 열리며 그 중에서도 특히 생명성 발로가 이루어진다. 그래서 밝고 힘있고 활기차게 되며[歡喜勇躍] 운명이 바뀌고 생각이 바뀌고 건강해지며 병은 호전된다. 생명성이 활짝 꽃피기 때문이다. 그런 면에서 광대한 보편행으로 세상을 섬기는 보현행원은 21세기에 딱 알맞은 가르침이다. 그것은 21세기가 권위의 시대가 아니라 섬기는 시대요, 특수의 시대가 아니라 보편의 시대이며, 분열이 아니라 통합의 시대요 생명의 세기이기에 그렇다.

원효는 공부가 익으면서 화엄적으로 변한 대표적인 분이다. 기신론을 최고로 알던 원효가 기신론의 실천에 해당하는 『금강삼매경론』을 쓴 것은 50대, 그리고 분황사에서 마지막 논서인 『화엄경소』

를 쓰다 절필하고 중생 속으로 들어간 것이 말년인 것을 보면 더욱 그러하다. 원효의 화엄 관련 저서가 다른 가르침에 비해 적은 편임에도 해동 화엄조사로 불리게 된 것은 이런 연유에서가 아닌가 한다. 원효는 보현교를 최고로 교판했을 뿐 아니라 사상 자체가 (필자가 보기에는) 지극히 화엄적이다. 이기영은 원효 불교 이해의 근본 특색은 다양 다기(多岐)한 여러 교설들이 완전히 하나의 일관된 진리로서 생명 있는 것이 되었다는 데에 있다고 말한다. 또한 원효 불교는 진리가 현실 속에 있음을 강조하고 현실에서 불국토와 열반을 성취하는 등 현실을 중시했으며, 깨닫고 나서 하화중생을 하는 것을 부정하고 교학을 중시하여 이론 및 세속 학문과 실천을 중시했고, 이기적 투쟁과 차별 및 대립을 지양했다[和諍]고 하는데, 이 자체가 모두 바로 화엄의 특징들이다.

『화엄경』과 보현행원

『화엄경』을 만든 분들은 우리에게 무엇을 전하려 하셨을까? 앞서 언급했듯이 화엄을 처음 접할 때 대개 우리는 『화엄경』 자체를 보는 게 아니라 먼저 화엄교학부터 배운다. 그리고 이후 『화엄경』을 보는데, 문제는 화엄교학이 너무 어렵다는 것이다. 그래서 교학에서 지레 겁을 먹고 『화엄경』 자체는 읽을 엄두도 못 내는 일이 비일비재하다.

'화엄교학'은 화려하고 복잡하지만, '화엄 경전'이 전하는 전반적인 가르침은 의외로 소박하다. 먼저 『화엄경』은 이 세상 일체중생이 모두 보석과 같은 존재임을 설한다. 모두가 진리 생명이요 진리로 찬란히 빛나야 할, 소중하고 존중받아야 하는 존엄한 부처님 생명이라는 것이다.[45] 이런 전제 하에 이 세상의 숱한 차별을 말하며, 그러나 이러한 차별이 사실은 '(서로 다르지 않은) 절대 평등 속에 존재한다'고 한다.[46] 우리가 볼 때는 부처와 중생이 다르고, 찰나와 영원이 다르고, 하나와 여럿이 다른 것 같지만 '사실은 모두 같다[不二]'

---

45 보석은 스스로 빛난다. 이처럼 삶에서 스스로 빛나는 게 보현행원이다. 보석에 흙이 묻어 빛나지 못하면 주위에서 닦아 주면 된다. 중생을 빛나게 하는 것이 또한 보현행원이다.

46 이것이 법계연기의 극치인 사사무애이다. 사사무애는 화엄종 초기에는 별로 주목받지 못하던 개념으로 후기(특히 징관)에 이르러서야 완성된다. 그만큼 깊은 가르침이다.

는 것이다. 그래서 차별로 존재하지만 서로 다르지 않기에 찰나가 영원 속에 들어가고[相入] 하나가 여럿이 되기도, 여럿이 하나 속에 들어가기도 한다.

차별이 난무하는 이 세계가 사실은 '절대 평등의 세계', '모두가 하나인 진리의 세계[一眞法界]'라는 것이 화엄이 전하는 주요 소식 중 하나다(차별 속의 평등, 평등 속의 차별). 겉모습이 다르고 있는 위치가 다르지만(사람은 사람으로, 축생은 축생으로, 하늘, 구름, 물 등은 또한 그런 모습과 위치로) 모두가 존엄하고 모두가 소중한 존재로서 자신에게 주어진 시간, 주어진 공간만큼 이 세상을 절대 평등의 자리에서 모두가 하나의 세계로 장엄[華嚴]하고 있다.

그런데 세상의 대립, 갈등은 자꾸 우리가 쓸데없는 생각[想, 다른 불교 용어로는 分別, 知解 또는 一念]을 일으키기에 생겨난다고 한다. 있는 그대로 보지 못하고[如實知見] 왜곡해서 보는 것이다[顚倒妄想]. 그래서 찰나와 영원이 사실은 다르지 않은데 다르다고 생각하고, 하나와 여럿이 다르지 않은데 하나는 싫어하고 여럿을 좋아하기에 만족하지 못하고 시기, 대립, 갈등이 생겨 마침내 이 고요하던 세계는 천차만별의 세계가 되어 잠시도 바람 잘 날이 없게 된다는 것이다. 좋아할 이유도 없는데 괜히 한 생각 좋아하는 생각 일으키고, 미워할 이유도 없는데 괜스레 미움과 분노, 원망을 일으켜 이 아름다운 세계가 그만 엉망이 되고 무질서해지고 괴롭고 험하고 거친 세계로 변해간다.

그런데 이런 『화엄경』을 배경으로 일관되게 흐르는 주제 하나가 있으니(마치 영화에서 화면을 배경으로 주제곡이 끝없이 흐르듯), 그것은 '사랑과 연민[慈悲]'이다. 이렇게 아름다운 세상에서 이렇게도 존엄하고 아름다운 우리 모습[本性, 佛性, 如來藏, 一心]을 보지를 못하고[不見], 괜히 성내고 미워하고 원망하여 스스로를 고통에 빠뜨리고 남들도 고통에 빠지게 하는 어리석은 우리 중생들. 이런 중생을 가엾고 안타까이 여기는 마음이 『화엄경』 전반을 흐르고 있다. 그런 마음을 『화엄경』은 '부처님은 우리를 가엾이 여기셔서 이 세상에 오셨다'고 목 놓아 노래한다. 그런 이유로 『화엄경』의 최고 주요 목표는 '이익중생(利益衆生)'이다. 그 와중에 '안 되겠다, 나라도 저들을 망상과 고통에서 벗어나게 해야겠다', 하는 맹세를 일으켜[發願] 깨치든 못 깨치든 깨쳤든 못 깨쳤든 오로지 지금 있는 이 자리에서 공경과 찬탄, 섬김으로 중생을 향해 나아가는 것[行]을 '보현행원'이라 한다. 망상을 깨고 고통을 벗어나는 방법이 『화엄경』에서는 보현행원인 것이다. 그리고 보현행원을 통해서 우리는 스스로 아름다운 본래 우리 모습을 찾게 되고, 또한 보현행원을 하는 분들에 의해 보현행원을 하지 않은 다른 분들도 거친 모습을 거두고 본래 찬란했던 진짜 모습을 찾게 된다.

보현행원을 하면 모든 것이 사랑 그리고 연민으로 다가온다. 저 하늘도 저 구름도 이 세상 모든 것이 사랑이요 연민인 것이다. 누가 시켜서 혹은 뭘 깨달아서가 아니라 저절로 그렇게 된다(이 말이 믿어지지 않으시면 보현행을 해 보시라!). 이 세상이 사랑으로 열려 오니 모두가 사랑이고 사랑뿐이다. 그와 함께 자비명상 같은 건 해본 적이 없음에도 끝없는 슬픔이 밀려온다.

그래서 아무리 그러지 않으리라 다짐해도, 또 누가 하라고 하지 않았음에도 스스로 주체할 수 없이 솟아나는 연민으로 저 슬픈 중생의 바다에 뛰어들지 않을 수 없게 된다. 그렇게 부처님 무량공덕 바다로 바로 뛰어드는 것이 보현행원이다. 뭘 닦고 뭘 배우고 무슨 복을 짓고 뭘 깨달은 후가 아니라 지금 바로 뛰어드는 것이다. 그것은 내 생명이 부처님과 똑같은 생명이라 가능하다. 내가 알든 모르든 내 생명이 부처님 무량공덕 생명과 똑같다. 안다고 더해지는 것도 모른다고 덜해지는 것도 아니다. 우리 모두는 부처님과 똑같은 무량공덕 무량위신력으로 꽉 차 있는 생명이다. 본래 그러했다. 다만 모르고 있었을 뿐이다. 또 보현행원을 하면 불가사의한 세계가 펼쳐진다. 아무것도 안 했는데, 단지 원을 세우고 공경 칭찬만 했는데 상상도 못 했던 그런 세계가 열리는 것이다.

『화엄경』 계통의 경전을 유통시켰던 분들은 이런 화엄의 내용을 우리에게 알려주고 싶어서 그렇게 많은 화엄경류(類)를 만들지 않았을까. 그 간절한 마음이 화엄의 노래를 모아 오늘날 우리가 보는 대본(大本)『화엄경』을 만들었을 것이다. 그리고 대본 『화엄경』 여기저기 흩어져 있는 보현행원의 사상을 하나로 모아 40화엄의 이름으로 보현행원이 무엇인지 열 가지로 정리한 「보현행원품」을 탄생시켰을 것이다. 그 결과 보현행원이란 이름은 수없이 듣지만 보현행원이 도대체 무얼 말하는지 몰랐던 우리는 「보현행원품」의 열 가지 행원을 통해 보현행원이 구체적으로 무엇을 말하는지 드디어 분명히 알게 되었다. 40화엄의 편집자들은 경전 편찬 시 화엄이란 이름만으로는 못내 부족해 애써 '입부사의해탈경계보현행원품'이란 부제목을 넣었던 것이 아닐까?

제2장

보현행원

보현행원의 구성

보현행원은 크게 기본행원과 응용행원으로 나눌 수 있다. 기본행원은 예경제불에서 참회업장까지를 가리키는 것으로 주로 지혜가 밝아지는 쪽이요, 응용행원은 수희공덕에서 마지막 보개회향까지를 칭하는 것으로 자비의 실천 위주로 되어 있다. 또 수행 체계를 신해행증(信解行證)으로 할 때, 기본행원은 주로 신해(信解)가 증장되는 반면 응용행원은 행증(行證)이 증장되는 면이 있다. 그러나 이런 구분은 행원을 설명하기 위한 인위적 구분이며 실지로 행원은 그런 차이가 없다. 행원은 하나가 모두를 포함하고 여러 행이 하나로 모이게 된다. 따라서 기본행원을 잘해도 자비가 성취되며, 응용행원 역시 지혜를 증장시킨다. 단지 편의상 구분이다. 이번 장에서는 신해행증의 체계를 살펴보고 그에 준한 『화엄경』과 「보현행원품」의 구성 원리를 알아본다.

1. 신해행증

불교의 수행체계를 흔히 신해행증이라 한다. 이는 화엄학에서 유래한 것으로, 믿고[信] 이해하고[解] 실지로 행하여[行] 그 내용을 체험 또는 증명[證]하는 것이다. 그런데 우리는 이 신해행증을 '따로' 생각하는 경향이 있다. 즉 '먼저' 믿음을 일으키고 그 후에 그 믿음을 이해하고 실천하여 증의 세계로 가는 것이다. 그래서 한사코 먼저 믿음을 일으키려 하고 그런 연후에 이해하고 실천하려 한다. 그런데 이러한 믿음, 신해행증은 사실은 '함께 있는 것'이라는 것을 알아야 한다. 해행증이 없는 믿음 없고 신행증이 없는 이해도 없으며 신해증이 없는 행함도 없다. 믿음 속에 이미 해행증이 다 있고 행에도 이미 신해증이 다 있다. 이 넷은 따로 존재하는 것이 아니니, 모두 이미 내포하고 있으나 다만 나타나는 시기와 모습에 따라 순서와 차별이 있을 뿐이다. 신해행증은 하나다. 다만 우리의 일심이 그리고 불과(佛果)가 구체적으로 꽃을 피울 때 그와 같은 순서와 모습을 띠는 것이다. 따라서 해행을 떠난 믿음만을 구하는 것은 옳은 일이 못 된다. 따로 구하는 데서 미혹이 싹트고 믿음이 맹목으로 변한다. 일상 삶에서도 믿음은 삶의 과정에서 온다. 부부의 경우도 살아보니 좋은 배우자라는 것을 알고 서로의 대한 믿음이 깊어지는 것이지 처음부터 믿음이 오는 것은 아니다. 처음부터 온 믿음은 부부의 경우엔 눈에 콩깍지가 낀 것이요, 종교에서는 '맹신'이다.

믿음은 해행증과 함께 온다. 맹신과 정신(正信)의 차이도 여기서 갈라진다. 해행증이 있는 믿음은 정신이요 해행증이 없는 믿음은 맹신이다. 불교의 믿음과 기독교의 믿음의 차이도 이런 데 있다. 불교의 믿음은 해행증이 함께 있는 믿음이요 의심 속의 믿음, 믿음 속의 의심인 경향이 강하다. 믿음은 그 중에서도 매우 중요한 의미가 있기에 믿음에 관해 좀 더 자세히 살펴본다.

① 믿음

「현수품」은 믿음의 공덕을 설명하는 것으로 시작해서 마지막은 믿음의 어려움을 노래하면서 끝난다. 「현수품」은 '이 법문이 매우 희유하고 기특해서 이 법문을 믿기는 어렵거니와 만약 어떤 이가 청정한 복을 닦았다면 전세의 인연으로 믿게 될 것이다. 삼천 대천세계를 머리에 이고 한 겁을 지내면서 꼼짝 않는 건 어려운 일 아니지만 이 법문 믿는 것이 어렵고, 열 세계를 손에 받들고 한 겁 동안 허공에 서서 있어도 그것은 어려운 일 아니지마는 이 법문 믿는 것이 어렵고, 열 세계 티끌 수 중생들에게 한 겁 동안 즐거운 것 보시하는 건 놀라운 일 아니지만 이 법문 믿는 것이 어렵다'며 법이 있더라도 믿음을 내는 것이 얼마나 어려운지 설명한다.

흔히 믿음이라 하면 유신론의 종교에만 있고 불교에는 없는 줄 안다. 그리고 흔히 보이는 맹신의 문제 때문인지 믿음이란 말만 나와도 과민 반응을 보이기도 한다. 그러나 종교에 있어 믿음은 대단히 중요하다. 특히 『화엄경』만큼 믿음의 중요성을 설하는 경전도 드물다 할 것이다. 화엄은 흔히 '신만성불(信滿成佛)'이라 하여 '믿음이 있을 때 바로 성불을 이룬다'고 할 정도로 믿음의 중요성을 강조한다. 또 화엄에 있어 보리심을 발하는 것이 매우 중요한데, 이러한 발보리심 역시 믿음에 의해 일어난다고 한다. 60과 80화엄은 마지막을 '(이 가르침을) 의심하지 말고 믿어라'는 말씀으로 끝난다. 이처럼 믿음을 중요시하는 경전이 『화엄경』이다.[47]

---

47 「현수보살품」은 불법승에 청정한 믿음을 깊이 내는 것으로부터 보리심이 나온다고 말한다. 즉 믿음이 발심으로 이어지는 것이다. [於佛及法僧 深起淸淨信 信敬三寶故 能發菩提心(60화엄)]

믿음의 중요성은 다른 불교 경전 여러 곳에서도 설해진다. 믿음이야말로 진실로 사람의 좋은 반려이며 양식이며 더없는 재산이라 말하기도 하고, 믿음은 사람의 마음을 풍요롭게 하고 인색한 마음과 탐심, 오만을 없애고 겸손과 공경을 가르치며, 이로써 지혜는 빛나고 행은 밝아져 어려움을 이기고 유혹을 이기는 강한 힘이 솟아난다고 한다. 또 믿음은 사람들의 마음의 때를 씻어 주고 같은 길에 들어오도록 하며 길이 멀어 지루할 때는 격려가 되어 깨달음으로 이끈다고 한다. 믿음이 있는 자는 귀에 들리는 어떤 소리도 부처님의 유시(諭示)로 받아들이고 즐거워하는 지혜가 생기며 어떤 것도 모두 인과 도리에서 생긴 것을 알아 순순히 받아들이는 지혜도 얻는다는 것이다.

믿음이 있는 자는 무상을 깨치고 덧없이 지나가는 세상사 가운데에 영구히 변하지 않는 진실이 있음을 알고 영고성쇠(榮枯盛衰)의 변화에 놀라거나 슬퍼하지 않는 지혜를 얻는다고 경전은 말한다. 믿음은 또한 참회와 수희, 권청의 세 가지 모습으로 나타나는데, 깊이 반성하여 자기 죄와 더러움을 자각하고 참괴하고 참회하며, 다른 사람의 좋은 일을 보면 자기 일처럼 좋아하고 그 사람을 위해 공덕을 바라는 마음이 생기며, 언제나 부처님과 같이 있고 같이 행하고 같이 생활하는 것을 원하게 된다는 것이다(이를 보면 보현행원 자체가 믿음을 가져오고 또 믿음의 구체적인 모습이다).[48] 믿음은 이처럼 중요하며, 선재가 수많은 세월을 지치지 않고 그 많은 선지식을 만나고 보현보살을 만나게 된 것도 믿음 덕분이다.

---

[48] 『불교성전』, 대한불교진흥원, 1979, 210-212쪽.

그런데 믿음은 신앙에서뿐만 아니라 일상 삶에서도 대단히 중요하다. 믿음은 모든 구성원들의 기본 약속이다. 우리는 이미 알게 모르게 믿음의 세상을 살아가고 있다. 지하철을 타면 목적지에 갈 수 있다는 믿음이 있기에 우리는 지하철을 탄다. 환자가 의사에게 몸을 맡기는 것도 환자가 의사를 믿기 때문이다. 요즘은 의사와 환자 사이에 이런 믿음이 옅어져 툭하면 시비가 벌어지는데, 그것은 양쪽 모두에 도움이 되지 않는다. 믿지 않으면 의사도 제대로 치료할 수 없고, 믿지 않으면 아무리 최첨단의 치료를 받아도 효과가 반감될 수밖에 없다. 『열반경』에는 여래가 고칠 수 없는 중생의 병에 대한 이야기가 나온다. 가섭이 여래가 중생의 병을 다 고쳤다면 어째서 열반에 들지 못하는 중생이 있느냐고 묻자 부처님은 이렇게 대답한다. 중생에게는 두 종류가 있는데 하나는 신심이 있는 중생이요 둘은 신심이 없는 중생[一闡提]으로, 신심이 있는 중생은 치료가 가능하나 신심 없는 중생은 치료할 수 없다는 것이다.

이처럼 믿음이 있는 세상과 믿음이 없는 세상은 확연히 다르다. 믿음이 있는 사회는 밝고 번창하지만 믿음이 없는 사회는 어둡고 퇴보하기 쉽다(선진 사회일수록 신뢰가 중요하고, 거짓말을 극히 혐오한다). 다만 믿음에서 우리가 주의할 일은 내 믿음이 타인의 믿음과 대립되어서는 아니 된다는 것이다. 더구나 나의 믿음이 대립을 넘어 타인의 배척까지 간다면 그것은 올바른 믿음이 되지 못함을 알아야 한다.

② 믿음이 필요한 이유
믿음은 다음과 같은 경우에 꼭 필요하다.

- 어려움이 다가올 때

첫째, 어려움을 만났을 때. 일상사가 믿음의 기반 위에 전개됨에도 불구하고 우리는 평상시에는 믿음의 중요성을 알지도 느끼지도 못한다. 그것은 믿음이란 너무나 보편적 사건이기 때문에 그렇다. 마치 평상시 건강의 소중함을 모르다가 병을 앓고 나서야 건강의 소중함을 알며 창밖에 핀 꽃 한 송이의 아름다움, 푸른 하늘의 고마움을 알게 되는 것과 비슷하다. 어려움을 만날 때 우리는 믿음이 중요함을 절실하게 느낀다. 그것은 믿음이 아니면 밀려오는 저 고통, 어둠을 이겨나갈 수가 없기 때문이다.

믿음이 없으면 어떠한 어려움이나 어둠도 결코 헤쳐나갈 수 없다. 내게 현실이 어떻게 보이고 어떻게 느껴지더라도 저 어둠 너머에 있을 희망에 대한 믿음을 버려서는 안된다. 어둠의 끝은 밝음이요 절망의 끝은 희망이기 때문이다. 어둠이 짙으면 짙을수록 그것은 어둠으로 끌려들어간다는 의미가 아니라 어둠이 끝날 때가 가까워졌다는 의미다.

마찬가지로 절망이 깊으면 깊을수록 절망에 무너지는 것이 아니라 희망이 올 때가 다 되었다는 의미다. 그것을 그렇게 알고 믿는 사람들에게만 밝은 현실이 창조된다. 조난당한 분들이 마침내 구조되는 것도, 수행자가 모든 어려움을 이기고 마침내 깨달음을 얻는 것도, '나는 구조될 수 있다', '나는 깨달을 수 있다'는 확고한 믿음이 있기 때문이다. 조난당하고도 생환한 분들의 이야기를 들어보면 그 분들은 끝까지 희망을 버리지 않았다는 공통점이 있다. 망망대해에 홀로 남겨져도 눈보라 속에 추위에 떨어도 그 분들은 구조될 수 있다는 희망을 끝까지 버리지 않았다.

희망을 가진다는 것은 에너지를 창출한다는 의미라 희망을 갖고 계속 유지하는 것 자체가 쉽지 않다. 희망을 가지는 것 자체가 절망 속에서는 힘이 드는 일이므로 현실과 타협하려는 생각이 일어 약해지고 스스로 삶을 포기하려 한다. 그런 경우에는 생환이 이루어지지 않고 대부분 구조대가 도착하기 전에 스스로 무너지고 만다. 그러나 생환한 분들은 모두가 포기하고 모두가 쓰러지는 그 순간에도 희망을 버리지 않는다. 나는 꼭 구조될 수 있다는 믿음을 버리지 않고 그 믿음은 현실을 불러온다. 그들이 일으킨 믿음 에너지가 불가사의하게 구조대에 전달되는 것이다. 그래서 대원들은 자기도 모르게 무언가에 이끌려 그 분들을 향하게 된다. 우리가 볼 때 운이 좋아 구조된 것처럼 보이는 많은 생환 사례들에 이러한 보이지 않는 원리가 작용한다. 그러니 모든 종교에서 믿음의 중요성을 강조하며 불교도 예외가 아니다. 믿음을 가볍게 여기는 분들은 작은 공덕은 몰라도 큰 공덕은 지을 수 없다. 작은 성취는 있을지 모르나 생사 해탈은 힘들다. 결코 믿음을 가볍게 여기면 안 된다. 믿어지지 않을수록 더욱 믿어야 한다, 믿어지지 않을 때 일어나는 믿음이 진정한 믿음이다.[49]

---

49 믿음은 가장 큰 재산이다. 부처님께서 마가다국에 계실 때 어느 날 광야라는 야차가 문안하고 여쭈었다. "온갖 재물 가운데 무엇이 제일이며, 어떠한 선행을 닦아야 즐거운 과보를 얻게 되나이까? 많은 아름다움 가운데 무엇이 제일이며, 많은 수명 가운데 무엇이 제일입니까?" 부처님께서 게송으로 말씀하셨다. "사람이 가진 재산 가운데 믿음이 제일이요, 법을 수행하는 사람이라야 즐거움을 누릴 것이며, 거짓 없는 진실한 말이 가장 아름답고 지혜의 수명이 목숨 가운데 제일이로다." 광야는 다시 여쭈었다. "누가 거센 물결을 건너고 누가 큰 바다를 건너며, 어떤 사람이

- 한계에 부닥쳤을 때: 믿음이 아니면 도약할 수 없다

둘째, 어떤 한계에 부딪쳤을 때. 가령 어떤 기업이 새로운 상품을 만들거나 투자를 할 때는 대부분 위험 부담이 있다. 그것이 더 큰 부를 창조할 가능성이 있을수록 더욱 그러하다. 이때 이 상품 또는 새로운 투자가 장차 반드시 기업에 도움이 될 수 있다는 믿음이 없으면 위험을 무릅쓰고 새로운 개발, 투자를 할 수가 없다. 결국 제자리를 맴돌다 끝난다.

세상만사가 그러하다. 작은 세상에서 더 큰 세상으로 나아갈 때는 모두 위험이 따른다. 그래서 우리는 주저하게 된다. 결단이 필요한 것인데, 그런 결단의 근원이 믿음이다. 믿음이 크면 그 결과도 크다. 단 흔들리지 않는 한결같은 믿음이 있을 때 그러하다. 믿지 않으면 보이지도 들리지도 않는다. 믿음이 없으면 발전도 없다. 작은 일에는 믿음이 필요 없을지 모르나 큰일을 이루기 위해서는 반드시 믿음이 필요하다. 또 일의 초기에는 믿음이 없어도 될지 모르나 일이 익어가고 성숙해질수록 믿음은 필수 요소가 된다. 믿음 없이는 그 어떤 큰일도 이룰 수가 없다. 「십회향품」에는 불괴(不壞)의 믿음을 가지라고 하며 "이렇게 불괴의 믿음에 안주할 때, 선근을 한량없이 심고 보리심이 더욱 자란다. 또한 자비심이 광대해지고 평등하게 관찰하며, 부처님의 수순을 배우고 모든 청정한 선근을 거두어 가지며, 진

고통을 버릴 수 있고 어떤 사람이 청정함을 얻나이까?" 부처님께서 다시 게송으로 말씀하셨다. "믿음이 있어야 거센 물을 건너고, 게으르지 않아야 바다를 건너며, 수행에 힘써야 고통을 떠날 수 있고, 지혜로워야 청정함을 얻느니라." (『별역잡아함경』 제15:325경)

실한 이치에 들어가 복덕의 행을 모으고 큰 보시를 행하고 모든 공덕을 닦으며 삼세를 평등하게 한다(불괴회향)."라고 말한다.

③ 믿음은 어떻게 오는가?

문제는 믿음이 좋긴 하지만 그렇게 쉽게 일어나지 않는다는 것이다. 선에서도 대신심(大信心)을 강조하며 '크게 믿어라'라고 하지만, 맹신이면 몰라도 바른 믿음은 그렇게 잘 오지 않는다. 따라서 처음부터 믿음을 강조하는 것은 문제가 있다. 왜냐하면 앞서 말했듯 믿음은 '해행의 결과[證]'이기 때문이다. 지엄 역시 화엄의 믿음은 해행이사(解行理事) 등의 일체의 법문을 포함하고 있다고 설한다.[50] 해행이 없으면 믿음은 일어나지 않는다. 만약 일어난다면 그것은 거짓 믿음이다. 믿음이 약한 것은 해행이 약하기 때문이다. 따라서 믿음 약한 것을 자책하지 말고, 또 믿음을 일방적으로 강요만 하지 말고 더 열심히 해행을 해야 한다. 해행의 결과는 증이기도 하지만 신이기도 하기 때문이다. 밝아지면 자연히 믿음이 온다. 다른 가르침과 화엄의 차이가 이런 점이다. 『화엄경』은 처음에 믿음이 아니라 해행이 나온다. 즉 부처님에 대한 공경, 찬탄이 있은 후에야 비로소 믿음에 대한 가르침이 설해지는 것이다. 처음부터 믿으라고 한 것이 아니라 '공경과 찬탄'이라는 '해행'이 있은 후 믿음의 중요성(「현수품」)이 설해진다.

화엄의 믿음은 정신(淨信, 맑은 믿음)이라 부르며 내가 부처[自心佛地]임을 믿는 것이다. 중생이 본래불(本來佛)과 다르지 않고 따라서

50　이시이 코세이 지음, 김천학 옮김, 『화엄사상의 연구』, 민족사, 2020, 181쪽.

지금 이 자리에서 부처로 살아가면 되는 것이다.[51] 그 방법이 보현행원이다. 보현행원을 통해 범부의 자리에서 부처의 자리로 무한 확대가 일어난다.

행원은 이러한 믿음을 서원과 행을 통해 해결한다. 일어나지 않는 믿음, 믿어지지 않는 사실을 무조건 믿으라고 강요하는 것이 아니라 보현의 서원과 행으로 해결해 나가는 것이다. 신해행증의 관점에서 보면 해행증으로 믿음을 키워나가는 것이다.[52]

『대승기신론(大乘起信論)』은 발심을 세 종류로 나누고 발심과 믿음에 대해 자세히 설명한다. 발심은 믿음 성취에 대한 발심[信成就發心], 실천으로 굳혀가겠다는 발심[解行發心], 법신을 증득하고 진심을 드러내는 발심[證發心]으로 나누고 신성취 발심자가 발하는 세 가지 마음[直心: 正念眞如法(진여를 바르게 생각하는 것). 深心: 樂集一切善行(착한 일 하기를 즐김). 大悲心: 欲拔一切衆生苦(일체중생의 고통을 없애주려는 마음)]

---

51 『화엄경』의 믿음은 법장과 이통현의 입장이 좀 다르다. 둘 다 믿음이 보살행의 출발점이자 성불의 조건임을 강조하지만 법장의 믿음은 기나긴 수행 과정을 통한 성불의 가능성을 믿는 정도의 (막연한) 의미인 반면, 이통현은 믿음에 대한 분명한 정의를 내리니 '내가 바로 부처다!'라는 것이다. "만약 십신의 단계에 있는 어떤 사람이 그의 몸이 부처의 몸과 다를 바가 없으며, 원인(실천적 수행)이 결과(최후의 깨달음)와 다를 바가 없다는 것을 믿지 못한다면, 그는 지혜를 바탕으로 한 온전한 믿음[信解]을 가지고 있다고 할 수 없다."라는 이통현의 말은 각 개인이 본래적으로 성불해 있다는 사실에 대한 확신이며, 이런 확신은 돈오선의 기초가 되었다고 한다. 한편 법장은 보살이 출발점에서 마지막 깨달음까지 수행을 지속할 수 있도록 지탱해주는 힘으로써 믿음(십신)의 개념을 처음으로 도입한 사람이다. (심재룡, 『지눌연구』, 서울대학교출판부, 2004, 7쪽)

52 해주에 따르면 신심 성취를 위해서는 원력이 깊어야 한다. (해주, 『화엄의 세계』, 민족사, 2003, 20쪽)

을 설한다. 그 중에서도 특히 인연이 얕은 분들에게 기신론은 네 가지 기본 믿음을 말하니, 그것은 첫째 신근본(信根本), 즉 근본을 믿는 것으로 세상 모든 존재가 진리의 산물이란 것을 믿는 것이다. 내 눈에 어떻게 보이든 모든 것이 진리의 나툼 아닌 것이 없다고 믿는 것이다. 두 번째는 신불무량공덕(信佛無量功德), 부처님에게는 한량없는 공덕이 가득함을 믿는 것이며 세 번째는 신법유대이익(信法有大利益), 부처님 가르침에는 큰 이익이 있음을 믿는 것이고 네 번째는 신승능정수행(信僧能正修行), 부처님 가르침을 따르는 이들은 능히 올바른 수행을 한다는 것을 믿는 것이다. 이 네 가지가 근기가 약한 분들을 위해 기신론이 믿음을 증장하는 부분인데, 이에 대해 원효는 네 가지 믿음이 완전하게 되려면 행이 따라야 한다고 말한다. 행이 없으면 믿음은 자라지 않는다는 것이다.

"신심만 있고 행이 없으면 믿음이 익지 않고, 익지 않은 믿음은 외연을 만나면 문득 물러서고 마나니, 따라서 다섯 가지 행을 닦아야 네 가지 믿음이 성취되는 것이다[有信無行 卽信不熟 不熟之信 偶緣 便退 故修五行 以成四信也]."

– 『대승기신론소』[53]

---

53 기신론은 이렇게 다섯 가지 수행을 하면 믿음을 얻을 수 있다며 보시, 지계, 인욕, 정진, 지관을 말한다[晝夜六時 禮拜諸佛 誠心懺悔 勸請隨喜 廻向菩提]. 그런데 여기서 정진의 내용이 또한 보현행원이다.(『원효사상 세계관』, 413쪽) 이렇게 보현행원과 『대승기신론』은 가르침에 닮은 점이 매우 많다. 그 중 몇 가지만 들면 첫째, 주객의 대립을 일체 인정하지 않는다(일심을 강조). 둘째, 이론만 아니라 선(善)의 실천[慈悲行]을

따라서 믿음이 없는 분들은 믿음이 없음을 한탄하지 말고 나에게 행이 없음을 한탄해야 한다. 믿음은 행과 함께 자라기 때문이다. 믿음이 오지 않을 때 믿음아 왜 내게는 네가 없는 거야, 하고 밖을 향해 한탄하지 말고, 내 생명 부처님 무량공덕을 외치고 부처님 이름을 부르며[念佛] 집에서 절이라도 해야 한다. 남편 아내, 아이들, 그리고 모든 이웃을 향해 감사를 외치고[普賢行願] 믿음이 없는 그 자리에 나의 뜨거운 행을 바쳐야 한다. 그렇게 하면 믿음이 증장하지 않을 리가 없다. 신심이 있어 삼천배를 하는 것이 아니라 삼천배를 하니 신심이 오는 것이다.

삼천배를 하는 분을 신심이 깊다고 부러워할 게 아니라, 또한 신심이 깊으니 저렇게 하나 보다 하고 스스로 변명할 게 아니라, 신심이 없으니 직접 삼천배를 하는 것이다. 삼천배로 다들 오는 믿음이 오지 않으면 나는 근기가 약하니 삼천배가 아니라 삼만배라도 하겠다는 각오가 있어야 한다. 그런 뜨거운 각오 없이 믿음이 그냥 오지는 않는다. 생사를 건너가는 저 어렵고 귀한 반야의 배를 그냥 탈 수는 없다. 매일 누대의 습(習)을 되풀이하며 고작 불교 책 몇 권, 몇 번의 법문, 그리고 경전 독송 몇 번, 절 몇 번 염불 몇 번에 탈 수는 없는 것이다. 수많은 법문을 듣고 수많은 가르침을 청하고, 수많은 참회의

강조한다. 셋째, 진여의 본성에 순응하는 네 가지 행위는 바로 보현행원이며, 실천수행을 설하는 수행신심분의 내용은 원을 강조하는 등, 그 전부가 보현행원이라 할 정도로 닮아 있다. 보현행원을 모르고 기신론을 읽으면 기신론만 보이지만, 행원을 알고 읽으면 모두가 보현행원이다. 중국 화엄사상은 송대 이후 기신론의 영향을 강하게 받게 되는데, 그 이유도 혹시 이런 데 있는 것은 아닌지 모르겠다.

눈물과 땀이 흘러야 비로소 무량겁을 부정하고 부처님을 떠난 나의 마음이 열리며 부처님 찬란한 햇살이 스며들기 시작한다. 그만큼 어렵고 그만큼 소중한 것이 믿음이다. 오죽하면 믿음이 모든 것이며 믿음이 생길 때 성불한다고 부처님이 말씀하겠는가?

화엄의 신만성불(信滿成佛)사상은 그만큼 믿음이 어렵다는 것을 반증하는 것이기도 하다. 신만성불은 중생이 부처와 다르지 않음을 믿고 본래 모습대로 발심하면 바로 부처로 살게 된다는 것인데, 이렇게 보면 발심은 믿음에 의해서만 가능하게 된다. 우리가 그렇게 가고자 하는 부처의 세계가 믿음만 생기면 당장 된다는 것은 그만큼 믿음을 일으키기 어렵다는 말씀도 된다.

그러니 믿음을 쉽게 생각하지 말고 믿음이 없다고 한탄하는 지금 바로 이 자리에 한탄 대신 부처님을 향해 뜨거운 나의 정성을 바칠 일이다. 믿음은 결코 믿는 마음만 가지고는 일어나지 않기 때문이다. '믿겠다'고 마음먹을 때 정말로 믿어진다면 그처럼 좋은 일이 어디 있겠는가. 그러나 믿음은 그렇게 해서 오지 않는다.

보현행원은 믿음을 일으키는 가장 좋은 방법이다. 신만성불 가르침에는 믿음이 없으면 어떠한 것도 할 수 없지만 행원의 관점에서는 행원을 하면 믿음이 온다. 믿음은 '원행(解行)'에서 오기 때문이다.

④ 『화엄경』과 「보현행원품」의 구성 원리: 보현행원 역시 믿음으로 시작한다

이기영은 믿음에 대해 십신의 단계를 『금강삼매경론』에서는 '모든 중생이 전부 다 이와 같은 맑고 깨끗한 진여한 마음이 있다는 것을 믿는 것'이라고 한다고 말한다. 즉 일체중생이 부처의 마음을 간직하고 있다는 것을 믿는 것이며, 닦기만 하면 그 마음을 고스란히 회복할 수 있다는 것을 믿는 것이요, 내가 부처가 될 수 있다는 것을 믿는 것이다. 그러니까 기독교에서 말하는 맹목적 믿음과는 전혀 다른 믿음이다. 불교에서 무엇을 믿어야 하는가에 대해 기신론은 '自信己身有眞如法'이라 말한다. 즉, 자기 안, 자기만이 아니라 일체중생에게 진여법이 있다는 것을 믿는 것이 불교의 믿음이라는 것이다. 부처를 믿는 게 아니라 내 안에, 모든 중생의 마음 속에 진여법이 있음을 믿고 나가는 것으로, 바깥을 쳐다보는 믿음은 바른 믿음이 아니라고 말한다.[54]

　『화엄경』은 믿음의 중요성을 설하지만 정작 '어떤 게 믿음이다' 같은 말은 안 나온다. 대신 믿음이 저절로 일어나게 한다. 그냥『화엄경』을 읽고 보현행원을 하면 자연히 솟아나는 믿음이 화엄의 믿음이라 할 수 있는데,『화엄경』을 읽고 보현행원을 하다 보면 자연히 떠오르는 가르침 하나가 있다. 그것은 '내가 부처님과 똑같구나, 내 생명이 바로 부처님 생명이구나, 그래서 심불급중생 시삼무차별이라 하는구나' 하는 것이다. 이 가르침이 머리로 헤아린 이론이 아닌 체험으로 뜨거운 눈물로 사무쳐 온다[身證]. 그리고 누가 뭐라 말하지 않아도 자연스레 부처님에 대한 믿음이 밀려오며, 강요하지 않아도 그 때부터 더 큰 확신을 갖고 더 큰 행원을 발원하고 더 큰 행원으로 나아가게 된다. 이런 것이 진짜 믿음이라 할 수 있다.

54　이기영,『불교개론강의(하)』, 한국불교연구원, 1998, 73-89쪽.

반면 답을 정해 놓고 '이걸 믿는 게 믿음'이라든지 '왜 이걸 안 믿느냐'고 다그치는 건 참된 믿음이 아니다. 믿음은 그렇게 강요해서는 안 된다. 공부하면서, 해행을 이루면서 자연히 솟아오르는 것이 참된 믿음이다. 이런 면에서 보면 기존의 법장이나 이통현, 그리고 간화선의 믿음은 어쩌면 잘못된 믿음이라고도 할 수 있다. 그렇게 범부들에게 믿음을 안내해서는 안 된다. 믿으라 해서 믿게 하는 것이 아니라 해행을 통하여 저절로 일어나게 안내해야 한다. 마치 먼동에 새벽하늘 밝아 오듯 그렇게 믿음이 일어나야 한다. 따라서 믿음을 먼저 정하지 말고 해행을 하게 해야 한다.

지눌은 이통현의 '믿음에 기초한 종교적 수행'을 강조했다. 믿음에는 행위가 함축되어 있으니, 믿음이 행동을 낳기 전까지 '믿습니다'라는 외침은 단지 공허한 것일 뿐이다. 지눌에 의하면, 이통현의 『화엄경』 해석의 중심축은 이론적 논증보다 믿음에 있으며 또 그 믿음은 다음 세 조건을 만족해야 한다고 한다. 첫째, 불법의 영구성에 의해 지지되어야만 하고, 둘째, 보현보살로 대표되는 자비의 수행에 실질적인 효험이 있어야 하며, 셋째, 선재와 같은 보통 사람도 행할 수 있는 것이어야 한다.[55] 금하광덕 또한 불자의 믿음은 행이며 행을 떠나선 믿음은 없는 것이며 행동만이 믿음이며 행동만이 기쁨이고 용기이고 지혜이고 창조라고 말한다.[56]

화엄은 믿음에서 시작해서 믿음으로 끝난다. 화엄은 '이 세상은

---

55 『지눌연구』, 69-70쪽.

56 광덕, 『메아리 없는 골짜기』, 불광출판사, 1990, 249쪽.

이미 완전하다'는 것으로 시작하여 '이러한 사실에 결코 의심을 내지 말라[愼勿於此懷疑念]'고 당부하는 것으로 끝난다. 그리고 이어서 화엄의 마지막인 「보현행원품」이 드디어 시작된다. 이런 화엄의 믿음을 중국 화엄가들은 '신해행증'으로 체계화시켜 『화엄경』의 각 품을 각기 신, 해, 행, 증에 배열했다. 즉 80화엄에서는 여섯 번째 「비로자나품」까지가 '신'이며(60화엄은 제2품인 「노사나품」까지), 그 후 「여래출현품」까지가 '해', 「이세간품」이 '행', 「입법계품」이 '증'인 것이다. 그런데 『화엄경』은 그렇게 확연히 나눠지지는 않는다.

　가령 대표적인 믿음의 장인 「현수품」은 전체적으로는 '해'에 해당하는 곳에서 나온다. 또 믿음의 장으로 분류된 초반의 품도 반드시 믿음만 설하는 것이 아니다. 거기엔 '해행증'의 내용도 함께 나온다. 다른 곳도 마찬가지다. 「입법계품」은 그야말로 신해행증이 모두 뒤섞여 나온다. 이러한 화엄의 구성은 우리에게 두 가지를 시사한다. 하나는 신해행증은 서로 '더불어' 온다는 것, 또 하나는 지속되는 '반복' 속에 작은 믿음과 작은 행이 더 큰 믿음, 더 큰 행으로 성장되어 나간다는 사실이다.

- 프랙탈: 반복에서 모든 공덕이 탄생

　프랙탈(Fractal)은 자기 닮은꼴, 자기 상사(自己相似)를 말한다. 자연 구조가 끊임없이 자기 모습을 반복, 복제함으로써 성장, 확대 등의 더 큰 세계로 나아가는 것이다. 즉 무한 자기 반복이 무한 자기 확대를 불러일으킨다. 용수철이 감긴 것을 보면 제자리에 있는 것처럼 보이지만 사실은 감기면서 앞으로 나아간다. 로켓이 지구를 탈출할

속도를 얻어 광활한 우주로 날아갈 수 있는 것도 지구 궤도에서 끝없는 반복을 하기 때문이다. 어쩌면 사뭇 지루하고 무의미하게 보이는 그런 반복이 모든 공덕의 원천인 것이다.

그런 이유로『화엄경』은 수없이 신해행증을 반복하고「보현행원품」도 그 작은 내용 속에 그렇게 신해행증을 되풀이하고 있다. 그렇게 되풀이되는 신해행증 속에 우리도 모르게 작고 보잘것없던 믿음과 행이 부처님처럼 광대한 원과 행으로 변해가는 것이다. 마치 물결이 동심원을 그리며 더 큰 물결로 번져 나가듯, 우리의 원과 행도 끝없이 반복됨으로써 더 큰 원행의 세계로 나아간다. 이런 무한 반복은『화엄경』의 특징 중 하나다. 얼핏 보면 불필요한 말들의 반복 나열로 보이기도 하는『화엄경』의 구조에는 이런 깊은 뜻이 숨어 있다.

이론물리학자 리처드 파인만은 진공 속에서 끝없이 생겼다 사라지는 가상입자들을 보고 한탄한다. '생겼다 없어졌다, 생겼다 없어졌다, 이 무슨 시간 낭비인가?' 그러나 파인만은 모르셨나 보다, 그렇게 아무것도 아닌 걸로 보이는 일들의 수많은 반복에서 만물의 조화가 탄생함을….

–「보현행원품」의 구성: 신해행증의 반복

『화엄경』과 마찬가지로「보현행원품」역시 신해행증으로 시작하고 신해행증이 지속적으로 반복된다. 우선 행원품은 '이 세상엔 수없는 부처님이 계시고, 그 부처님의 공덕은 한량이 없다'는 선언으로 시작된다. 그리고 이러한 부처님의 한없는 공덕세계로 들어가고 싶거든 '보현행원 열 가지를 하라[應修十大廣大行願]'고 말한다. 그런 연후에 무엇이 보현의 열 가지 행원인지 자세한 설명이 나온다. 열 가지 행원의 속성이 낱낱이 설해진 후 행원을 닦는 공덕과 행원을 닦는 이들이 가져야 할 광활한 서원을 말씀하는 것으로 일단락한다. 여기서 한량없는 부처님의 무량공덕 선언, 그리고 행원을 닦을 것을 말하는 곳까지가 신해행증의 '신'에 해당한다. 즉 '부처님 공덕은 끝없고, 그 공덕 속에 들어가는 방법이 보현행원이다'라고 하는 것을 '믿는 것'이다. 그 다음에 나오는 행원의 설명과 공덕, 서원은 모두 '해행증'에 해당한다. 어떻게 믿어야 하고 어떻게 행해야 하며 그런 믿음과 이해, 행의 결과가 무엇인지 설해지는 것이다. 이렇게 「보현행원품」은 전체적으로 완벽한 신해행증의 구조로 짜여 있다. 그런데 행원의 신해행증은 한 번만으로 끝나지 않는다. 행원 하나하나가 다시 신해행증으로 구성되어 있다. 예경제불의 경우를 보자.

예경제불은 먼저 이 세상에 '부처님이 수없이 계시는 것'을 믿고 '눈앞에 뵈온 듯 부처님을 공경해 나가는 것'을 말한다. 그리고 그러한 예경은 허공계가 다하고 중생계가 다해도 끝나지 않을 것을 다짐한다. 여기서 신에 해당하는 곳은 '수많은 부처님이 계신 것을 믿는 것'이고, 해행은 '눈앞에 뵌 듯 곳곳마다 모든 정성을 바쳐 부처님을 예경하는 것'이며, 증은 마지막 부분, 즉 '허공계가 다하고 중생계가 다해도 그치지 않는 나의 예경'이 된다. 그것은 '허공계가 다하고 중생계가 다해도 그치지 않는 나의 서원'이 단순한 행원의 시작일뿐 아니라 그러한 행원이 보여 준 '이 세계의 실상'이기도 하기 때문이다. 우리는 보통 이웃을 돕기 위해 봉사활동을 시작한다. 그런데 봉사활동이 깊어지면 그러한 활동은 바로 다름 아닌 나를 돕는 행위임을 알게 된다. 즉 처음에는 이웃을 돕고 이웃의 아픔을 덜어드리려 시작했지만, 알고 보니 그것은 나를 돕는 행위였고 내 아픔을 덜어내는 행이었던 것이다. 남을 위한 봉사활동을 하지 않았으면 결코 알지 못했을 사실을 봉사활동을 했기에 알게 되는 것이다. 그처럼 행원도 처음엔 이웃에 대한 나의 자비심이 나를 견디지 못하게 하여 허공계가 다하고 중생계가 다할 때까지 행원을 그치지 않겠다고 서원했으나, 알고 보니 나의 행원이 끝이 없음은 바로 우리 생명이 본래 무한이기 때문인 것이다. 내 생명이 본래 예경이고 내 생명이 본래 찬탄이며, 우리가 본래로 공경이며 우리의 본성이 원래로 공양, 참회이기에 우리는 그렇게 하는 것이다. 그리고 우리의 생명이 본래 무한이므로 우리 행원 역시 끝날 수가 없다. 내 생명이 끝나고 우리 생명이 끝나면 우리 행원도 끝나겠지만 우리가 본래로 영원한 생명이기에 행원이 도저히 끝날 수가 없는 것이다. 이것이 행원을 하고 얻게 되는 증이요 과이다.

이러한 낱낱 행원의 신해행증은 열 가지 행원이 끝나는 동안 열 번을 계속해서 반복된다. 이런 이유로 「보현행원품」을 독송하면 아무 수행도 따로 하지 않았음에도 우리도 모르게 힘이 솟고 환희가 오며 밝아지게 된다. 지속되는 신해행증의 행원품 구조 자체가 그렇게 우리를 밝고 힘차게 만들어주는 것이다.

- 보현의 행원력으로 시작하는 예경제불, 광수공양
행원의 시작이 믿음으로부터라는 것을 알려주는 또 하나의 대목은 행원 초반에 나오는 보현의 행원력이다. 예경제불과 광수공양은 모두 시작에 수많은 부처님을 내가 보현의 행원력으로[我以普賢行願力故] 예경하고 공양한다고 되어 있다. 즉 수많은 부처님이 계신다는 사실을 내 힘으로 믿는 것이 아니라 '보현의 행원력'으로 믿는 것이다. 내 눈엔 보이지 않아도, 내 마음에 느껴지지는 않아도 보현보살의 끝없는 행원에 대한 힘이 이 세상엔 지금 넘치고 있기에 그 보현보살의 서원으로써 내 허약한 믿음을 일으키는 것이다. 이것은 마치 망원경이나 현미경을 통해 잘 보이지 않는 세상을 보듯 넘치는 보현의 원력에 힘입어 행원을 시작해 나가는 것이다. 그렇게 해서 눈앞에 계신 듯 대하고[如對目前] 깊은 믿음에서 일어나는 알음알이[現前知見]로 보이지 않는 부처님을 뵙고 예경하고 찬탄, 공양하는 것이다.

　　이것은 화엄의 중요한 특징으로, 화엄은 수많은 보살이 삼매에 들고 깨달음을 얻는 것은 보살 자신의 수행이나 힘에 의해서가 아니라 부처님의 본원의 힘이라고 말한다. 가령 보현보살이 삼매에 드는 것은 세 가지 인연으로 그러한데, 부처님의 본원력, 비로자나불의 본원력, 그리고 보현보살 자체의 원력 덕분이다. 또 선재가 여러 선지식을 만나는 것도 비로자나불의 본원력, 보현보살의 원력, 그리고 선재 자신의 원력에 의한 것이라 한다.[57]

57　이기영 또한 이런 『화엄경』의 가르침에 주목하여 『화엄경』에 나오는 보살들의 삼매와 설법도 자기 자신의 힘으로 삼매에 드는 것이 아니라 전적으로 비로자나불의 본원력에 근거해서 삼매에 들며 그 보살들의 설법도 비로자나불의 힘에 의해서 하고 있다는 사실을 지목한다. (『원효사상 70강』, 260쪽)

이렇게 보면 행원의 초기 믿음은 절대 믿음, 혹은 맹신이 아니라 '의심 속의 믿음'이다. 믿어지지 않지만 일단 '그렇게 이해하고 그렇게 행함'으로써 의문점을 헤쳐 나가는 것이다. 이것은 행원의 시작이 증오(證悟)가 아니라 해오(解悟)임을 뜻한다. 선수후오(先修後悟)가 아니라 선오후수(先悟後修)인 것이다. 물론 화엄의 특성이 인과동시이듯 나중에는 닦음과 앎이 '동시에' 일어나지만, 시작은 일단 해오로 한다. 그리고 그러한 의심 속의 믿음은 마침내 내 진실 생명을 깨어나게 한다. 간화선에서 의심을 하라고 그렇게 강조하는 이유도 의심이 우리 생명을 깨우고 성장시키기 때문이다. 호기심, 의심이 강할수록 천재성을 나타내는 것도 이런 이유에서이다. 의심은 우리를 더 큰 세계로 성장시킨다.

그런데 이것이 가능한 이유는 알고 보면 보현행원력이 결국 나의 소식이기 때문이다. 그러기에 보현의 행원력을 내가 일으킬 수 있는 것이다. 비유하면 미운 오리 새끼가 본래 백조이니 단지 날갯짓을 하면 되듯, 내 본래 모습이 보현행원이기에 우리는 보현행을 할 수 있다. 그런데 이 소식을 내가 모르고 있으므로 일단은 보현보살의 행원력을 '빌어' 시작하는 것이다.

『화엄경』의 특징 중 하나가 주객소멸인데, 이런 곳에서도 대답하는 보현보살과 질문하는 선재동자가 둘이 아닌 이분법의 소멸을 볼 수 있다. 화엄은 나[我]라는 것도 없고 부처와 보살이라는 것도 없다. 자력과 타력의 구분이 없다. 있다면 오직 부처님, 그리고 부처님의 위신력[佛力]만 있다. 보현의 행원력으로 시작하는 보현행원은 이러한 화엄의 주객불이의 소식을 알려준다. 처음에 빌린 듯[他力]이 보

이는 보현의 행원력은 사실은 나의 행원력[自力]이다. 내가 바로 '보현'인 것[佛力]이다.[58]

---

58 불자야 여래의 몸은 없는 곳이 없고 실재하는 것도 허망한 것도 아니다. 단지 모든 부처님의 본원력으로 중생을 제도하기 위해 출현한다[佛子 如來身者 無有方處 非實非 虛. 但以諸佛 本誓願力 衆生堪度 則便出現(「여래출현품」)].

기본행원과 응용행원

1. 기본행원

기본행원은 '내 개인이 밝아지는 수행'이다. 응용행원은 그렇게 밝아진 나로 '남을 밝혀 나가는 수행'이다. 모든 것이 기초가 중요하듯 행원 역시 기본 행원을 잘 익혀야 나머지 행원들이 쉽게 된다. 이를 위한 기본행원과 응용행원의 공부 방법이 조금 다르다. 기본행원에서는 먼저 믿음과 지해(知解)를 일으키는데, 이는 해오(解悟)에 해당하며, 해오에 입각하여 진실한 깨달음의 세계인 증오(證悟)로 나아가게 하는 것이 응용행원이다.

　　예경제불, 칭찬여래, 광수공양, 참회업장이 기본행원에 해당하고, 기본행원은 '이 세상에는 수많은 부처님이 계신다. 그리고 그 낱낱의 부처님 주위에는 수많은 보살들이 계신다'는 것을 일단 믿고 시작한다. 아무리 내 눈에 아무것도 안 보여도, 내 눈앞에 모두 나를 괴롭히고 나를 음해하는 이들로 보여도 실지로는 이들이 부처님이다, 그리고 그 부처님을 에워싸고 있는 보살님들이다, 이렇게 생각하고 나가는 것이다. 이것은 부처가 아닌데 부처님으로 보라거나 보살님이 아닌데 억지로 보살로 생각하라는 것이 아니라 내 눈앞에서 나를 비웃고 나를 괴롭히는 바로 저 분이 내가 그렇게도 찾던 부처님이다, 내가 그렇게도 보고 싶어하는 관음이요 문수보살이다, 라고 진짜로 그렇게 보는 것이다. 이것이 보현의 원력으로 모든 부처님을 대하고 보현의 현전하는 지혜로 일체 불보살님을 공경하고 찬탄하며 공양하게 되는 행원의 기본 행을 일으키는 첫번째 인이 된다. 내게 아무리 모질게 대하고 손해를 끼치고 괴롭히는 분이 있더라도 저 분의 불성을 의심하지 않겠다, 저 분이 바로 나를 일깨우시고 가르치러 오신 불보살님이다, 이렇게 믿고 이렇게 생각하고 실지로 그렇게 모시는 것이다. 이것이 모든 행원을 일으키게 하고 행원의 바다에 들어가게 되는 첫 걸음이 된다.

그러면 우리는 왜 나를 괴롭히고 나에게 이익이라고는 조금도 안 주시는 저 분을 부처님으로 봐야 할까? 첫째는 부처님은 우리가 알지 못하는 모습으로 우리에게 오시기 때문이요, 둘째는 내가 부처님으로 보면 설사 부처님이 아니더라도 그분이 진짜로 부처님으로 화(化)하시기 때문이다. 우리는 부처님 모습을 하고 있어야 부처님이라고 생각하기 쉽다. 그러나 부처님은 숱한 모습으로 오신다. 때로 부처님은 중생이 알지 못하는 모습으로 오셔서 우리에게 바른 길을 보여 주시고 도움만 주신 후 그냥 가시기도 한다. 그것은 원만한 중생 성숙을 위해서는 중생이 좋아하는 모습으로만 올 수는 없기 때문이다. 아이를 기를 때 오냐오냐해서는 올바른 아이로 자랄 수 없고, 그래서 때로는 아이를 야단치고 울리기도 해야 하듯 진정한 중생의 성숙을 위해 부처님은 때로 우리가 알지 못하는 모습으로 오시는 것이다. 그러므로 내 옆에 화를 내는 바로 저 분이 오만한 나를 가르쳐주기 위해 거친 모습으로 오신 화신 부처님일지도 모르며, 내 옆에서 노래 부르는 가수는 몸과 마음이 지친 나에게 노래 공양하러 오신 가수 부처님일지도 모른다. 우리는 그렇게 생각하고[信] 그렇게 알고

[解] 그렇게 보아야[行] 한다.

또한 아무리 나에게 모질게 다가오시는 분이라 할지라도 내가 은혜로 받아들이면 실지로 그렇게 된다. 아무리 내게 은혜를 베푸시는 분이라도 고마워할 줄 모르고 은혜로 받아들이지 않으면 실지로 그분 역시 나에게 아무 존재도 아니게 된다. 상대방이 어떻든 내가 어떻게 받아들이는가에 따라 달라지는 것이다.

부처님도 마찬가지다. 저 분이 아직은 성불하지 못했지만 꼭 성불하여 우리를 이끌어 주실 분이라 생각하고[信解] 그렇게 모시면 [行] 그런 우리로 인하여 그 분의 성불은 몇 겁이나 앞당겨지는 것[證]이다. 이것이 우리가 일체중생을 부처님으로 모셔야 하고 눈앞의 수많은 부처님을 보현의 원력으로 보아야 하는 이유이다.[59]

「입법계품」에는 부처님을 낳기 위해 여성의 몸으로 세상에 오신 마야부인 이야기가 나온다. 석가모니 부처님의 어머니가 되겠다는 서원을 세웠기에 금생은 여성의 몸으로 오셨다는 것이다(마야부인은 당신이 미륵보살의 어머니도 될 것을 말씀하셨다). 그리고 일체세계에서 보현행을 닦는 이들을 위해 그들의 어머니가 되는 것을 본다고 말한다. 이렇게 보면 이 세상의 모든 여성들은 어찌 보면 불보살을 탄생시키기 위해 오신 또 하나의 불보살님들일지 모른다. 그런데 이 말은, 우리가 보현행을 하지 않고 성불하지 못하면 우리를 위해 어머니로 오

---

59 본원의 힘이 얼마나 위대하냐 하면, 중생이 부처님이 있는 줄 몰라도 부처님의 본원력으로 중생은 고뇌에서 벗어난다[如來智日 亦復如是 無信無解 毀戒毀見 邪命自活 生盲之類 無信眼故 不見諸佛智慧日輪 雖不見佛智慧日輪 亦爲智日之所饒益 何以故. 以佛威力 令彼衆生 所有身苦 及諸煩惱 未來苦因 皆消滅故(「여래출현품」)]고 한다.

신 모든 불보살의 서원을 무위로 돌릴 수도 있다는 뜻도 된다. 어머니가 되기 위해 여성의 몸으로 오신 불보살을 불보살로 만들어 드리지 못하는 것이다. 우리가 기어코 보현행을 하고 성불해야 하는 이유도 이런 데 있다.

그러니까 중생이 부처 되느냐 아니냐는 중생에게 달린 게 아니라, 보현행원하는 우리에게 달렸다. 저 중생이 성불하지 못하는 것은 중생 자신 때문이 아니라 우리가 저 분을 부처로 만들어 드리지 못하기 때문이다. 이런 사실까지 알고 이런 성취까지 가야 비로소 보현행원을 한다고 할 것이다. 나의 간절한 행원이 행원도 모르고, 자신이 부처인지도 모르고 허망한 중생의 삶을 살아가고 있는 일체중생을 마침내 부처로 만들어 드려야 하는 것이다.

2. 응용행원

이렇게 기본행원이 이루어지면 이제는 응용행원으로 들어간다. 응용행원은 부처님의 법을 실지로 우리 이웃들에게 나누어 드리는 행이다. 부처님의 눈부신 광명을 직접 쬐게 해드리는 행인 것이다. 물론 행원 모두가 부처님행이지만 응용행원은 신해행증의 행증에 좀 더 해당되는 부분이다.

우리가 믿음과 지혜로 알게 된 이 세상의 진리를 응용행원을 통해 일체중생에게 증명하고 나눠드리며, 이런 행을 통해 장엄한 진리의 세계가 실지로 우리 앞에 나타나게 된다. 진리 세계는 그저 알음알이나 언어 유희로써 나타나는 것이 아니라 행을 통해 증명되고 우리 앞에 보여진다. 또 응용행원을 통해 부처님을 모르고 수행을 하지 않는 중생들이라 할지라도 부처님 무량공덕의 바다로 같이 들어가게 된다. 이처럼 부처님 법은 불법을 믿는 자뿐 아니라 믿지 않는 자도 제도되는, 일체중생이 본래 성불되어 있고 진실한 한 생명의 수행으로 온 중생이 모두 성불하는 우주의 진리이다.

3. 기본행원과 응용행원

앞서 행원은 기본행원과 응용행원으로 나눌 수 있으며, 기본행원은 주로 지혜, 응용행원은 자비의 증장 쪽으로 맞춰져 있다고 했다. 그러나 이것은 어디까지나 이해를 돕기 위해 드린 말씀에 지나지 않는다. 화엄이 그러하듯 행원 역시 끝없는 지혜와 자비의 '동시 성숙'이 그 특징이다. 행원은 다른 수행과 달리 거의 언제나 지혜와 자비가 '동시 성숙' 되게 한다. 지혜가 먼저이고 자비가 그 다음이거나 그 반대도 아니다. '지혜 속의 자비, 자비 속의 지혜'다.

　그러한 지혜와 자비의 모습이 기본행원에서는 지혜 쪽을 조금 우선하는데, 가령 이 세상엔 수없는 부처님이 계신다는 것을 알고 일체처 일체시에 부처님을 뵈오며 그러한 부처님을 공경, 찬탄, 공양, 참회하는 것이 바로 지혜의 한 속성이다. 일체가 부처님임을 알게 되는 것, 그것이 곧 지혜[解悟(깨달음)]이다. 그렇게 알게 된 세상의 모습에 처음에는 환희, 찬탄을 일으키지만 뒤(응용행원)로 갈수록 행원은 세상에 대한 자비심을 일게 한다. 그것이 청법, 수순, 회향이다.『팔천송반야경』에는 '이제 막 대승에 들어선 보살에게는 회향을 말하지 말라'고 한다. 비록 그들이 약간의 믿음, 애정, 공경심이 있다 하더라도 그마저 사라지게 할 수 있기 때문이라며 불퇴전의 보살, 그리고 선지식의 확고한 안내를 받고 있는 이들에게만 수희, 회향을 이야기하라고 한다. 행원에서 왜 수희나 회향이 나중에 나오는지 말해 주는 대목이다.

지혜가 밝아지면 이 밝은 가르침을 모르고 힘든 삶을 살아가는 이웃에 대한 연민이 저절로 솟아오른다. 그리하여 그들의 조그마한 공덕에도 함께 기뻐하는 마음이 일고 그들을 위해 법을 설하기를 간절히 청하게 되며, 밝고 맑은 성자들이 그들을 위해 더 오래 이 세상에 머물기를 바라게 되고 그 분들의 밝은 모습을 하나라도 더 배우겠다는 마음을 낸다. 진리를 모르고 꿈속을 헤매는 이웃들이 어리고 어리석은 일을 하더라도 마치 부모가 어린 자식의 뜻을 따라 주듯 그렇게 넉넉한 마음으로 이해하며 따라 주게 된다. 그리고 그 모든 행원을 성취하더라도 아직도 미진한 나의 정성, 그것을 행원은 나의 공덕을 남김없이 세상에 바치는 것으로 마감하게 된다. 내 한 몸을 완전히 이 세상을 위해 바치는 것이다.

그런 의미에서 행원은 처음에는 이렇게 부처님을 뵈옵는[見佛] 기쁨으로 시작하지만, 점점 이 사실을 잘 모르는 이웃들을 위한 슬픔에 젖다가 마침내 일체중생의 밝은 본성을 믿고 그 중생들 품속으로 서원과 보리심을 가지고 뛰어드는 밝은 슬픔으로 끝나게 된다. 공부는 대개 기쁨에서 시작하여 세상에 대한 슬픔을 거쳐 종국에는 슬픔도 기쁨도 없는 밝은 슬픔의 순으로 익어 가는데, 행원 역시 이와 같은 순서를 밟아 지혜와 자비 출렁이는 보현의 바다, 부처님 원력의 세계로 뛰어들게 되는 것이다.

행원의 열 가지 순서는 함부로 지어진 것이 아니다. 그런데 행원은 그 시작을 공경에서 출발한다. 그리고 칭찬, 공양, 참회로 이어진다.[60] 그것은 모든 공덕의 출발점이 공경이기 때문이다. 우리의 일상 삶에서 가장 기본이 되는 것이 '공경'이다. 공경 속에 모든 것이 이루어져야 한다. 공경이 기본이 되면 어떤 행, 어떤 모습이 나와도 밝은 자리를 떠나지 않게 된다. 반면 공경이 기본이 되지 않으면 어떤 선행을 해도 밝은 행이 되지 못한다. 그러므로 무슨 일을 해도 먼저 공경심을 세우고 그 속에 우리의 삶을 전개해야 한다. 공경이 맨 처음에 자리 잡은 것은 이런 소식을 알려 주는 것이다.

이렇듯 공경을 세운 뒤 우리가 할 일은 언어로써 공덕을 지어 가는 일이다. 그것은 행보다는 말이 쉽기 때문이다. 또한 언어에는 창조적 능력이 있다. 대개의 경우 언어가 밝고 힘찰 때 밝고 힘찬 행동과 마음이 나오는 것이다. 그런 이유에서 행원은 두 번째로 밝은 언

---

60 보현행원을 공경·공양으로 시작하는 이유는 40번째 선지식인 묘덕원만 주야신이 선재에게 준 가르침에서도 볼 수 있다. 그는 "선남자야 보살은 초발심 시 이렇게 원을 세우니, 나는 마땅히 일체제불을 공경 공양하며 부처님 뵙기에 만족함이 없으며 부처님 계신 곳에서 늘 사모하고 좋아하며 깊은 믿음을 일으키고 모든 공덕을 닦기를 언제나 쉬지 않으리라[菩薩初發心時 作如是願 我當恭敬供養 一切諸佛 見佛無厭 於諸佛所 常生愛樂 常起深信 修諸功德 恒無休息.]."라고 말하며 초발심자는 예경과 공양으로 수행을 시작할 것을 권한다. 또 십주의 맨 처음인 발심주보살이 배워야 할 일도 공경 공양 찬탄이다[諸佛子 彼菩薩應學十法º 何等為十 所謂 學恭敬供養諸佛 讚歎諸菩薩 護眾生心 親近賢明 讚不退法 修佛功德 稱揚歎美 生諸佛前 方便修習寂靜三昧 讚歎遠離生死輪迴 為苦眾生作歸依處. 何以故 欲令菩提心轉勝堅固 成無上道 有所聞法 即自開解 不由他悟 (60화엄)].

109

어의 창출을 가르친다.

공경, 칭찬이 이루어진 다음 이제 우리는 행으로 나아간다. 세상을 공경하고 찬탄한 후 우리가 할 일은 일체 만물을 섬기고 모시는 일이다. 그것이 공양이다. 그것도 넓고 깊게 모셔야 하기에 광수공양(廣修供養)이다. 그리고 그렇게 공양의 행을 나아가다 보면 자신도 모르는 실수가 필연코 있기 마련이다. 따라서 참회를 잊으면 안 된다. 또한 공경, 칭찬, 공양의 밝은 행을 지어가다 보면 지난날의 잘못을 저절로 알게 된다. 밝아지니 못 보던 허물이 보이는 것이다. 사람이 못날수록 자기 잘못을 모르는데 행원을 하게 되면 스스로 밝아지므로 모르고 지나갔던 허물이 스스로 드러나게 되는 것이다. 그러므로 또한 참회한다. 기본행원이 공경-칭찬-공양-참회의 순으로 이루어진 것은 이런 이유에서다.

이러한 근본 자세, 근본 마음이 이루어지면 응용 동작은 쉽게 할 수 있다. 다소 어려운 수회-청법-청불-수학-수순-회향이 나중에 나오는 이유도 기본행원이 익숙해질 때 저절로 이루어지는 행원이기 때문이다. 그래서 필자는 이를 응용행원이라 이름 붙인다.

그러나 이렇게 순서를 정하고 차례를 나눴다고 해서 각각의 행원이 서로 연관성이 없거나 어떤 것이 더 중요하고 덜 중요한 그런 것은 아니다. 사실 하나를 하면 다 통한다. 차제처럼 돼 있지만 사실은 차제가 아닌 것이다. 각 행원 하나하나가 완전무결하다. 그리고 서로 상즉상입한다. 나중에 낱낱의 행원에서 보듯, 우리가 공경을 할 때 나머지 행원 아홉 가지가 공경의 구체적 방법이다. 칭찬으로 공경하며, 섬김, 참회로 공경하는 것이다. 찬탄도 마찬가지다. 공경으로 찬탄하며 섬김으로 찬탄한다. 10번째 회향도 그와 같아 회향의 구체적 방법이 앞에 나온 아홉 가지 행원이다. 공경으로 회향하고 수순으로 회향한다. 그럼에도 순서를 말하는 것은 편의상 그리 하는 것뿐이다. 금하광덕은 이렇게 말한다.

"열 가지 행원 하나하나를 원만성취하여야 그 다음에 비로소 부처님의 무량공덕을 성취케 된다는 말인가 (…) 원래 보현보살이 말씀한 도저히 말할 수 없는 무량한 여래공덕은 이것이 부처님이 지니신 공덕 세계로서 일체중생이 마땅히 이룩하여야 할 과업이며, 일체중생이 마땅히 도달하여야 할 경계임은 말할 것도 없다. 동시에 우리가 알아야 할 것은 여래경계는 즉 중생의 본래 경계라는 사실이다. 일체 부처님이 한량없는 공덕을 이룩하셨다는 말씀이 곧 일체중생의 청정한 본연경계가 그러하다는 뜻이다. 그리고 10종행원이라 하는 것은 그 하나하나가 중생이 원래로 가지고 있는 청정성의 활동을 말하는 것으로서 행원을 행하는 행동 하나하나는 그대로 여래의 무량공덕을 나투는 것이 된다. (…) 행원을 하나하나 독립된 것으로 생각하거나 열 가지 따로따로 성취하는 것이라고 안다면 그것은 잘못이다. 행원의 하나하나가 여래 공덕의 실천이며 청정 공덕성의 발현으로서 그대로 완전히 이루어진 것이다. 행원의 하나하나가 이와 같이 본래 완성되고 청정하고 걸림없는 위덕을 지닌 사실을 우리는 깊이 믿어야 할 것이다. 이와 같이 보아올 때 행원은 그것을 닦아서 장차 여래공덕을 성취하는 것이 아니고 행하는 순간순

111

간 완전한 성취가 있는 것이며 현실 위에 여래공덕의 창조가 있는 것이다."[61]

이것은 화엄의 육상원융 관점에서도 타당하다. 가령 화엄보살도인 십바라밀은 육상원융에서 총상이며, 보시바라밀 등은 별상이다. 육상원융적으로 볼 때 보시바라밀이 곧 화엄보살도로, 보시바라밀이 없으면 온전한 보살도가 이루어지지 않기 때문이다. 나머지 바라밀도 각 위에 차제로 닦아가도록 되어 있기는 하나, 반드시 보시바라밀을 다 닦아 마친 후에 나머지를 차례로 닦아가야 보살도가 완성되는 것은 아니다. 십바라밀이 각각 차별하여 하나가 아니면서도 무애원융하다. 보시바라밀이 자기 자리를 움직이지 않고 모든 바라밀을 포섭하여 보살도가 이루어진다. 따라서 원융수행법이 이루어지기에 초발심 때 정각을 이룰 수 있다.[62]

61 광덕, 『보현행원품 강의』, 불광출판사, 1989, 21-22쪽.

62 『화엄의 세계』, 98-99쪽.

제3장

행과 원

행원의 중요성
견지, 수증, 행원

『화엄경』에는 다른 경전에서는 쉽게 볼 수 없는 독특한 단어가 자주 나오니, 바로 행원(行願)이라는 말이 그것이다. 행원은 크게 세 가지 뜻으로 해석할 수 있는데, 문자 그대로 '행과 원'이라는 것 외에 '원을 행하는 것', 혹은 '행을 원하는 것'으로 각각 해석할 수 있다. 이렇게 보면 행원은 행과 원이 따로 떨어진 개념이라기보다는 서로 분리할 수 없는 '하나의 개념'에 더 가깝다. 즉 행이 원이 되고 원이 행이 되는 것이다. 처음에는 행과 원을 따로 분리해서 시작할지 몰라도 수행이 깊어감에 따라 행원이 함께 움직인다. 행 하나하나에 원을 세우고 원 하나하나에 행이 따르게 되는 것이다.[63] 이것은 행원의 핵심 요소 중의 하나인데, 수행 방법상으로도 중요한 의미를 갖는다. 처음엔 분리된 채로 시작되는 행과 원이 분리될 수 없는 하나의 개념으로 이어질 때, 즉 행원 또는 원행이 끝없이 이어질 때(무유궁진 염념상속 무유간단) 순간순간 찰나삼매가 일어나며 선정과 통찰지로 이어지는 것이다.

---

[63] 행원: 특정한 어떤 일을 하고자 하는 원이다. 대개 어떤 목적의 성취를 바라는 것을 원이라 하는데 내심(內心)의 원을 심원(心願), 염원(念願)이라 한다. 여기의 행원은 구체적인 행의 원이다. 보현행원은 성불을 목표로 그것을 달성하기 위한 기본행원이 되는 것이다. 행원력을 말할 때가 있는데 이때는 행원이라는 본원(本願)에서 오는 힘, 본원의 작용을 말한다. 원이 있을 때 힘이 나온다.(『보현행원품 강의』, 19-20쪽)

대만의 불교학자 남회근(南懷瑾, 1918~2012) 역시 행원의 중요성을 강조한다. 그는 불교 수행을 견지(見地), 수증(修證), 행원의 삼대 강요(綱要)로 나누고, "불법을 배우는 사람이 많음에도 불구하고 진정으로 과위를 증득한 사람은 적은 주요 원인은 행원이 부족하기 때문"이라고 말한다. 행원은 공덕이니 만약 공덕이 원만하지 못하면 지혜 성취가 어렵고 옛사람들 중 과위를 증득한 사람이 많았던 것은 바로 행원에 있었다며, 행이 도달해야 견지가 비로소 원만해지며 수증 공부도 비로소 과위를 증득할 수 있으므로 세 가지 중 "행원이 가장 중요하다"고 행원에 힘쓸 것을 역설한다.

견지는 이치 또는 이론[理], 행원과 수증은 사(事) 또는 현실로서 불교 용어로는 사상(事相)이며 선종에서는 공용(功用)이라 표현하는데 보통 공부라고 한다. 또 견지는 선종 용어로는 견도(見道)라고도 한다. 수증은 선정과 분리될 수 없다. 수증에는 경·율·논이 모두 포함된다. 남회근은 이론은 이르렀어도 현실이 뒤따르지 않으면 소용없고 마찬가지로 현실은 이르렀어도 행원이 뒤따르지 않으면 소용없다고 말한다. 그러나 불교의 모든 가르침이 견지, 수증, 행원의 영역 하나로 나눠지지는 않을 것이다. 무슨 가르침이든 불교 가르침은 이 세 가지 요소를 덜하고 더한 차이는 있지만 모두 가지고 있다. 다만 어느 쪽을 더 강조하는가에 따른 차이다. 가령 견지에 중점을 둔 대표적 가르침이 선불교(선종)라면, 수증에 중점을 둔 대표적 가르침은 밀교라 할 것이다. 또 사마타와 위빠사나를 닦는 상좌부불교는 견지, 수증을 함께 하는 가르침이라 볼 수 있다. 이런 차이에도 불구하고 결국은 행원으로 귀결된다는 것이 남회근의 견해이다. "행원만

이 있을 뿐"이란 말이 그렇다.[64]

　남회근은 '진정한 수행은 마지막으로 하나의 길, 즉 행원으로 통한다'고 말하며 행원이란 바로 '자신의 심리적 행위를 바르게 닦아나가는 것'이라 정의 내린다. 그러한 행원, 마음 씀씀이[心行]를 바로 닦지 못했기에 정(定)을 얻지 못하며 또한 공부에 진전이 없다고 선생은 힘주어 말한다. 즉 우리 공부가 진보하지 못하는 이유는 방법이나 스승이 잘못된 것이 아니라 '마음 씀씀이가 전환되지 못했기 때문'이다. 그래서 수행을 하고 견처가 생기더라도 마음 씀씀이, 탐진치만의(貪嗔癡慢疑) 등은 조금도 전환되지 못하고 있으니 공부에 아무 소득이 없다는 것이다. 선생의 말에 따르면 견지라는 것도 '행'을 할 수 있어야 견지라 할 수 있으며, 수행을 해도 마음 씀씀이가 심행상으로 도달하지 못하면 의미가 없다고 한다. 따라서 행원을 하지 못하면 진정한 견지에 도달할 수 없고 수증 역시 허망하다. 그리고 이렇게 중요한 것이 행원임에도 사람들은 견지, 수증, 행원의 삼대 요소 중 행원을 가장 소홀히 한다고 선생은 탄식한다.[65]

64　『불교수행법 강의』, 749쪽.

65　필자는 이 말을 절감한다. 견지 수증은 100% 관심 있지만, 행원은 정말 다들 죽어라고 안 한다. 남회근은 마음가짐(필자는 이를 원으로 본다)의 중요성을 또 이렇게 말한다. "왜 정을 얻지 못할까요? … 심행상에서 추구해야지, 공부상에서 추구하려 해서는 안 됩니다. 공부상에서 추구하는 것은 공(空)으로, 우연히 가능할지는 몰라도 며칠이 지나고 나면 사라져 버립니다. 여기 앉아 있다고 해서 여러분의 심신이 전환될 수 있겠습니까? 바로 이것이 문제입니다. 결코 타좌의 자세에 있는 것이 아니라 심행상에 있습니다. 심행상에서 자신을 검사해야 비로소 궁극적인 것이라 할 수 있으며, 비로소 정을 말할 수 있습니다." (『남회근 선생의 알기 쉬운 불교수행법강의』, 651쪽)

행원이 어려운 이유는 행원이 공부의 모두요 또한 모든 공부의 끝이기 때문이다. 원만한 행원을 하기 위해서는 견지가 있어야 하고 어느 정도의 수증도 닦아야 한다. 견지, 수증 없이 행원만 따로 할 수는 없다. 또한 견지, 수증을 이룬다고 행원을 하는 것은 아니니, 그것은 행원 안에 견지, 수증이 모두 포함되는 모든 공부의 최후처이기 때문이다. 그러니 견지, 수증은 있어도 행원이 이렇듯 어려운 것이다.

　남회근은 모든 불경, 삼장 십이부가 모두 우리에게 행원을 말하고 있고 행, 삽십칠도품, 육도만행의 불법을 배우는 기본이 이 곳에 있으며 삼세인과와 육도윤회를 이해하고, 심리적인 행위상에서 자신을 서서히 바꾸어 나가면, 공부와 견지가 자연스레 진보하게 된다며 다시 행원의 중요성을 일갈한다. 결국 행원을 하면 공부와 견지에 자연스레 성취가 있게 된다. 반대로 행원은 하지 않고 수행만 열심히 한다고 공부와 견지가 진보하는 것은 아니다. 또 행원으로 말하자면 행할 수 있어야 비로소 진정한 견지이며 행이 이르지 못하면 견지는 아무 소용이 없다고 말한다. 바로 여기에 이르러야 비로소 진정한 자비를 말할 수 있으니, 자비란 곧 무아이기 때문이라는 것이다.[66] 그러니까 행이 따르지 않는 견처, 수증은 어쩌면 아무 소용이 없을지 모른다.

　행원이 어려운 또 다른 이유는 행원에는 나[我]라는 것이 일체 없기 때문이다. 견지와 수증에는 희미하지만 나라는 것이 남아 있다. 내가 보는 견처요 내가 이룩한 수증으로 견지와 수증은 어디까지나 나를 위한 일이다. 그러니 별로 어렵지가 않다. 그러나 행원은 전적

66　앞의 책, 656 ; 669쪽.

으로 이웃을 위한 공부, 우리 모두를 위하는 일이다. 그러므로 나라
는 것이 모두 사라지는 공부의 최후처까지 이루지 못한 분들은 본능
적으로 행원이 꺼려진다. 이기심을 버리지 못하는 사람은 행원을 하
기가 쉽지 않다. 견지, 수증은 내 공부에 도움이 되지만, 행원은 내 공
부에 그다지 도움이 되지 않기 때문이다. 엄밀히 말하면 행원은 모두
나 아닌 다른 이들을 위한 공부다. 그러니 아직 나라는 상을 버리지
못한 분들이 행원에 나설 리가 없다. 이런 이유로 행원은 가장 중요
한 요소임에도 불구하고 소홀히 취급받는다.

　그런데 보현행원에는 일반 행원과 다른 두 가지 특성이 있다. 하
나는 일반 행원이 견지, 수증의 단계를 거쳐 이르는데 비해 보현행원
은 견지와 수증 없이도 원만한 행과 원이 이루어지는 가르침이니, 그
것은 보현행원의 분상에서는 심리적 행위를 닦는 것이 아니라 이미
원만한 심행이 갖춰져 있기 때문이다. 따라서 보현행원은 이러한 견
지, 수증, 행원을 하나로 묶어 바로 최후처로 뛰어들게 한다. 그리고
그런 과정에서 견지와 수증의 체험을 동시에 일어나게 한다. 즉 보현
행원에서는 견지, 수증, 행원이 따로 놀거나 전제 조건이 아니라 모
두가 하나[三位一體]가 되는 것이다.

　보현행원에서 행원은 말과 이론이 필요 없다. 견지, 수증에 앞
서 무조건 행원을 하고 보는 것이다. 어느 정도 견지가 생기고 수증
을 거쳐 행원에 가는 것이 남회근의 견해라면, 그런 것이 없어도 일
단 행원으로 우리 삶을 시작하는 것이 보현행원의 세계다. 견지와 수
증 이전에, 그래서 견처가 아직 생기지도 못하고 수증의 경계도 익기
이전, 보현의 행과 원으로 우리에게 본래 갖춰진 무량한 세계를 열어

나가는 것이다. 그렇게 우리의 본래 세계를 여는 행원은 견지, 수증에서 말하는 행원이 아니다. 견지, 수증과 함께 하는 삼대 강요로서의 행원이 아니라 보현보살이 하는 행원, 보현보살이 우리에게 알려주는 보현의 원과 행이다.

화엄의 보현행원은 무조건적 공경, 찬탄, 공양, 참회를 강조한다. 조건을 따지고 이유를 따져 공경할 만하니까 공경하는 것은 보현의 행원이 아니다. 이유가 있든 없든, 이유를 알든 모르든 무조건 공경하고 찬탄하는 것이니 공경할 만한 상황은 물론, 도저히 찬탄할 이유도 없고 공경할 수가 없는 상황에서조차 공경, 찬탄이 행해지는 것이 보현의 행원이다. 등 따습고 배부른 자리뿐 아니라 억울하고 분하고 밉고 섭섭한 마음이 노도처럼 밀어닥치는 그 자리에조차 고맙다, 잘했다, 미안하다, 섬기고 공양하겠다, 하고 외치는 것이 보현행원이다. 그렇게 보현의 원과 행으로 부처님 무량공덕 바다에 뛰어드는 것이다.[67]

보현행원이 견지, 수증의 과정 없이도 무량공덕의 세계로 진입이 가능한 이유는, 그리고 견지와 수증을 가져오는 이유는 보현행원이 불과(佛果)이기 때문이다. 부처님의 최후처가 보현행원이요 부처님의 삶, 부처님의 행, 부처님의 마음이 보현의 행과 원이기에 그렇다. 부처

---

67 금하광덕은 보현행원이 바로 우리들 자신이 원래로 가지고 있는 부처님의 한량없는 공덕과 권능을 행사하는 방법이라고 말한다. 부처님의 위덕은 우리 행동을 통해 전개되고 행원의 실천을 통해 이 땅에 불국토가 성취된다는 것이다. 불법이 아무리 화려하고 뛰어나고 또한 그런 불법을 이해하고 있다 하더라도 하나의 행원적 행동이 없다면 그 모두는 공허한 것이 된다고 말한다. (『보현행원품 강의』, 22-23쪽)

님이 이룩하신 모든 견지, 그리고 수증의 총 결정체가 보현행원이다. 그러므로 불과로 열어가는 우리 삶은 당연히 부처님 세계가 열리게 되고, 부처님이 이룩하신 견지, 수증의 세계 또한 함께 열려온다.

보현행원을 공부한 분들은 거의 한결같은 놀라움을 표하는데, 그것은 공부 잘한 수행자들 대부분의 법문이 너무나 보현행원과 비슷하다는 것이다. 다만 그 수행자들은 보현행원과 연관을 짓지 못하고 당신의 경계에서 말하지만, 보현행원을 공부한 분들이 보면 전부 보현행원을 이야기하고 있는 것이다. 이런 일이 일어나는 것은 보현행원이 공부의 최후처이기 때문이다. 경계가 깊어지면 점점 화엄적으로 변하는 것처럼, 공부를 잘하면 점점 보현행원적으로 변한다. 다만 보현행원을 따로 깊이 공부할 기회가 없었으니 인지를 못할 뿐이다(잭 콘필드처럼). 그래서 내 경계만 말씀하시지 그 경계가 보현의 경계임을 모른다. 보현을 공부해야 내 경계가 보현임을 알 수 있고 보현과 연결시킬 수 있다. 보현행원 공부가 '따로' 필요한 이유다.

또한 보현행원은 나라는 것이 없는 자리다. 보현행원은 내가 있던 자리에 부처님만 가득 차게 한다. 그리하여 나와 남, 주객의 분리가 무너지고 오직 부처님의 자리에서 일체 행원이 일어나는 것이 보현행원이다. 그러므로 보현행원을 할 때 우리는 이미 '나 없는 세계'로 가고 있다. 이런 것이 보현행원이 일반 행원과도 다른 점이다.[68]

---

68 공경, 찬탄, 공양, 참회 자체가 나라는 아상이 있어서는 하기 힘든 일들이다. 이 말은 곧 이런 일을 하는 이들은 이미 아상이 많이 사라진 상태라는 것을 의미한다.

행

1. 행이 현실을 만든다

일상사에도 행(行)은 대단히 중요하다. 구체적인 발전, 성과, 성장은 행으로써 이루어진다. 부뚜막의 소금도 직접 넣어야 짜지, 가만히 있으면 전혀 짜지지 않는다. 아무리 좋은 계획이 있어도 실천하지 않으면 아무 소용이 없다. 이론도 마찬가지로, 실생활에서 실천되고 증명되지 않으면 그림의 떡에 불과하다. 과학에서 실험이 중요한 것도 이런 이유에서이다. 행이 부지런한 사람들은 건강하다. 친구도 머리로 사귄 친구보다 행(몸)으로 사귄 친구의 우정이 훨씬 깊고 오래 간다.

그와 마찬가지로 불교에서도 행이 중요하다. 대승불교에서는 깨달음에 이르는 구체적 방법으로 육바라밀을 강조하는데, 육바라밀을 두루 갖추게 하는 가장 기본적인 방법이 바로 보시다. 본생담(本生譚)에는 연등불에게 수기를 받은 전생의 석가모니 부처님이 과거 여러 보살들이 부처가 되기 위해 제일 먼저 행한 행이 무엇인지 알아보는 과정에서 그것이 보시바라밀인 것을 발견하는 이야기가 나온다. 또 『아함경』에는 부처님께서 보시바라밀을 할 때 주의할 사항을 미륵보살에게 말씀하는 부분이 있는데, 끝 부분에 '이 보시의 공덕으로 육바라밀을 두루 갖추게 하여지이다'라고 발원하라고 말한다. 즉 궁극의 지혜바라밀을 갖추게 되는 근본 행위가 바로 보시인 것이다. 물론 가장 원만한 보시를 하기 위해서는 지혜가 반드시 완성되어야 하지만 그 지혜는 그냥 얻어지는 것이 아니라 보시를 통해 얻어지게 된다는 말이다(보시 따로 있고 반야 따로 있는 게 아니라, 사실은 보시가 바로 반야행이다). 보시는 육바라밀 중 가장 '실천적인 행'이다. 보시는 가만히 앉아서 이루어지는 것이 아니다. 명상을 통해, 관(觀)을 통해서 얻어지는 것이 아니라 움직여서, 생사의 현장에 직접 뛰어듦으로써 얻어지는 것이다. 지혜는 명상을 통해 얻어질지 모르나 보시는 그렇게 해서 얻어질 수가 없다.

부처님은 (그 사람의) 행으로써 어떤 이가 열반에 이르렀는지 아닌지 안다고 하였고, 게송 하나밖에 못 외운 바보 제자 주리반특을 찬탄하며 "한 가지 게송이라도 알고 실천하는 것이 제일이다. 행이 제일이다."라고 말한다.[69] 맛있는 음식을 보고도 먹지 않으면 아무 소용없듯 듣는 것만으로는 번뇌를 끊을 수도 부처님의 가르침을 알 수도 없다고 한다. 행(또는 실천)을 무척 강조하는 가르침이 불교다. 행이 없으면 밝아질 수 없다. 『열반경』에도 '초발심으로 인하여 대열반을 얻는 것이지만 들음으로써 얻는 것이 아니요 닦음으로써 대열반을 얻는다.'며 행의 중요성을 설한다(「고귀덕왕보살품」).

공(空)함, 무아(無我)를 아는 것과 현실에서 실제로 그렇게 사는

---

69 바보 주리반특이 깨닫게 된 이유도 '행'에 있다. '쓸고 닦아라'라고 일러주신 부처님 가르침을 기억하기도 힘들 만큼 주리반특은 바보였으나, 실지로 쓸고 닦음으로써 쓸고 닦는 것은 단순한 먼지만이 아니라 마음의 탐진치임을 깨닫게 된 것이다. 즉, 행이 주리반특의 마음을 밝힌 것이며, 이렇게 보면 쓸고 닦는 행은 주리반특에게는 바로 깨달음으로 가는 지름길이었던 것이다. 보현행원도 그와 같다. 행원의 행은 바로 깨침으로 이끄는 길이다.

것은 전혀 별개의 문제다.[70] 관자재보살이 오온이 공함을 알아 일체 고액(苦厄)을 벗어나는 것도 반야바라밀을 깊이 행할 때[行深] 이루어진 것이다. 듣기만 해서는 깨달을 수 없다는 부처님 말씀대로 마음도 중요하지만 부처님 법문은 행으로 들어야 한다. 행이 없으면 아무 일도 일어나지 않는다. 『열반경』에도 "모든 중생이 수능엄삼매가 있건만 '닦아 행하지 않으므로' 보지 못하며 아뇩다라삼먁삼보리를 이루지 못한다."라고 말한다(「사자후보살품」). 보이는 세계, 물질계는 행(行)이 중요하다. 비물질계는 오고 감이 없으나[不生不滅] 물질계는 오고 감[生滅]이 있다. 그리고 그렇게 끝없는 오고 감 속에 숱한 창조가 이루어진다. 물질계에 행이 없다는 것은 죽음을 의미한다.

유명한 생물학자 린 마굴리스(Lynn Margulis)는 '생명은 명사(名詞)가 아니라 동사(動詞)'라고 말한다. 살아 있는 것에는 끝없는 움직임이 있다. 움직임이 없는 것이 죽음이다. 가끔 불교는 마음자리 하나 밝히면 다인 것처럼 말하는 경우가 있는데, 마음자리는 오고 감이 없는 자리다. 이 세상이 전적으로 비물질적 세계라면 마음자리 하나 밝히면 어쩌면 충분할 것이다. 그러나 이 세상은 물질적 세계(色界)이고, 물질적 세계에서는 마음만 밝혀가지고는 충분하지 못하다. 필히 행이 동반되어야 하는 것이다. 그러므로 마음자리를 밝힌 이후에는 끝없는 행의 전개(展開)가 필요하다. 마음이 전개된 것이 이 세계인 바,

---

70 금하광덕은 유독 행을 강조했다. 행에 대한 금하광덕의 가르침 몇 가지를 살펴본다. "법문은 행으로 듣는다. 깨달음의 행을 하라. 불법을 행해서 깨달아야 한다. 법을 실천해야 한다. 오직 몸으로 행하여야 한다. 불자의 믿음은 행이다. 행을 떠나선 믿음은 없는 것이며 행동만이 믿음이다. 행동만이 기쁨이고 용기이고 지혜이고 창조이다."

그러나 전적으로 또한 마음만으로는 이루어지지 않은 것이 세상이므로 오고 감이 없는 마음을 알고 오고 가는 물질계를 현실로 살아가는 것이 필요한 것이다. 일체유심조(一切唯心造)라 하여 마음의 중요성을 굉장히 강조하는 불교의 『화엄경』이, 동시에 끝없는 실천을 요구하는 보현행원을 설하는 이유가 또한 여기에 있다고 할 것이다.[71]

71　과학과 종교는 다른 것일까? 보이지 않는 세계[理]에서 보이는 세계[事]가 나오고, 이 세상은 보이는 세계와 보이지 않는 세계가 공존하고[理事無碍] 있다. 물리학자 데이비드 봄(David Bohm)은 보이는 세계를 펼쳐진 질서, 보이지 않는 세계를 접혀진 질서라 표현한다. 보이는 세계는 관찰, 분석이 가능하다. 그러나 보이지 않는 세계는 그것이 불가능하다. 따라서 보이는 세계의 진리를 관찰과 분석으로 찾아가는 것이 과학이라면, 종교는 보이지 않는 세계의 진리를 명상, 관조로 찾아가는 것이라 할 수 있다. 이렇게 보면 과학과 종교는 진리 추구라는 점에서 같다. 다만 대상과 방법이 다를 뿐이다. 그럼에도 과학과 종교는 처음부터 다른 것이라 생각하고 두 세계의 차이점을 서로 인정하지 않는다. 과학이 초기불교가 보이는 세계의 해체, 분석을 통해 보이지 않는 세계의 궁극적 진리를 보려 하는 것과 비슷하다. 대승은 나타난 현상계가 숨어 있는 진리의 세계와 다르지 않다는 전제로 세상을 풀어 나간다. 직관(直觀)하는 것이다. 달라이 라마는 '정신세계와 과학은 서로 다르지만 진리 탐구라는 위대한 목표를 공유하며 상호 보완적으로 접근하고 있다'며 같은 견해를 보인다. 또 2011년 5월 7일자 봉축메시지에서 "불자는 21세기 불자가 되어야 한다"며 "현대 과학에 기반을 둬 부처의 가르침을 온전하게 이해할 것"을 당부한다. 남회근도 "불법을 배우고 도를 닦는 데에는 과학적 태도가 필요하다"고 말한다. 적어도 불교와 과학은 이렇게 대립, 배척하지 않는다. 스티븐 호킹은 훌륭한 과학 이론이란 현재 상황을 잘 설명할 수 있고, 미래 예측이 가능하다는 두 가지 조건을 든다. 그렇다면 불교는 훌륭한 과학 이론이라 할 수 있을 것이다. 본래 종교는 동서양의 개념이 다르다. 서양은 '신에 대한 경외심'이란 말에서 유래했지만, 동양에서 종교는 '높은 가르침'이란 뜻이 더 강하다. 종교의 '종(宗)'이 '마루 종'인 것은, 마루가 동양의 건축 구조에선 가장 높은 곳이기에 가장 높은 가르침이란 의미로 '마루 종'을 쓴 것이다. 보이는 세계의 일들은 원칙적으로는 보이는 세계의 규칙과 힘을 빌려야 한다. 그러나 보이는 세계의 힘으로 안 될 때는 보이지 않는 세계의 힘을 빌려야 한다. 물질계 현상계를 전부로 아는 분들은 보이지 않는 세계의 비밀을 너무 모른다. 심지어 들으려고도 안한다. 그러므로 보이지 않는 세계의 힘을 쓸 줄도 빌릴 줄도 모른다. 그러다가 결국 보이는 세계의 물결 속으로 휩쓸려 가버린다.

원에는 행이 따라야 한다. 그래서 그 이름도 행원이다. 말만 하고 행이 따르지 않는 분들이 있다. 발원만 하고 그에 걸맞은 행을 하지 않는 것이다. 물론 발원 자체가 궁극에는 행을 이끌어 내지만 서원이 입으로 하는 발원에만 그친다면 그 또한 문제다. 그것은 진정한 행원이 아니다. 진정한 행원은 신구의 삼업으로 하는 행원이다. 즉 몸과 말과 뜻, 이 세 가지 모두로 행원을 지어 나가는 것이다.

2. 진리의 구체적 나툼

행의 또 다른 의의는 '진리 나툼의 구체적 모습'으로서 행이다. 즉 행을 통해 완벽한 진리가 그 모습을 나타내는 것이다. 앞서 말씀드렸듯 완전한 진리의 구현은 모습[相]만으로는 되지 않는다. 최고의 진리는 모습에 구체적 행(운동)이 가미될 때 비로소 구현된다. 이렇게 보면 행은 진리를 창조할 수가 있다. 따라서 행에는 단순한 행 그 이상의 의미가 있다(이것은 불교에서 오온의 행온으로 설명되기도 한다).

남회근은 견도, 즉 도를 보려면 반드시 대지혜가 있어야 한다고 말한다. 견도는 대지혜요 큰 복덕으로 또한 진정한 대복덕은 곧 대지혜이며 따라서 대지혜가 있는 사람은 대복덕이 있다고 한다. 지혜가 계발되지 않는 복덕은 없는데 그렇다면 대지혜와 복덕은 어디에서 오는가? 행으로부터 온다고 한다. 남회근의 말에 따르면 행은 이런 면에서도 중요하다.[72]

---

72   『불교수행법 강의』, 33쪽.

보현행원은 진리를 나투는 구체적 방법이다. 보현행원에서 진리는 비로소 가시적 형상으로 우리 앞에 그 모습을 나타내게 된다[果]. 지눌에 따르면 어떤 교의의 궁극적 진리성은 결국에는 그 행위의 관찰을 통하여 확증된다. 자신의 본성에 대한 어떤 이의 깨달음 혹은 확신과 그의 행위 사이의 상응은, 그의 깨달음이 참된 것으로 확증될 수 있기 위한 궁극적 기준이다.[73]

또한 보현행은 진리를 체험하게 하는 행이다. 행이 없으면 진리를 깨닫기가 쉽지 않다. 진리는 지식이나 생각으로 이룰 수 있는 것이 아니다. 이것을 「십지품」(60화엄)에서는 "제불과 성주의 도는 미묘하여 이해하기 힘들다. 생각으로 얻을 수 있는 것이 아니니, 오직 지혜로운 이가 '행하는 곳'에 있네[諸佛聖主道 微妙甚難解 非思量所 唯智者行處]."라고 말한다. 「여래출현품」에는 '보리가 우리 심행으로 나타난 것을 정각이라 한다[如海印現衆生身 以此說其爲大海 菩提普印諸心行 是故說名爲正覺].'는 말이 나온다. 바다에 모든 세상이 다 각인되어 나타나니 그걸 대해라 부르는데, 마찬가지로 깨달음이라 하는 건 우리 중생의 마음과 행에 모두 나타나므로[印] 그걸 바른 깨달음[正覺]이라 한다는 이야기로, 깨달음[菩提]은 심행으로 나타난다는 것이다. 이 가르침으로 보면 우리의 마음과 행이 바로 정각으로, 우리의 심행을 떠나 정각은 따로 없다.

---

73   『지눌연구』, 132쪽.

3. 보현행의 두 가지 의미

① 깨달은 이의 행

깨달음의 과정을 잘 설명한 것으로 곽암(廓庵) 선사의 십우도(十牛圖)가 있다. 십우도는 깨달음의 과정을 목동이 소를 찾는 것에 비유하여 열 가지 단계로 설명한 것인데, 깨친 후 맨 마지막의 단계는 소를 타고 피리를 불며 저잣거리로 돌아가는 것으로 되어 있다[入廛垂手]. 그후의 이야기는 없다. 십우도의 열 가지 과정 중 아홉 가지는 깨치는 과정에 대한 설명이요, 깨친 후의 삶에 대한 이야기는 저잣거리로 간다는 얘기밖에 없다. 가서 어떻게 사는 것에 대한 이야기가 없는 것이다. 그러므로 십우도는 깨달음에 가는 과정만 설명한 것이라 하겠다. 스즈키는 "엄밀히 말하면 깨달은 사람은 없다. 오직 깨달음의 행위만이 있다."고 말한다.[74]

　보현행은 무엇이냐? 각자(覺者)의 본래 모습이요 바로 깨달은 자의 행이다. 보현행이 나온다고 모두 깨친 것은 아니지만, 진정으로 깨치면 반드시 보현행이 나와야 한다. 따라서 아무리 깨쳤다고 해도, 아무리 설법을 구름같이 하고 돌사람이 끄덕인다 해도, 중생을 섬기고 공양하는 보현행이 나오지 않는다면 진정으로 깨친 분이 아니다. 깨치면 반드시 보현행이 나오게 되어 있다. 부처님의 일생이 무엇보다 확실한 증거다. 우리가 숱한 어려움을 감내하고 깨달으려 하는 것은 단지 깨쳐서 부처를 이루기 위함이 아니다. 부처가 되는 것이 모

---

74 『깨달음 이후 빨랫감』, 168쪽.

든 수행의 끝이 아니고 거기서 더 나아가야 하는 것이다. 왜냐하면 부처라면 반드시 내 깨달음에만 머물지는 않을 것이기 때문이다. 그래서 『화엄경』은 '이익중생'을 강조한다. 모든 중생의 번뇌를 멸하고 일체중생을 이익되게 하기 위해 부처님은 무량겁을 고행하시고 이 땅에 출현한 것이다. 따라서 깨닫는 게 끝이 아니요 깨달음의 행을 해야 한다. 깨달음의 행, 그것이 공경하고 찬탄, 공양하는 보현행원이다. 보현행원은 각행(覺行)이다.[75]

부처님은 평생을 중생을 섬기고 공양하다 가셨다. 업보가 많아서인지 브라만으로도 왕족으로도 태어나지 못하고 고달픈 천민의 일생을 살아가는 중생을 업신여기지도 않으셨고, 심지어 부처님이 온다는 이야기를 듣고 허둥대다 넘어져 온 몸에 똥을 뒤집어쓴 똥치기 니다이의 손을 잡아 일으키고 강가로 같이 가서 손수 똥 묻은 몸을 씻어주셨다. 눈이 멀어 바늘에 실을 못 꿰는 아나율을 위해 대신 실을 꿰 주시고, 전생 악업으로 멸망할 석가족이 안타까워 작열하는 태양 아래 앉으셔서 코살라국의 침입을 막으셨다. 괴로운 중생이 고통 속에 부처님을 부르면 아니 가시는 곳이 없고, 열반에 드실 즈음 몸이 불편한 부처님을 생각하여 면담을 거절하는 아난을 물리치

---

75 "우리 한 사람 한 사람이 깨달음을 행할 때 그 깨달음의 행동을 통해서 이 국토 하나하나가 불국토로 바뀌어갑니다. 한 사람 한 사람이 아무리 복을 기원한다고 하더라도 미혹한 행위(자기 중심의 이기주의적인 행), 무지한 행위를 계속한다면 그것은 깨달음의 행이 되지 못하고 자기가 자기 발등을 찍는 결과밖에 되지 못합니다. … 이 세상을 그대로 극락국토로 만들려고 한다면 한 사람 한 사람의 행이 깨달음의 행이어야 하는 것입니다. 행원을 공부할 때는 이것을 불교의 근본 목표와 상관시켜 가면서 나아가야 합니다." (광덕, 『메아리 없는 골짜기』, 불광출판사, 1994, 87쪽)

고 수발타라를 만나 그 분을 해탈케 하셨다. 일찍이 들어 본 적이 없는 법문 앞에 환희와 찬탄으로 귀의하는 대중들이 야속하여 행패 부리는 바라문 등 이교도 앞에 욕도 많이 들으셨고 모함도 멸시도 많이 받으셨다. 그러나 부처님은 이 모두를 이겨내셨다. 중생이 듣거나 말거나, 나를 탓하거나 말거나 오로지 일념으로 당신은 당신의 깨달음을 온 중생에게 공양하셨던 것이다. 그리하여 마침내 제도해야 할 나머지 한 중생마저 모두 제도하시고, 부처님은 하늘이 꽃비를 내리고 향과 노래로 공양하는 사라수 아래에서 조용히 열반에 드신다.

우리 중생은 참으로 많은 상처를 받으며 살아간다. 재물이 없어서 지위가 낮아서, 심지어 잘 생기지 못해서 상처를 받는다. 받기만 하는 게 아니라 주기도 한다. 그럼에도 우리는 무엇을 주었는지 무엇을 받았는지 모른 채 그저 괴로워하고 안타까워하다 점점 상처가 깊어간다. 그리하여 마침내 그 상처가 곪아 터지는 날, 상처를 준 분도 상처를 받은 분도 모두 파멸하고 만다. 중생의 상처가 낫는 방법은 중생을 공경, 찬탄하고 섬기는 수밖에 없다. 그것이 바로 보현행이고, 그것이 바로 부처님이 보여주신 부처행이다. 즉 보현행이 바로 부처님행인 것이다. 또한 십우도의 깨친 이가 저잣거리에 들어가 보이는 입전수수(그러나 십우도에는 설명이 없는)의 구체적인 행이요 깨친 이가 사는 구체적인 모습이 바로 보현행이다.

깨닫는 것도 부처되는 것도 모두 중요하다. 그러나 더 중요한 것은 깨친 후, 또는 부처가 된 후에 뭘 하느냐[覺行]일 것이다. 깨달은 이는 깨달음의 소식을 많은 분들에게 알려주실 것이다. 때로는 말로 때로는 행동으로, 특히 아직 설법을 이해할 만한 수준이 안 되거나 당

130

장 괴로움을 벗어나게 할 필요가 있을 때 더욱더 그러할 것이다. 무거운 짐을 지고 있는 분을 보면 대신 져 주기도 할 것이며, 누군가 큰 행운을 얻었다면 질투하기보다 그 일이 자기 일인 양 똑같이 기뻐해 주어 그분의 기쁨을 몇 배나 더 크게 나눌 것이다. 누군가에게 슬픈 일이 일어나면 똑같이 그분의 슬픔을 나눌 것이며 절망에 몸부림치는 분들에게는 희망을 안겨 드릴 것이다. 이것이 깨달은 이의 모습이요 부처의 모습일 것이다. 그리고 그것은 바로 보현행이다.

한국 불교를 포함하여 불교는 대체적으로 너무 깨달음에만 몰두하는 경향이 있다. 또 깨달음만 이루면 만사가 저절로 해결되는 줄 안다. 사회적 책임은 망각하고 내 고뇌 해결과 나의 해탈 등 내 개인의 문제에만 몰두한다. 일부 불교 수행법은 그 자체가 사회적 책임보다 내 개인적 성취만이 목적인 듯 보이기까지 한다. 그 결과 오늘날 불교는 대중으로부터 멀어지고 있는 것은 아닐까. 우리는 어쩌면 깨달음이라는 신기루를 쫓아다니고 있는지도 모른다. 깨달음은 넘치는데, 넘치는 깨달음은 못 보고 없는 깨달음만 찾아다니는 것이다. 그래서 『화엄경』은 '깨달음은 없다[覺者無所覺 是佛眞妙法]' 말하고, 『유마경』에서 천녀는 "깨달은 게 있는 사람은 증상만이 있는 이[若有得有證者卽於佛法中 爲增上慢人]"라고 하는지도 모른다.

『화엄경』은 깨달음을 '이루기 위한 가르침'이 아니라 이미 깨달음이 '이루어진 세계의 이야기'다. 화엄세계는 깨달음이 넘친다. 깨달음이 돌멩이처럼 흔하다. 십행·십회향 등은 우리가 알고 있듯 깨달음의 단계[位階]가 아니라 사실은 이미 깨달음을 이룬 중생들이 사는 구체적 모습이다. 화엄세계는 이미 아상, 중생상 같은 것은 없다.

무량불의 무념행, 무주행만 있을 뿐이다. 『화엄경』에는 깨달음이 이미 이루어진 상태에서 일어나는 일들이 수없이 많이 설해진다. 경전 전반에 걸쳐 닦지 않으면서 닦고 짓지 않으면서 짓는 세계를 설명하며, '중생을 보아도 중생이라는 생각이 없고, 분별을 하면서도 분별한다는 생각이 없다'는 식의 말들이 많은 곳에서 수없이 나오는데 이런 것들이 모두 깨달음 너머 세계의 이야기이다. 화엄법계는 이미 깨달음이 넘치고 있다. 그 넘치는 깨달음을 꺼내 쓰는 것이 보현행원이다. 부처님의 본래 모습이 바로 보현행이다. 부처님께서는 숱한 말씀을 하시고 숱한 행을 하시며 숱한 법문을 가르치셨지만 이것을 모두 종합해 보면 섬기고 공양하는 보현의 열 가지 행으로 귀결된다. 참선하고 화두 깨치고 염불하고 관법을 하는 그 모두가 사실은 결국 중생을 섬기고 공양하기 위해서다. 일체중생을 공경하고 찬탄, 섬기고 모시는 보현행! 그것은 까마득한 옛날부터 어리석어 서로에게 주고 받았던 상처와 갈등을 모두 사라지게 한다. 그리고 보현행을 통해 우리는 '바로 지금 이 자리에서' 모든 갈등과 대립을 벗어나 화합과 성불의 세계로 가게 된다.

    잭 콘필드는 저서 『깨달음 이후 빨랫감』에서 깨달음은 우리가 살고 있는 지금 이 자리에서 성취되어야만 한다며 깨달아도 일상의 빨랫감은 그대로 남는다고 말한다. 그리고 과연 영적 깨달음과 일상의 빨랫감, 이 양쪽을 포용하는 지혜는 어떤 것일까에 대한 질문을 던지며 그 지혜를 찾아나간다. 콘필드는 그 과정에서 분노와 욕망의 승화, 우리 몸의 중요성과 행의 중요성, 그리고 삶으로 돌아오라며 깨달음의 육화(肉化)를 언급한다. 또 삶의 모든 부분이 수행의 비옥한

텃밭이며 단순한 활동을 축복하는 게 깨달음이라고 말한다. 세상을 변화시킬 힘을 지닌 것은 열리고 부드러워진 가슴이며, 한 사회가 슬퍼하는 능력을 잃으면 희망에 대해서도 가슴이 닫힌다는 콘필드의 말은 필자가 보기에 그 전부가 보현행원이다.

작은 일을 소중히 여기며 삶 속에서 자비를 실천하는 것, 특히 "우리의 수행이 절을 하는 것이었다면 삶의 모든 것에 대한 경외심으로 깨어나 절을 계속할 것이며, 우리의 수행이 기도였다면 자신과 모든 존재를 위해 더욱 깊은 사랑으로 기도할 것이고, 우리의 수행이 명상이나 신성한 춤이었다면 깨어난 가슴의 표현으로서 좌선하거나 춤을 춘다", "행복해질 수 없다면 수행이 무슨 소용이 있겠는가"라고 말하는 대목은 보현행원과 똑같다. 잭 콘필드가 마침내 발견한 깨달음과 일상 양쪽을 포용하는 지혜는 바로 보현행원이었던 것이다. 다만 콘필드 역시 보현행원이라는 말을 모르는지, 끝내 이 말은 쓰지 않고 몸이나 육화, 단순한 일 및 행, 그리고 슬픔과 사랑 등을 장황히 사용한다.

필자는 콘필드가 불교 공부를 '명상 따로 빨랫감 따로'의 삶이 아니라 처음부터 명상과 일상 빨랫감을 같이 처리할 수 있는 보현행원으로 나아갔으면 어땠을까 하는 생각을 한다. 아마 그가 보현행원을 알았다면 필히 그리 했으리라. 왜냐하면 그처럼 밝은 분이 보현행원의 진가를 모를 리가 없을 것이기 때문이다. 필자는 보현행원만 하라는 것이 아니다. 보현행원을 하면서 명상 지도를 따로 해도 좋고 보현행원 하면서 참선을 해도 좋다. 보현행원 속에서 명상과 참선이 이뤄지는 것인데, 이도 저도 싫으면 보현행원만 해도 된다. 그러면 콘필드가 그토록 추구하는 삶, 깨달음과 빨랫감도 함께 처리되는 그런 삶이 온다.

② 깨달음으로 이끌어 주는 길라잡이의 행

또한 보현행은 우리를 깨달음으로 이끌어 주는 행이다. 우리가 원을 가지고 보현의 열 가지 행을 하다 보면 우리도 모르게 깨달음에 성큼 다가서 있는 것이다. 마치 노래를 따라 부르다 보면 저절로 말을 배우고 음악에 맞춰 춤추다 보면 저절로 살이 빠져 비만이 치료되는 것처럼, 굳이 깨달음을 구하지 않더라도 부처님 말씀대로 행해 가다 보면 우리는 어느새 깨달음에 이르는 것이다. 깨쳐서 부처가 되는 것이 아니라 부처의 삶을 살 때 부처가 된다.

행이 나를 만든다는 말이 있듯 무시겁 이래로 행으로 지은 결과가 현재 나의 모습이다. 보현행원은 행으로 나를 바꾸어 가자는 것이다. 행이 오늘의 나를 만들었으니 행으로 나를 바꿔가는 것이다. 흔히 업을 불교에서는 신·구·의 삼업으로 나눠 말하나 가장 파장과 영향력이 큰 것은 행이다. 생각과 말은 행으로 이어지지 않으면 사실 큰 문제는 없다. 현실이 되지 않기 때문이다. 그러나 행은 다르다. 생각과 말의 결과가 행으로, 행은 실지로 세상을 하나하나 바꿔간다. 이렇게 행으로 나를 바꿔 나가며 거기에 밝은 생각을 덧붙이는 것이 보현행원이다. 원은 밝은 마음으로, 행이 먼저 있고 밝은 마음이 빛이 되어 이끌어주는 것이다. 그렇게 행이 바뀌니 내 몸도 바뀐다. 행이 바뀌니 내 생각도 역시 바뀐다. 흔히 사람은 안 바뀐다고 하는데, 사람이 달라지는 것이다. 「십정품」에도 "보현의 도를 버리지 않고 현재 최정각을 이루며 보현행을 닦아 정각 이룬다[不捨普賢道 現成最正覺 或於一念頃 修普賢行而成正覺...不可說劫不可說劫 修普賢行而成正覺]."라는 말이 나온다. 보현행으로 깨치는 것이다.

　『대승기신론』에서는 '선을 적극적으로 실천하면 저절로 진여에 이른다[修行一切善法 自然歸順眞如法]'고 말하며 적극적 선의 실천을 강조한다. 따로 무엇(예: 수행)을 하지 않아도 착한 일을 많이 하면 진리 세계에 이를 수 있다는 것이며, 진여 본성에 순응하는 행위로 기신론은 네 가지 방편을 설한다. 그런데 이 내용이 바로 보현행원이다. 즉 일체법의 무자성과 무생을 보는 행근본방편(行根本方便), 일체의 죄를 제거하는 능지방편(能止方便), 선근을 증장시키는 발기선근증장방편(發起善根增長方便), 그리고 미래세가 다할 때까지 일체중생을 진리에 이끌겠다는 큰 원을 세우는 대원평등방편(大願平等方便)이 그것인데, 행근본방편은 자성 없음에서 대비를 일으키고 섭화중생하며 무성에 수순하는 것, 능지방편은 참회행이며 선근증장방편은 공양, 예배, 찬탄, 수희, 권청을 말한다. 즉 보현의 원과 행이 진리 세계에 이르게 하는 것이다.

　『금강경』정심행선분(淨心行善分)은 깨치는 방법으로 '상이 없는 자리에서 일체선행을 지어가는 것[以無我無人無衆生無壽者 修一切善法 即得阿耨多羅三藐三菩提]'이라 말한다. 보현행원은 이미 상이 없는 자리이고 또한 끝없는 일체 선업을 짓는 자리다. 그러므로『금강경』의 가르침에 따르면 보현행원으로 반드시 깨달음을 이룰 수 있다. 이런 가르침이 명확함에도 깨달음을 이끌어주는 길라잡이, 수행으로서의 측면은 무시되어 보현행은 깨달음과는 상관이 없다, 수행이 아니다,

수행하고 깨친 후에야 하면 된다, 깨치면 저절로 보현행이 나온다, 그러니까 깨치는 게 더 중요하다… 이런 오해가 난무한다. 특히 깨치면 저절로 보현행이 나오니 깨치는 게 더 중요하기에 그 전에 보현행은 굳이 할 필요가 없다는 식의 주장은 지눌 시대에도 많았나 보다. 지눌은 이렇게 한탄한다.

> "이 오후수문(悟後修門)은 오직 오염치 않을 뿐 아니라, 또한 만행을 중수(重修)하여 나와 남을 겸하여 제도함이 있다. 지금의 참선하는 자는 다 이르되 '다만 불성만 밝게 보면 이타행원(利他行願)은 저절로 원만히 이루어진다'고 한다. 그러나 목우자는 그렇지 않다고 생각한다. 밝은 불성을 본즉 다만 중생과 부처가 평등하며 나와 남이 차별이 없는지라, 만약 자비와 서원의 마음을 내지 않으면 한갓 적정에만 머물러 있을까 두렵다."

지눌에 의하면 깨치는 것은 내 안의 밝은 불성을 보는 것으로, 자비와 서원은 그냥 오는 것이 아니라는 것이다. 따라서 자비와 서원의 마음을 낼 생각은 하지 않고 깨치면 저절로 이타행이 이루어지니 굳이 자비와 서원의 마음을 낼 필요 없다, 깨치는 게 급선무요 깨치면 그런 건 저절로 다 된다는 생각을 하지 말라는 것이다. 깨친 후에는 더욱 자비심을 일으키고 더욱 서원으로 자비행(牧牛行)을 해야 하는데, 그렇지 않으면 그냥 적정에 머물러 그것이 전부인 줄 알고 허무하게 생을 보내게 된다는 것으로, 지눌은 그것이 걱정되어 굳이 돈오돈수가 아니라 돈오점수를 주장한 것으로 보인다. 그렇지 않아도 깨치면 다인 줄 아는 수행자들이 적지 않은 상황에서 돈오돈수를 말하면 다들 모두 닦았다며 자비행은 할 생각 자체를 안 할지도 모른다. 그러므로 지눌은 돈오돈수를 말해도 되지만 수선자들이 혹시라도 착각할까 봐 깨친 후에도 깨친 자리에서 전개되는 자비행, 즉 깨침의 현실적 행인 닦는 것을 말하는 점수를 일부러 애써 강조한 것은 아닐까?[76]

불교의 구원은 믿어지지 않는 것을 억지로 믿는 그런 맹목적 믿음이 아니라 깨달음을 통해 온다.[77] 이 세상이 공(空)하구나, 나라고 고집할 것이 없구나, 이 세상에 영원한 것은 아무 것도 없구나, 눈앞에 온갖 생멸이 있는 것 같지만 사실은 불생불멸이구나. 이 세상은 이미 구원되어 있으며 모든 고난과 장애는 내가 짓고 내가 부른 것이구나, 남 탓할 게 없구나, 나야말로 모든 고난의 원인 제공자인 동시에 유일한 해결자이구나… 이런 사실을 사무치게 깨달음으로써 지금까지의 어리석음에서 깨어나 진정한 안락의 구원에 들게 된다. 그

---

76 필자는 지눌이 돈오돈수를 몰랐을 리가 없다고 생각한다. 후대인도 아는 돈점을 지눌같이 밝은 스승님이 몰랐을 까닭이 없는 것이다. 이러한 지눌의 목우행은 닦는 것이 아니라 깨친 자리에서 전개되는 깨달음의 현실적 나툼으로 봐야 한다. 부처님이 보리좌를 떠나지 않고도 온 법계에 충만한 것도 이런 이치에서이다.

77 부처님이 왕사성에 계실 때 삼대 독자를 잃은 과부 어머니가 찾아온다. 아들을 잃은 뒤로 슬픔을 이길 수 없다며 부처님께 아뢴다. 부처님은 방법이 있다며, 지금 당장 죽은 사람이 없는 집을 찾아가서 쌀 한 움큼만 얻어오라고 하신다. 일곱 집에서 쌀 한 움큼을 얻어오면 방법을 알려주겠다는 것이다. 그 말을 들은 어머니는 당장 나가서 칠 일 동안 쌀을 구하려 했지만 구할 수가 없었다. 그때서야 부처님이 무엇을 일러주시려 했는지 깨달은 어머니는 슬픔을 이기고 출가하여 아라한이 된다. 이 이야기는 불교의 구원이 다른 유신론의 구원과 어떻게 다른지 명확하게 보여준다.

런데 이런 깨달음은 그냥 오지는 않고 행을 통해 온다.

　행원의 행은 그냥 아무 의미도 없는 단순한 행이 아니라 우리를 깨달음으로 이끌어주는 행이다. 우리는 보현의 열 가지 행을 통해 깨달음으로 가게 된다. 보현의 열 가지 행을 하다 보면 우리도 모르게 부처님 공덕이 오고 부처님의 그 밝은 지혜와 자비에 젖게 된다. 따라서 행원에서는 깨달음 자체를 구하지는 않는다. 세상의 부와 명예, 영광이 따로 구한다고 오는 것이 아니라 성실히 살다 보면 오듯, 깨달음은 구한다고 오는 것이 아니며 깨달음의 행을 하다 보면 자연히 온다는 것이다. 그러므로 행원에서는 깨달음을 애써 따로 구하는 것이 아니라 이미 이루어진 부처님행[佛行; 普賢行], 각행을 함으로써 깨달음의 세계 속으로 들어가게 된다.

　깨달음을 따로 구하지 말고 깨달음의 행으로 바로 들어가라, 그러면 깨달음 유무에 상관없이 깨달음의 공덕 속에 살 뿐 아니라 마침내 깨달음이 오게 된다, 저절로 깨닫게 된다! 행원은 그러한 가르침을 우리에게 말해 준다. 이것은 또한 화엄사상의 중요 특징 중 하나인 인과동시(因果同時), 또는 인과불이(因果不二)의 소식이기도 하다. 즉 깨달음이란 과(果)와 깨달음을 일으키는 인(因)이 시차를 두고 일어나는 것이 아니라 보현행원에서는 동시에 일어나는 것이다. 보현행은 부처가 되게 하는 행[成佛行]일 뿐 아니라 이미 부처의 자리에서 일어나는 부처행이다. 따라서 보현행을 할 때는 깨칠 수 있느냐 없느냐를 고민할 필요가 없다. 보현행을 하면 그때만큼은 우리의 근기, 업장과 관계없이 이미 부처가 되어 있다. 이를 신라 시대의 순지(順之)는 출전, 입전, 과후의 보현이란 세 가지 보현으로 설명한다.

출전(出纏)의 보현은 '이제 막 견성한 보살의 보현행'으로 범부가 번뇌에서 비로소 벗어나며 닦는 행이며, 입전(入纏)의 보현은 '보살의 보현행'으로 출전의 보현에서 힘을 얻은 후 번뇌 속 세간으로 들어가서 하는 보현행이며, 과후(果後)의 보현은 '부처님의 보현행'으로 자비행을 한다는 분별조차 없는, 깨달음이 완성된 상태에서 나오는 보현행을 말한다.[78] 그러니까 깨쳐도 보현행이며 못 깨쳐도 보현행, 중생도 보살도 부처도 할 것이라고는 오직 보현행밖에 없다. 보현행의 깊이와 내용은 다를지 몰라도 깨닫지 못해 무명의 긴 밤을 헤매는 중생도 보현행, 중생 제도의 큰 서원을 세우며 자비의 보살행을 하는 보살도 보현행, 성불하여 이미 부처가 된 부처도 보현행인 것이다. 이렇게 보현행에서 중생과 보살, 부처는 하나로 만나게 된다[心佛及衆生 是三無差別].

이렇듯 보현행은 단순한 선행 수준의 행이 아니다. 번뇌에서 벗어나게 하고 일체중생을 깨우치게 하는 지혜와 자비의 행이다. 범부와 성자, 삼세의 중생과 삼세의 불보살 모두가 함께 하는 행인 것이다. 깨닫지 못한 분도 보현행이요 깨친 분도 보현행이다. 깨닫지 못했을 때도 보현행이요 깨친 후에도 보현행이다. 깨치고 못 깨치고 모

---

78 '전(纏)'이란 얽힘, 번뇌를 말하며 출전, 입전, 과후의 보현은 모두 견성 후의 보현행이다. 다만 출전의 보현은 밝은 자리를 봤으나[見性] 아직 세상의 경계를 만나면 흔들리는 보현이며(이때도 이미 밝은 자리를 봤기에 붙잡히지는 않음), 입전의 보현은 보살의 자리에서 세간으로 들어가 보살행을 하는 보현이며, 과후의 보현은 부처의 자리에서 나오는 완전한 보현행을 말한다. 순지 대사는 이런 뜻으로 세 가지 보현을 말했으나 필자는 개인적으로 출전의 보현은 범부의 보현행으로 생각하고 싶다. (이병욱, 『고려시대의 불교 사상』, 혜안, 2002, 128-131쪽)

두 보현의 행원에서 만나는 것이다. 그러니 보현행에는 깨치고 못 깨치고가 없다. 범부든 성자든 보현행원을 하기만 하면 된다. 깨친 후에 해도 보현행이고, 깨치기 전에도 보현행이니 깨치고 못 깨치고 상관없이 보현행을 하기만 하면 되는 것이다. 깨쳐봐야 어차피 보현행할 것인데 깨치기 전에도 하면 된다. 또 보현행은 깨치지 못한다고 못 하는 행도 아니니 더욱 그러하다. 그럼에도 우리는 보현행원을 단지 '윤리적 선행' 정도로만 알거나 혹은 모든 수행이 끝난 뒤에나 가능하거나 이룩해야 할 행으로 생각한다. 아니면 '하화중생의 보살행' 정도로만 생각하고 깨달음을 이루는 수행으로는 생각을 못하고 있다. 그래서 행원을 하면서도 보리심을 내지 못하고, 그 힘든 수행을 이룩하면서도 보현행을 할 마음을 내지 못하거나 깨치고 난 뒤에 하는 행, 또는 깨치면 저절로 나오는 행으로 알아 모든 정성을 '깨침'에 두고 보현행을 지금 이 자리서 이루지 못하고 깨친 후로 미룬다. 모두 행원의 참뜻을 오해한 데서 오는 착각일 것이다. 보현행원 '따로' 깨닫는 수행 '따로'인데, 이것이 보현행원 이해의 가장 큰 문제라 생각한다.

원

1. 욕심과 원

① 욕심: 욕심은 모든 중생의 생존 근거

원(願)으로 번역되는 범어 praṇidhāna는 목적의 성취에 대한 바람 내지는 다짐[誓]을 의미한다.[79] 원과 비슷한 말로 욕심이 있다. 그런데 욕심은 있어도 걱정, 없어도 걱정이다. 우선 욕심이 없으면 사회의 향상이 없다. 개인적 성취도 더 이상 일어날 수가 없다. 이 세상이 진화하고 발전하는 것은 바로 이 욕심이 있기 때문이다. 욕심이 있기에 더 나은 제품이 해마다 쏟아져 나오는 것이며, 욕심이 있기 때문에 새벽에 출근하고 밤늦게 퇴근해도 별 불만이 없는 것이다.

욕심은 모든 생명의 존재 이유다. 욕심이 없으면 생물의 진화도 없다. 더 나은 사회, 더 나은 자신을 꿈꾸기 때문에 인간은 자식을 낳고 교육을 시키며 모든 생물 역시 목숨을 걸고 자신의 분신을 지키고 기른다.

---

79 이기영은 누가 그렇게 하라 이야기해서 그렇게 하는 것은 원이 아니며, 자기가 하고 싶어 못 견뎌서 하는 것이 원이라고 말한다. (이기영, 『열반종요강의』, 한국불교연구원, 2005, 194쪽)

② 욕심의 문제점

그런데 그렇게 필요한 욕심이 과연 인간을 행복하게 하는가? 욕심만 있다면 누구나 행복하고 성장하는가? 그렇지 않다는 데 문제의 심각성이 있다.

우선 세상이 반드시 내 욕심대로 이루어지는 것은 아니라는 본질적인 문제가 있다. 그것은 세상이 나빠서가 아니라 나의 욕심과 세상의 욕심이 일치하지 않기 때문이다. 내가 바라는 것이 다른 이의 이익과 배치가 될 때는 나의 바람이 성취되어도 문제요 성취되지 못해도 문제다. 성취될 경우 나로 인해 다른 분이 손해를 보기 때문이요, 성취되지 않으면 당장 내가 힘들어진다. 따라서 욕심으로 하는 일을 시기하고 방해하는 이들이 많다. 그것은 나의 공덕이 남의 공덕을 빼앗기 때문이다. 내 욕심으로 물건을 살 때 상인들은 값을 깎아 주기 싫어한다. 깎아 주는 만큼 자기에겐 손해이기 때문이다. 내가 잘나고자 내 욕심으로 일할 때는 웬 방해가 그렇게 많은지 모른다. 글쎄, 내가 성공하고 큰 집에 좋은 차 타면 뭐가 어떻겠는가? 그럼에도 남들은 기를 쓰고 배 아파하고 비협조적이다. 그런 분들을 겪다 보면 내 허물은 보지 못하고 은연중 원망하는 마음도 생긴다. 그런 나를 보고 남들은 또 적반하장이라고 비웃는다.

또 하나의 문제는 욕심의 속성이 끝이 없다는 것이다. 하늘이 칠보를 비처럼 내려도 욕심 많은 사람은 만족하지 않고, 히말라야산맥이 온통 금덩이라 하더라도 오히려 한 인간의 욕심을 채우지는 못한다는 부처님 말씀도 있듯 욕심은 끝이 없다. 갈애(渴愛)라는 말이 있다(바닷물을 마시는 것처럼 목마름이 끝없는 애욕이라는 뜻). 욕망은 바로 갈애다. 조금만 더 마시면 이제 목이 안 마르겠지 하지만 마실수록 더 목이 타듯 욕망 또한 그러하다. 이것이 욕망의 또 하나의 속성이다.

③ 욕심을 원으로 바꿔라

그러면 과연 우리는 어떻게 해야 하는가? 욕심이 없으면 내가 존재하지 못하고, 그렇다고 욕심을 버리지 못하면 내 스스로 만족이 오지 않음은 물론 온 세상이 나의 적이 되는데 이 딜레마를 어떻게 하면 좋을까. 부처님 가르침에 그 해답이 있다. 그것은 바로 '욕심을 원으로 바꾸는 일'이다. 사실 욕심이 꼭 나쁜 것만은 아니다. 『화엄경』은 "욕심은 모든 법의 근본이라고 지혜의 왕 부처님 말씀했나니 부디 청정한 욕심 일으켜 위없는 도를 힘써 구하라[智慧王所說 欲爲諸法本 應起淸淨欲 志求無上道(도솔천궁보살운집찬불품)]."라고 말한다. 이처럼 욕심은 애시당초 나쁜 게 아니다. 다만 청정한 욕심[願]을 일으키면 된다.

　욕심을 원으로 바꾸는 순간, 끝 모르던 나의 갈증은 원이라는 감로수 앞에 씻은 듯이 사라진다. 나를 괴롭히던 분들도 어디 갔는지 흔적도 없다. 그 대신 내가 가는 곳마다 도와주시는 분들이 어디선가 나타나고, 무엇을 할 때마다 잘한다 잘한다 하며 같이 기뻐하고 격려해 준다. 욕심은 내면 낼수록 깊이 모를 수렁에 더 깊이 빠져 들어가고 내가 괴롭지만, 원은 발할수록 몸이 가볍고 기쁨 또한 끝이 없다. 하늘 끝 모르고 날이면 날마다 고통 속에 살던 내가, 원을 발하면서부터는 날마다 환희요 날마다 보람뿐이다. 욕심 속에서 일할 때는 사업이 잘되고 지위가 높아지더라도 그렇게 힘들었건만, 원 속에 살면서부터는 괴로움이 전혀 없고 하는 일마다 즐겁다.

원은 뚜렷한 목표 설정과 함께 모든 것이 구체적이고 실증적이다. 따라서 의욕이 솟고 힘이 난다. 또 원이 있으면 간절해진다. 수행의 진전이 없는 경우도 원이 부족해서 그런 경우가 많다. 원 없는 수행은 별 진척이 없고 결실이 없으니, 아무리 절을 많이 하고 몇 날 며칠을 잠을 자지 않고 용맹 정진을 해도 원이 없으면 그저 체력만 소비한 것에 지나지 않을지도 모른다. 또한 원은 무모한 행을 막아준다. 우리는 좋은 뜻에서 섣불리 덤볐다가 큰 낭패를 겪는 경우를 자주 본다. 좋은 뜻이 항상 좋은 결과를 가져오는 것은 아니니, 돕기는커녕 자칫하면 남도 죽고 나도 죽는다. 그것은 준비가 안 되었기 때문이다. 준비 없이 함부로 남을 돕는 것만큼 위험한 것도 없는데, 거기엔 내가 잘못하고 있다는 생각이 없으므로 되돌아갈 길이 원천 봉쇄 되는 탓이다. 불교에서의 준비는 원이다. 원은 이런 무모한 행을 막아 준다.

원은 불성의 자리에서 세워야 한다. '우주의 근본 진리'에서 세워야 하는 것이다. 우주의 근본 진리란 무엇인가? 바로 모든 생명의 잉태와 생명의 성장 및 성숙이다. 이 세상은 모두 살기 위해 형성되고, 더 나은 존재가 되기 위해 삶을 시작한다. 우주가 탄생한 이래로 생명이 살 만한 곳이 만들어지기까지 수많은 세월이 흐르고 또 수많은 별들이 성주괴공을 했다. 이렇게 희유하고 희유한 가운데 생명이 살기 좋게 형성된 곳이 태양계에서는 우리가 사는 지구이다. 그리고 45억 년이 흐른 뒤 비로소 온갖 기화요소와 생명들이 이곳에 같이 살고 있다.

따라서 우리가 세우는 원은 내 형제, 내 자식, 내 민족만이 잘 살게 되는 원이 아니요, 인간만이 잘 살게 되는 원도 중생만이 잘 사는 원도 아니다. 이 곳에 꽃피운 모든 존재, 생명이 있거나 없거나, 바위 하나 시냇물 하나마저도 번성하고 성장, 성숙을 그치지 않는 그런 원을 세워야 한다. 불성의 자리에서 보면 어떤 원을 세워야 할지 명확하다. 내 앞에서 나를 어렵게 하는 저분도 불성의 자리에서는 진리이다. 나를 위해 저분이 희생되어야 할 이유가 전혀 없다. 모든 생명이 번성하고 꽃피우는 것이 불성의 자리로, 나를 괴롭히는 저분도 행복하고 번성해야 한다. 우리는 그런 원을 세워야 한다. 따라서 누구를 망하게 해달라는 식의 원은 원이 아니다.

④ 욕심과 원의 차이점

첫째, 욕심은 내가 있는 것이요 원은 내가 없는 것이다. 내가 없으니 남이 있을 리도 없다. 나라는 것이 있을 때는 남이라는 그림자가 지지만, 나라는 것이 없으면 그림자가 지지 않는다. 원은 부처님을 기쁘게 해 드리는 일이라 원으로 수행을 하면 중생이 오시고 부처님이 내 마음에 오시며 나라는 생각이 사라지게 된다.

둘째, 욕심은 내가 하는 것이요 원은 부처님이 하시는 것이다. 부처님이 하시는 일이니 장애가 있을 수 없다. 일체중생을 구하겠다, 한 중생도 구제되지 못하면 지옥 끝까지 따라가서라도 끝내 저 중생을 구제하겠다, 이런 거룩한 원을 수없는 세월 동안 세우시고 우리를 위해 윤회의 고달픈 길을 수없이 오가신 분이 부처님이다. 그 분이 하시는 일이라 아무 장애가 없다.

셋째, 원은 부처님에 대한 약속이요 맹세다. 그럼에도 우리는 흔히 부처님 앞에 무엇을 해 달라고 하는 것이 원이라고 착각한다. '부처님 무엇 무엇하게 해 주십시오~'라는 말을 해 놓고 자신은 '원을 발했다'라고 하는 것이다. 그리고는 원이 이루어지지 않는다고 아우성이다. 무엇을 해 주십시오 하는 마음은 거지 마음이다. 달라고 하면 주고 싶어도 갑자기 주기 싫어지는 것이 사람 마음이다. 부처님도 마찬가지다. 해 달라, 해 주십시오 하는 마음은 의존적 마음이요 어두운 마음이다. 어두운 마음을 내는데 밝은 원이 이루어질 리 없다.

그러므로 우리는 밝은 마음을 내어야 한다. 그것은 바로 부처님께 내가 적극적으로 맹세를 하는 것이요, 부처님께 나의 각오를 약속하는 것이다. 달라는 사람은 초라하지만, 약속을 하는 사람은 대견스럽다. 우리는 부처님 전에 이렇게 밝은 마음을 공양 올려야 한다. 결국 내가 하지 않고 부처님이 하시고, 부처님께 해달라는 것이 아니라 내가 부처님을 위해 할 것을 약속하고, 이렇게 부처님을 기쁘게 하는 일체의 욕심이 곧 원이다. 나의 욕심과 부처님 원이 둘이 아니게 된다.

2. 원

① 원이 왜 중요한가

- 올바른 행으로 이끈다

원은 완벽한 이론, 완벽한 지혜, 완벽한 준비를 제공

一切世界中	일체의 세계 속에서
發心求佛者	보리심을 발하여 부처를 구하는 이들은
先立淸淨願	먼저 청정한 원을 세우고
修習菩薩行	보살의 행을 닦아 나가라

-「보살운집묘승전상설게품」

『60화엄경』에 나오는 게송으로, 여기서 보면 부처님은 행을 하기에 앞서 원을 세우라고 말씀한다. 무턱대고 행부터 하라는 것이 아니라 먼저 맑은 원을 세우고 그런 연후에 보살의 행을 닦아 나가라는 것이다.

행을 하는 데 원은 대단히 중요하다. 모든 일은 이론과 실천의 양면을 갖고 있다. 아무리 좋은 이론도 실천이 없으면 무용지물이고, 아무리 실천이 좋아도 이론이 뒷받침하지 않으면 사상누각이다. 겉으론 완벽해 보일지 몰라도 이론이 없으면 조그마한 어려움에도 곧잘 무너진다. 그래서 어떤 일이든 완벽한 이론이 뒷받침된 실천이 대단히 중요한 것이다. 그런데 실천이 행이라면 원은 이론에 해당한다. 원을 가지고 행원을 할 때 우리는 탄탄한 이론적 기초를 갖게 된다. 대혜종고(大慧禪師, 1089~1163)는 『서장(書狀)』에서 '평소에 어떻게 공부를 해야 바로 본지와 계합하겠습니까?'하고 묻는 증시랑에게 '세상의 일들이 헛되고 환과 같은 줄 알고 화두를 참구하고 큰 서원을 발하라[知幻參句 兼發大誓].'고 이른다.

원이 없는 수행은 출발부터가 잘못된 것이다. 원이 없으면 어떤 수행도 원만하고 완벽해지지 못한다. 자칫하면 빗나가거나 남을 해치기 십상이다. 처음에는 순수하던 분들이 날이 갈수록 이상해지는 것도 모두 원이 없거나 도중에 사라졌기 때문이다. 이처럼 원은 수행에서 매우 중요하다. 대개의 수행에는 원이 없고 수행 자체만 있다. 이런 것이 보현행원과 다른 점으로 보현행원은 수행 자체를 원으로 시작한다.

원은 처음부터 항해 방향을 바로잡아 줄 뿐 아니라 항해 도중에 잃기 쉬운 항로를 바로 세워 준다. 수행에 있어 원은 그만큼 중요하다.[80] 『대품반야경』에도 부처님은 사리불에게 반야바라밀을 수행하여 번뇌를 떠나고 바른 깨달음을 열어 한량없는 중생들을 깨우쳐 주리라는 원을 꼭 세우라고 말씀한다. 아무리 불같은 수행을 하여도, 아무리 좋은 뜻으로 많은 일을 하여도 '방향'이 처음부터 잘못되어 있으면 오히려 잘못만 더하는 것. 원은 이런 잘못을 막아준다. 원에 관한 가르침은 『화엄경』에 수없이 나온다. 그 중 몇 가지를 간추려 본다.

"불자여, 보살이 환희지에 머물고는 큰 원력으로 많은 부처님을 보게 된다[以大願力 得見多佛]."

–「십지품」환희지

---

80 『화엄경』에는 늘 근본자리를 떠나지 않고 세상에 무한 현신(現身)을 하는 가르침이 많이 나온다. 「여래성취품」의 보리좌를 떠나지 않는 소식[佛身充滿於法界 普現一切衆生前 隨緣赴感靡不周 而恒處此菩提座], 「입법계품」의 미륵이 누각을 떠나지 않고 세상의 중생들을 교화조복하는 것[善男子 我住於此大樓閣中 隨諸衆生心之所樂 種種方便教化調伏] 등이 그것인데, 보현행원의 원이 바로 그런 자리다. 보현행원은 내 생명 다 바쳐 부처님을 공양하리라, 찬탄하리라… 하는 마음을 잊지 않고 늘 그 자리에서 일체의 행을 지어나간다. 원은 보현행자에게 있어서 보리좌인 셈이다.

"원력은 어떤 신통보다 자재한 힘으로 중생 제도를 이룬다[所有 種種神通力 此地菩薩皆能現 願力所作復過此 無量自在度衆生]."
– 「십지품」이구지

"보살은 행원력으로 세상에 나타난다[以行願力 於一切處 如是變現]."
– 「십정품」

"본원을 버리지 않기에 일체중생계를 버리지 않는다[以本願故 不棄捨 一衆生界]."
– 「십인품」여화인

"여래의 지혜는 과거의 일체 대원에서 생긴다[佛子 如大海水 皆從 龍王心力所起 諸佛如來一切智海 亦復如是 皆從如來往昔大願之所生起]."
– 「여래출현품」

– 행의 추진력을 배가시킨다

또한 원은 행의 추진력을 기하급수적으로 배가시킨다. 서원이 있을 때 그 행은 엄청난 추진력을 갖게 되는 것이다. 유전학자 프레드 게이지(Fred Gage)는 쥐를 이용한 실험에서 운동(예: 달리기)이 새로운 신경 세포의 생성과 학습 능력을 증가시키는 것을 발견했다. 그런데 이때 중요한 것은, 운동이 반드시 '자발적'이어야 한다는 것이다. 즉, 강요된 운동은 그런 효과를 가져오지 못한다. 운동의 효과는 '의지'에 달려있으며 그저 몸의 움직임으로 끝나서는 소용없다는 것으로, 이처럼 실험 결과도 원의 중요성을 말해 준다. 원은 자발적이다.

또 뇌과학에서는 각오하는 순간부터 뇌의 구조가 바뀌기 시작한다고 한다. 그래서 뇌 구조를 바꾸는 가장 빠른 방법이 각오를 하는 것이라 하는데, 각오는 불교 용어로 원이다. 「십지품」은 난승지에 든 보살은 수행할 때 크게 정진하여 즉시 천억 부처님을 공양하고 선정도 천억 선정을 얻을 수 있지만 원력으로 지을 때는 이를 능가한다며 원력의 위대함을 말한다[彼復修行大精進 卽時供養千億佛 得定動刹亦復然 願力所作過於是]. 또 선재는 서원의 힘은 빠르다[願力速疾行]고 문수보살께 이르며, 해운비구는 선재에게 보살은 원력에 따라서 수행을 하며[隨其願力 而修行故] 원의 바다에 들어가서 무량겁동안 세간에 머문다[入大願海 於無量劫 住世間故]라고 말한다.

– 불가능한 일, 감당 못할 일들을 가능하게 함

원은 불가능한 일을 가능하게 하며 모든 공덕의 어머니가 된다. 『보적경(寶積經)』에서는 보살이 한 덩이의 밥으로도 모든 중생을 공양할 수 있는 것은 원이 있기 때문이라 한다. 또 『법구비유경(法句譬喩經)』에는 도를 못 얻고 방황하던 오백 바라문이 부처님 설법을 듣고 금방 도를 얻어 아라한이 된 이유는 오탁악세에 석가모니불을 뵙겠다는 원을 세웠기 때문이라는 말씀이 나온다. 미륵보살은 '모든 공덕행은 서원에서 생기는 것'이라며 선재를 찬탄한다[一切功德行 皆從願欲生 善財已了知 常樂勤修習].

신경심리학자 파트리샤 보일(Patricia Boyle) 교수에 의하면 삶의 목표를 가진 노인들의 사망률이 그렇지 않은 노인들의 절반에 불과하다고 한다. 그 이유는 목표를 갖는 것이 신체 기능을 더 좋게 하고 스트레스 호르몬 분비를 억제하기 때문이라는 것이다. 또 방사선과 전문의 칼 사이먼튼(O. Carl Simonton)에 따르면 암 치유율이 높은 환자들은 살아야 할 강력한 이유를 갖고 있다는 공통점이 있다고 한다. 이처럼 서원은 생명력도 강하게 한다.

　서원은 다른 것과 비교할 수 없을 정도로 강력한 의식의 작용으로 무한한 힘을 가져온다. 세포유전학자 바버라 매클린톡(Barbara McClintock)의 유전자 연구가 좋은 예이다. 20세기 유전학계에선 유전적 돌연변이가 임의로 드물게 일어나며 그 영향도 미미하다고 생각했다. 그런데 매클린톡은 어떤 상황에서는 게놈의 일부에서 기존 생각보다 훨씬 큰 변화가 촉발된다고 생각하며 그 증거를 찾고 있었다(단순히 발생하는 경미한 돌연변이가 아니라 유전적 규모로 일어나는 엄청난 변화의 증거). 그녀는 식물이 스트레스를 받으면 전체 DNA 배열이 한곳에서 다른 곳으로 이동할 뿐 아니라 심지어 활성 유전자에 삽입되기도 하는 것을 발견했다. 또 유전자 스스로 오려붙이기(cut-and-paste)를 통해 옥수수 DNA의 한 곳에서 다른 곳으로 이동하면서 DNA 서열을 바꾸어 인접 유전자에게 실제로 영향을 미치는 것을 보았다. 그리고 유전자 스위치를 키고 끌 때도 있었으며, 이 방랑 유전자가 제멋대로 방황하는 게 아니라 일정한 방식에 따르는 것도 확인했다. 이런 활발한 돌연변이는 혹서나 가뭄 등 옥수수의 생존을 위협하는 환경 변화에 의해 유발되는 듯이 보였는데, 옥수수가 '의도적으로' 돌연변이를 일으키는 것이다. 이는 기존 돌연변이와는 완전히 다른 모습이었다.

　매클린톡이 발견한 방랑 유전자는 오늘날 '튀는 유전자(Jumping Genes)'라 불리며 아주 중요한 의미를 갖는다. 이론상 가능했던 임의의 돌연변이에 비해 훨씬 강력한 돌연변이의 가능성을 열었기 때문이다. 즉 진화 자체가 그동안 상상했던 것보다 훨씬 빠르고 급작스레 진행될 수 있다는 이야기다. 어째서 이런 일이 일어날까? 매클린톡은 세포가 기존 상황에서는 대처할 수 없는 안팎의 스트레스에 반응하여 게놈이 이동한다고 보았다. 결국 생물은 무엇보다 중요한 생존에 도움이 될 변화를 찾기 위해 돌연변이란 주사위를 던진다는 것이다. 극심한 고온과 물 부족에 시달린 옥수수는 목숨을 걸고 생존에 도움이 될 변이를 찾아 나서게 되며, 결국 교정 기제는 억제되고 돌연변이가 만개한다. 게놈 내에서 돌연변이가 유익한 효과를 가져올 가능성이 가장 높은 쪽으로 튀는 유전자가 유도되는 것이다.[81]

　매클린톡의 옥수수 유전자(튀는 유전자) 연구는 많은 것을 시사한다. 우선 식물도 의식이 있으며, 거친 환경을 맞으면 강력한 살고자 하는 의지(의식)를 일으키며 그것이 마침내 유전자를 움직여 유전자의 돌연변이를 가져오는 것이다. 즉, '마음이 유전자를 바꾸는 것'이다. 리처드 도킨스는 생명체는 오직 유전자의 운반 도구(vehicle)일 뿐이며 이 세상은 유전자가 지배한다고 말했다. 그러나 매클린톡의 연구를 보면 유전자는 오히려 마음의 행동 대장에 불과하다. 마음이 유전자를 지배하며, 마음이 유전자를 바꿔 자신의 모습을 변화, 적응

81　샤론 모알렘 지음, 김소영 옮김, 『아파야 산다』, 김영사, 2010, 171-178쪽.

152

시키는 것이다. 유전자는 단지 물질일 뿐 아니라 마음이 물질화되는, 가장 가까운 마음의 이웃이라 하겠다. 의식과 마음이 이처럼 중요하다. 살겠다고 하는 강력한 의지(염원, 즉 불교적으로는 서원)가 유전자를 움직여 돌연변이를 유발하는 것이다. 과학자들이 필자의 말을 들으면 터무니없는 생각이라 할지 모르나 필자는 그렇게 생각한다. 마음이 유전자를 움직인 것이라고.[82]

– 사마타를 가져옴

원은 수행에서도 중요한 의미가 있다. 그것은 원이 선정[止; 사마타]을 가져오기 때문이다. 그 원리는 이렇다.[83]

우리가 무슨 수행을 하던 수행에서는 선정과 통찰지[觀]가 오지 않으면 안 된다. 마음이 한 곳으로 모여 삼매가 일어나고, 삼매를 바탕으로 세상의 일체법을 꿰뚫어보는 통찰지가 일어나는 것이다. 그런데 그러한 삼매, 선정을 위해서는 마음을 한군데 붙들어 매는 것[所緣]이 대단히 중요하다. 마음을 한군데로 전일하게 모음으로써 산란한 마음을 안정시키고 대상과 하나 되는 선정이 오는 것이다. 이렇게

---

82 마음이 유전자를 움직이는 것에 대해 더 알고 싶다면 데이비드 해밀턴의 『마음이 몸을 치료한다』(불광출판사, 2012)를 참고하라.

83 밀교에 의하면 정(定)에 들어가는 방법은 두 가지다. 하나는 무식신정(無識身定)의 방법으로, 이는 감각 기관의 작용을 억제하며 마음을 일으키지 않고 무념무상에 머물러 그 상태를 최고의 안락한 적정 세계로 삼는 것으로 일반적 정에 드는 방법이다. 밀교에서는 이와 달리 적극적으로 마음을 일으켜 올바른 한 마음을 굳게 지키는데, 이는 바로 보현행원의 원과 매우 닮은 개념이라 하겠다. (정태혁, 『밀교의 세계』, 동문선, 2002, 187–188쪽)

한 곳으로 마음을 모으는 소연을 유식에서는 작의(作意), 천태에서는 가관(假觀)이라 부르는데, 화두는 선종의 소연이며 불명호는 정토종 염불의 소연이고 진언은 밀종의 소연이 된다(남회근). 보현행원에서는 원이 이러한 소연이 된다. 간절한 원을 세울 때 우리의 온 몸과 마음이 하나의 원을 향하게 되고, 이렇게 하나가 된 원으로 인해 사마타가 오게 되는 것이다. 남회근의 말에 의하면 『유가사지론(瑜伽師地論)』에서는 선정이 오지 않는 이유를 여럿 드는데 그중 하나가 발심이 되지 않기 때문이라고 한다. 발심이 되지 않기에 애욕에 깊이 빠지고 부림을 당하기에 그렇다는 것이다. 발심은 원으로 일어나게 되니, 원은 이런 이유로도 선정을 가져오게 된다.[84]

따라서 원의 속성 중의 하나가 선정이다. 일념[念念相續 無有間斷]으로 원을 세우면 사마타가 일어나는 것이다. 공부에 있어 선정력은 대단히 중요한데, 행원은 저절로 일상 속에서 선정이 일어나게 한다. 따라서 행원의 행은 삼매행이다. 「현수품」에는 삼매행에 대한 말씀이 나온다. 가령 일체의 부처님께 공양하려면, 삼매에 들어가서 신통을 내고, 한 손으로 모든 세계 부처님께 공양하고, 가없는 꽃, 보배 등이 저절로 손에서 나오며, 음악, 음성도 손바닥에서 저절로 나오는 등, 삼매 중에 나오는 공양의 여러 모습이 기술된다. 즉 보현행원 자체가 삼매의 행인 것이다. 삼매에 들어가지 않으면 보현행원이 제대

---

84 비정지(정에 들지 못하는 것)가 되는 원인(유가사지론): 첫째, 경안(輕安)이 안 생길 경우. 둘째, 발심이 안 되었을 때. 셋째, 산란심에 빠질 때. 넷째, 너무 대충대충 정을 닦을 때. 다섯째, 작의의 성취가 잘 안 될 때. (『남회근 선생의 알기 쉬운 불교수행법강의』, 453쪽)

로 되지 않는다. 이를 바꿔 말하면, 보현행원 자체가 삼매에 들어가는 행이다[因果同時]. 삼매에서 온갖 방편이 나오며 삼매에서 온갖 설법이 나오며 삼매에서 온갖 이익중생의 공덕이 나오며 삼매에서 모든 보현행이 나오는 것이다. 그러한 삼매 속에 꽃이 피고 장엄한 불국토가 이룩되어 법계에 드러나는 것을 해인삼매[體] 그리고 화엄삼매[用]라 부른다. 법계 전체가 삼매에 드는 것이다.

따라서 화엄은 어찌 보면 고요한 삼매가 아니라 동(動)의 삼매다. 활활 살아 움직이는, 생명의 삼매인 것이다. 그리고 그러한 생명의 삼매가 바로 화엄이며, 불국토이며, 우리가 사는 이 세상이다. 우리가 살고 있는, 괴롭고 힘들어서 마침내 떠나야 하고 참아야[堪忍]하는 고통의 사바세계로만 알고 있던 이 세계가 사실은 우리가 목숨을 바쳐 돌아가야 할[歸命] 화엄정토인 것이다. 그런 이유로 『화엄경』은 세간의 경계가 여래의 경계라며 현실이 바로 불국토임을 여러 곳에서 강조한다. 「입법계품」 선지식 대광왕의 경우, 자신이 살고 있는 묘광성이 사실은 보배로 장엄된 곳이지만 중생들 마음의 욕망에 따라 보는 것이 달라, 가령 마음이 청정하고 선근을 심어 부처님께 공양하고 발심하여 지혜의 길로 나아가는 이는 이 성이 여러 보배로 장엄되었다고 보지만 그렇지 않은 이들은 더러운 줄 안다고 말한다. 세상은 차별이 없건만 차별의 눈으로 세상을 보니 더럽고 깨끗하고 넓고 좁은 차별이 생기는 것이다.[85]

---

85 인식의 전환은 이통현에게 있어 매우 중요하다. 이통현 화엄의 특징 중 하나는 획기적으로 단순한 성불 방식이다. 그것은 관점의 변화가 범부를 부처로 만든다는

– 발보리심과 원: 원을 세우는 것이 바로 발심

불교는 발심(發心)이 굉장히 중요하다고 말한다. '처음 발심을 낼 때 바로 정각을 이룬다[初發心時 變成正覺]'란 말도 있듯 『화엄경』 또한 발심을 굉장히 중요시하는 가르침이다. 지눌은 '깨달음은 초발심에 존재한다'며 '십신의 초심에만 들어갈 수 있다면 자연스레 구경 단계에 이를 수 있다'고 발심의 중요성을 강조한다.[86]

미륵은 먼 길을 찾아온 선재에게 보리심이 어떤 것인가를 장황히 설명한 후 보리심의 공덕을 이렇게 말한다.

"선남자야 보리심은 이렇게 무량공덕을 성취한다. 요점만 말하면 모든 불법의 공덕과 평등하다. 왜냐하면 보리심은 보살의 행을 낸다. 삼세 여래가 보리심으로부터 나신다. 선남자야 그러므로 만약 아뇩다라삼먁삼보리심을 내는 이는 이미 무량한 공덕을 내었으며 온갖 지혜의 길을 널리 거뒀다[善男子 菩提心者 成就

如是無量功德 擧要言之 應知悉與 一切佛法諸功德等 何以故. 因菩提心 出

것이다. 이통현은 신비가 아니라 관점을 무지에서 부처의 지혜로 바꿈으로 범부가 부처가 된다. 이것이 이통현 화엄의 핵심으로 모든 사람은 본래부처(본래성불)이다. (『지눌연구』, 66~68쪽)

86 "나는 이 신화엄론에서 밝혀 낸 것을 면밀히 검토하였다. 삼승(三乘)을 따르자면 십지를 다 거친 후에야 깨달음을 얻을 수 있을 것이고, 일승을 따르자면 십신의 처음 단계에서 이미 깨달음을 얻는 것이다. 단계를 말할 것 같으면, 깨달음은 초발심에 존재한다. 만약 십신의 초심에만 들어갈 수 있다면, 다시 자연스레 구경의 단계에도 이를 수 있다. 이러기에 구박(具縛)의 범부에게 가장 긴요한 것은 바르게 믿는 마음을 내는 것이다."(『화엄론절요』) (위의 책, 69쪽)

生一切諸菩薩行 三世如來 從菩提心 而出生故]… "

그런데 문제는 발심이 굉장히 어렵다는 데 있다. 발심만 하면 되는데, 그 간단한 발심이 '안 되는 것'이다. 미륵보살은 선재에게 보리심을 내기가 얼마나 어려운지 이렇게 말한다.

"중생이 아뇩다라삼먁삼보리심을 낸다면 그건 희유한 일이다. 만일 마음을 내고 또 능히 정진하는 방편으로 부처님 법문을 모은다면 갑절이나 희유한 일이다[諸仁者 若有衆生 能發阿耨多羅三藐三菩提心 是爲希有. 若發心已 又能如是精進方便 習諸佛法 倍爲希有]."

발심은 발보리심(發菩提心)의 준말로, 한문 그대로 해석하면 '보리에 대한 마음을 발하는 것', 풀이하면 '깨달음을 얻겠다는 마음을 내는 것'이다. 그렇다면 과연 보리에 대한 마음을 발하는 것은 어떤 것일까? 그냥 '깨달음을 얻겠습니다'라고 말하면 되는 것일까 아니면 다른 그 무엇이 있을까? 발심이 잘 안 되는 것은 어찌 보면 범어가 한문으로 번역되면서 발생한 번역상의 문제이기도 한 것 같다.

발심은 범어로 boddhicittotpāda로, 깨달음에 대한 강한 갈망을 일으키는 것이라는 뜻이다.[87] 깨달음에 대한 마음을 갖는 것, 또는 그

87　boddhicittotpāda 는 anuttarāyāṁ samyaksaṁbodh의 생략형이다. 즉 이 말의 의미는 "마음으로 하여금 무상정각을 향해 일어나도록 하는 것이다"(to have a mind raised to supreme enlightment). 그 범어 어귀를 "깨달음이라는 관념을 자각시키는 것"(to awaken the idea of enlightment)으로 번역하는 것은 적절하지 않고 잘못 이끈다. … 왜

런 강렬한 욕망을 간직하는 것인데 한문으로 발보리심이라 하면 보리심을 발하는 것이며 이때는 발할 보리심이 있어야 한다. 그 결과, 없는 보리심을 '발'하기 위해 없는 '발'을 자꾸 붙잡는다. 그런데 여기서 '보리심'을 '원(願)'으로 바꾸면 발심의 문제는 아주 쉽게 해결된다. 발보리심을 깨달음을 이루겠다는 '마음을 내는 것'이 아니라 깨달음을 이루겠다고 '서원하는 것'으로 바꾸는 것이다. 이렇게 중생을 제도하겠다는 서원을 발하는 것, 일체중생을 섬기겠다는 마음을 일으키는 것[誓願]으로 바꾸면 발심은 아주 간단해진다. 이렇게 되면 서원을 세우는 것이 바로 보리심을 '발'하는 것이 된다.

이도업에 의하면 용수(龍樹, 나가르주나)의 보리심이란 초발심이며, 무등등심이며, 대심[88]이다. 그가 말하는 보리심 중 초발심은 올바른 원을 세우는 것을 말하는데, 올바른 원이란 무상의 보리를 구하여 중생을 구제하겠다는 것이며, 모든 중생이 완전한 열반과 여래의 지혜를 증득하도록 하겠다는 마음이라고 설하고 있다. 법장 역시 『탐현기』 권17에서 보리심을 "중생을 구호하려는 마음, 불과를 구하려하는 마음, 유위(有爲)에서 염리(厭離)하려는 마음이 그것이다."라고 정의하며, 이도업은 "이상에서 살펴본 바를 종합해서 정의하면, 보

냐하면 그것은 anuttrāṁ samtaksambodhim ākāṅkṣamāṇa이거나 anuttarāyāṁ samyaksambodhau praṇidhānaṁ parigṛihya와 동치(同値)이기 때문이다. anuttrāṁ samtaksambodhim ākāṅkṣamāṇa는 "무상정각을 갈망하는 것"(longing for supreme enlightment)을 의미하고, anuttarāyāṁ samyaksambodhau praṇidhānaṁ parigṛihya는 "무상정각에 대한 강렬한 바램을 간직하는 것"(cherishing an intense desire for supreme enlightment)을 의미한다. (『선에서 화엄으로』, 212-213쪽)

88 용수, 『대지도론』 권41.

리심이란 무상의 진리를 이루어 일체중생을 구제하고자 하는 마음이다. 다시 말해서 보리심이란 자각, 각타의 원행을 실천하고자 하는 보살의 원으로서 보살행의 필수조건이라 할 수 있다."라고 보리심을 원으로 정의한다.[89]

이도업은 다시 "보살도의 첫걸음은 보리심을 일으키는 것으로부터 시작된다고 할 수 있다. 지금까지의 일상적인 생활에서 진리의 세계에 눈이 뜨이는 것이 발보리심이다. 발보리심한 보살은 다시 원에 의해서 수도적인 생활에 들어가게 된다. 따라서 원이 없는 발보리심은 진정한 발보리심이 아니며, 발보리심 없이 진정한 대원은 세워지지 않는다. 그러므로 세친(世親, 바수반두)은 원선결정(願善決定)이란 보리심을 일으키는 것이며, 발보리심에 의해 초지인 환희지에 들어갈 수 있다고 선언한다(『십지경론』). 보살도의 첫 걸음인 보리심을 일으킨다고 하는 것은 원을 세운다는 뜻이며, 선원(善願)이라는 것은 무사무잡의 중생구제의 대원을 말한다. 그러므로 그 청정한 원은 광대해서 법계와 같고 허공과 같다고 금강장보살은 설하고 있는 것이다 [諸佛子 是諸菩薩 願決定 無有果 不可壞 廣大如法界 究竟如虛空]."라며 다시 한번 발심이 곧 발원이요 발원이 바로 발심임을 말한다.[90]

화엄은 발보리심의 중요성을 매우 강조하는 가르침인데, 그러한 발심은 믿음이 충만할 때 온다는 것이 기존 화엄학의 입장이다. 그러나 행원의 관점에서 보면 그러한 발심은 우리가 원을 세울 때 바

---

89 『화엄경사상연구』, 117-120쪽.

90 앞의 책, 547쪽.

로 이루어진다. 즉 서원을 발하는 것이 바로 보리심을 발하는 것이다. 발심은 강력한 염원을 내는 것으로 가령 '꼭 깨닫겠다' 혹은 '꼭 중생들에게 도움을 주겠다…' 등등 이런 마음[心]을 발(發)하는 것인데 이는 보현행원의 관점에서는 서원이다. 즉 원을 세우는 게 발심으로, 보현행원은 원을 세움으로써 그토록 어려운 '발보리심의 세계'로 들어간다. 발보리심을 문자 그대로 꼭 '깨달음에 대한 마음'을 '발'하는 것으로 해석하면 보리심이 무언지 깨달음이 무언지에 대한 정의부터 알아야 하고 어려워지겠지만, 발보리심을 깨달음 대신 중생 제도 하겠다, 부처님 잘 모시겠다 이렇게 갖다 놓으면 굉장히 쉬워진다. 그런 서원을 세우는 게 바로 그토록 귀하고 소중하고도 어려운 발보리심이 되는 것이다. 보리심은 발하기 어려울지 모르나, 서원은 이렇게 아주 쉽게 된다.

『화엄경』에는 보리심과 행원의 관계에 대해 재미있는 가르침이 나온다. '보리심에서 선근과 큰 서원의 물이 나와 사섭법으로 가득 차게 한다[從菩提心 流出善根大願之水 以四攝法 充滿衆生].'(법운지)와 '사람이 약을 개려면 먼저 깨끗한 물을 가져와야 하듯 보살도 그와 같아 보살의 행과 원을 닦으려면 먼저 보리심을 발해야 한다[善男子譬如有人 調和藥汁 必當先取好淸淨水. 菩薩摩訶薩 亦復如是 欲修菩薩一切行願 先當發起菩提之心].'(미륵보살)는 것이 그것인데, 이를 반대로 하면 서원이 곧 보리심이 된다. 또한 발심주의 몇몇 게송을 보면, 발심한 보살은 시방세계에 부처님 계신 곳 나아가 공경심(으로) 공양 찬탄해야 한다고 말한다. (예: 菩薩如是發心已 應令往詣十方國 恭敬供養諸如來 以此事其無退轉.) 보현행원이 바로 발심이요 또한 발심 후에 해야 할 일도 보현행원인 셈이다.

　　발심은 여러 형태로 온다. 지금처럼 서원을 세우는 형태로도 오고, 비극, 우환의 형태로도 온다. 이 말을 바꿔 말하면, 내가 '지금' 서원을 세우지 못하면 발심은 장차 '우환'의 모습으로 온다는 것이다. 우환이 와서 발심하는 것도, 병을 앓고 재산도 탕진하고 자식도 속을 썩인 후에야 발심하는 것도 분명히 인연의 한 모습이지만, 그런 비극이 오기 전에 발심하면 얼마나 좋을까? 보현행원을 하는 분들의 삶이 대체로 우환이 없고 원만한 것은 보현행원이 늘 서원 속에 이루어지기 때문이다. 서원이 있으니 우환이 올 필요가 없다.

3. 원 세우는 법

① 내가 있는 자리에 나 대신 부처님을 갖다 놓음

원을 세우는 법은 간단하다. 먼저 내가 있는 자리에 부처님을 갖다 놓는다. 서까래 하나를 옮기더라도 내가 하는 것이 아니라 부처님이 하시는 것이다. 밥을 먹어도 내가 먹는 것이 아니라 부처님이 드시며, 심부름을 해도 내가 하는 것이 아니라 부처님이 하신다. 내가 있는 자리에 부처님을 갖다 놓는 것이다. 잠을 자도 부처님이 자고, 아침에 깨어도 부처님이 깨고, 돈을 벌어도 부처님이 벌고, 영광을 얻어도 내가 아니라 부처님이 얻는 것이다.

② 행마다 원을 갖다 붙일 것

행마다 원을 갖다 붙인다. 내가 하고 있는 모든 행에 원을 갖다 붙일 때 무의미하던 나의 삶은 어느새 부처님과 함께 하는 원행이 된다. 행마다 원을 붙이는 것은 하나도 어렵지 않다. 지금 내가 하는 일에 그냥 원을 '갖다 붙이면' 된다. 가령 마라톤을 뛸 때 '심장병 어린이 돕기 전국 마라톤 일주'를 붙이면 뛰는 걸음 하나하나가 그대로 원행이 된다. 그저 멀기만 하던 마라톤의 험한 길이 어린이 돕기라는 원을 갖다 붙이면 한 걸음 한 걸음이 모두 해맑은 아이들을 위한 밝은 길이 되는 것이다. 이렇게 아무 생각 없이 하던 행에 나름대로의 원을 붙이면 그것이 바로 '원행'이다. 내가 하는 일 하나하나에 원을 붙이고 안 붙이고는 그야말로 종이 한 장 차이지만 그 한 장의 차이가 엄청난 결과를 가져온다.

③ 원을 행할 것 (부처님에 대한 맹세)

끝으로 이도 저도 안 될 때는, 원 자체를 '행'한다. 원을 행한다 함은 원을 발하고 부처님께 원을 공양 올리는 것이다. '부처님, 제가 이러한 원을 발합니다', 또는 온 중생이 행복하길 발원하고 부처님께 작은 원이나마 공양 올리는 것이다. 그런데 우리는 원을 발하는 것 자체가 쉽지 않다. 왜냐하면 그동안 서원의 삶을 살아오지 못했기 때문이다. 있었다면 욕심뿐이니, 원을 발하는 것이 여간 서툴지 않다. 그런 경우에는 그저 '부처님, 제가 원이 하나도 없는데 언젠가는 원을 세우겠습니다. 그래서 부처님 꼭 기쁘게 해 드리겠습니다'라는 말을 하면 된다. 없는 원을 세우겠다고 다짐하는 그 맹세, 그것이 바로 서원이며 원을 발하는 '행원'이 되는 것이다. 그리고 그 단순한 한 마디는 그냥 보잘것 없는 말이 아니라, 뒷날 보현보살의 원에 못지않은 밝은 원, 큰 서곡이 된다.

보현행원은 별 게 아니다. 행마다 원을 붙이면 행원이 되고, 그 행원을 보현의 원을 가지고 하면 보현행원이 된다. 보현행원은 행원품에 쓰인 열 가지만을 말하는 것이 아니다. 그것은 대표적인 행일 뿐이다. 부처님을 기쁘게 하고 일체중생을 행복하게 하고 해탈에 이르게 하겠다는 마음으로 행할 때, 이 세상 어느 것도 보현행이 되지 않는 것이 없다. 우리의 삶 자체가 보현행이다. 다만 그것을 모르고 무의미하게 살고 있었을 뿐이다. 나의 삶터 자체가 거대한 행원 도량이며, 온갖 고통, 불만투성이인 고달픈 나의 삶 자체가 화두를 들고 용맹 정진하는, 여느 수행 못지않은 수승한 수행임을 모르고 있었던 것이다. 오페라 가수는 오페라를 부르고 판소리 명창은 판소리를 불러 장엄한 법계를 노래하며 출가자는 출세간 속에서 치열한 수행으로 복을 짓고 깨달음을 이루듯, 평범한 범부인 우리는 '고달픈 일상을 수행의 도구로 삼아 열심히 살아감'으로써, 세간 속에서 보리 이루고 해탈을 이룰 것이다.

예불문에서 우리는 대지문수사리보살, 대행보현보살, 대비관세음보살, 대원본존지장보살마하살을 부른다. 대지를 문수, 대비를 관세음, 대원을 지장보살에게서 배우는 것이다. 그런데 그렇게 대지, 대비, 대원을 이루고 나면 할 일은 무엇일까? 바로 행이다. 행으로 나아가야 하는 것이다. 대행보현보살의 행은 지혜도 자비도 원도 없는 맹행(盲行)이 아니다. 대지와 대비, 대원의 공덕이 하나로 된 행이 보

163

현의 대행이다. 무슨 지혜를 얻고자, 무슨 대비, 원을 얻고자 하는 게 아니라 지·비·원을 모두 갖췄을 때 궁극적으로 나오는 것, 그것이 대현보현보살의 대행이다.

제4장

보현행원 수행의 기본 자세

『화엄경』에 설해지는 여러 수행 그리고 보현행을 실천할 때의 마음 가짐을 「보현행원품」은 크게 세 가지로 정리하고 있다. 무유궁진(無有窮盡), 염념상속(念念相續) 및 무유간단(無有間斷), 신구의업(身口意業)에 무유피염(無有疲厭)이 그것인데, 이것은 단지 보현행원의 마음 가짐만은 아니고 우리가 수행할 때, 그리고 일상 삶을 살 때도 꼭 필요한 마음가짐일 것이다.

무유궁진
끝없는 행원

행원품은 우리가 행원을 공부할 때 가져야 할 기본자세의 첫째로 공부는 끝이 없어야 한다고 말한다. 그 이유는 크게 두 가지로 볼 수 있다. 하나는 광대행을 지어야 한다는 것이고, 또 하나는 우리 본성에 대한 가르침이다.

행원은 우리에게 광대행을 지을 것을 강조한다. 삼세제불의 행과 원을 다 닦아야 비로소 보현행원을 한다고 말할 수 있다는 것이다. 중생 제도는 그만큼 광대행을 요구하며, 모든 일은 사소한 일, 작은 일에서 시작하기 때문이다.

먼저 행원은 끝이 없어야 한다. 그것은 중생이 끝없고 업과 번뇌가 끝없기 때문이다. 중생이 끝이 없다 함은 법계가 무한함을 말한다. 법계가 끝이 없으니 깨달음도 끝이 없고, 깨달음으로 가는 길도 끝이 없고, 깨달음의 행도 끝이 없는 것이다. 중생을 제도하는 것은 엄청난 공덕을 짓는 일이요 엄청난 에너지가 소모되는 일이기도 하다. 수많은 사연의 수많은 중생을 단지 한두 개의 행으로 제도할 수는 없는 일이다. 따라서 우리는 다함없는 법문을 배우고, 다함없는 서원을 세우고, 다함없는 방편을 익히고, 다함없는 번뇌를 모두 거두어 마침내 일체중생을 부처님 나라로 모셔야 한다. 그러니 다함이 없는 것이다. 경에서는 '보살이 세운 원은 시방세계를 부수어 티끌을 만들고 큰 바닷물을 털끝으로 찍어낸 것과 같으며, 한 중생을 교화하기 위해 보살은 미래의 한량없는 겁을 지난다'며 서원의 무진성, 무한성을 말한다.[91]

그저 경전이나 어록, 그리고 명상이나 수행을 불교의 전부로 알기 쉬운데, 불교는 그런 것이 아니다. 불교 없는 곳에서도 불교를 보고 부처님 없는 곳에서도 부처님을 보아야 한다. 그리하여 현실에서 무한행(無限行), 무진행(無盡行)을 지어야 비로소 광대행을 짓는 것이다.

끝없는 보현행의 또 다른 의미는 우리 생명의 무한성이다. 우리의 본래 생명, 우리 본래의 원행이 끝이 없기 때문이다. 우리가 본래로 무한한 존재, 영원한 생명이며 우리의 자비, 나의 본원력이 끝이 없으므로 행원 또한 끝이 있을 수가 없다. 한 중생도 고통받는 것을 못 보아 넘기는 것이 우리 본래의 마음자리다. 모든 자비, 모든 지혜가 구족되어 있는 것이 우리의 본래 면목이다. 그 마음자리에서 고해에 헤매는 중생을 바라볼 때, 우리는 생사의 바다에 뛰어들지 않을 수 없다. 나의 눈부시도록 찬란한 본래의 자비가 그들을 그렇게 내버려두지 못하게 하는 것이다. 따라서 행원은 그저 퍼붓는 수행이다. 남이 알든 말든, 저 중생이 깨우치든 못 깨우치든, 그런 목적과 결과에 상관없이 내 생명이 영원하므로 나의 행원도 영원하며, 내 마음이 본래 뜨거우므로 광명을 저렇게 퍼붓는 것이며, 내 자비가 본래 끝없

---

91 十方國土碎爲塵 一切大海以毛滴 菩薩發願數如是 此無礙者之住處. 無量無邊諸佛子 種種說法度衆生 亦說世間衆技術 此修行者之住處(「입법계품」, 미륵보살).

169

으므로 중생의 아픔을 지나치지 못하고 몇만 번 몇십만 번 억겁을 중생으로 떠돌더라도 끝없이 생사의 바다에 뛰어드는 것이다.[92]

'허공계, 중생계가 끝이 없으므로 나의 서원도 끝이 없다'라고 할 때, 우리는 유한의 나를 벗어나 무한 속으로 들어가게 된다. 마치 한 방울의 물이 바다에 들면 유한의 물방울에서 무한의 바다가 되듯, 무한한 보현행을 하게 될 때 우리 각자가 스스로 무한한 존재가 되어 버리는 것이다. 생명의 무한성, 이것은 신해행증에서 '증'의 부분이기도 하다. 무량광 무량수의 아미타불이 흔히 모든 부처님의 대명사라 하는데, 알고보면 우리 생명이 바로 무량광 무량수 생명인 것이다. 즉 우리가 본래 아미타불이요, 우리 생명이 아미타불과 똑같은 생명이다(이것을 금하광덕은 '내생명부처님무량공덕생명'이라는 반야활구로 표현했다).

「보현행원품」을 독송하며 행원을 실천하려 수없이 다짐하지만 행원 실천은 정말 힘들다. 여러 생에 걸쳐 쌓인 숙업은 마음 한번 맹세 한두 번에 사라지지 않는다. 그와 함께 『법화경』과 『유마경』에도 나오듯 우리가 사는 이 사바세계는 얼마나 억세고 거칠며 어리석은

---

92 고통받는 생명을 차마 외면하지 못하는 것은 종(種)을 뛰어넘는 생명 자체의 본래 모습인 듯하다. 악어에 물려 익사하기 직전의 영양을 도와주는 하마 무리, 물 밖으로 나와 죽어가는 물고기를 보고 잡아먹지 않고 입으로 물을 끼얹어주는 강아지의 모습 등, 유튜브에서는 종을 넘어 자비행을 하는 동물들의 모습을 많이 볼 수 있다. 달라이 라마는 『달라이 라마의 종교를 넘어』(김영사, 2013)에서 자비의 본질을 "타인의 고통을 줄이고 그들의 행복을 도모하려는 갈망"이라 정의하며 "이젠 과학에서조차 이타심과 타인에 대한 배려가 우리 자신에게 이익이 될 뿐 아니라 우리의 타고난 생물학적 본성임을 보여주며, 진화생물학, 신경과학 등의 증거가 존재한다."라고 말한다.

가.[93] 얼마나 공경 못할 분 많고 찬탄 못할 분들이 많은가. 거기에 참회는 또 어떠한가. 조금만 미안하다 그러면 이때다 싶어 덮어씌우듯 달려드는 이들이 얼마나 많은가. 행원은 참으로 쉽지 않은 일로, 온 사방이 행원의 대상이니 쉴 수가 없다.

---

93 世尊安樂 少病少惱 敎化衆生 得無疲倦 又諸衆生 受化而不(『법화경』「종지용출품」). 維摩詰言 此土衆生 剛强難化故 佛爲說 剛强之語 以調伏之(『유마경』「향적품」).

염념상속 무유간단
생각생각이 끊어지지 않고 이어져야 한다

행원은 중단됨이 없이 연속적으로 염념이 이어져야 한다고 말한다. 여기에는 크게 두 가지 뜻이 있는데, 하나는 일상생활에서의 행원의 연속성, 또 하나는 찰나찰나에 일어나는 수행[刹那三昧]을 말한다.

　행원은 끊이지 않아야 한다. 역사도 단절이 있으면 유구한 전통이 이어지지 못하듯, 우리가 무슨 일을 하던 단절이 있어서는 안 된다. 회사나 단체, 심지어 한 가정도 단절이 있어서는 제대로 능력 발휘가 되지 않는다. 수행도 이와 같아 어제의 수행이 오늘 이어지고 오늘의 수행이 내일로 이어져야만 견성도 되고 오도(悟道)도 하는 것이다.

　우리의 공부가 과(果)를 이루지 못하는 것은 크게 두 가지 이유에서다. 하나는 행이 없기 때문이고, 둘은 한결같지 못하기 때문이다. 행이 없으면 모든 공부가 시들해진다. 또 한결같지 못하면 공부의 결실을 맺지 못한다. 염념상속 무유간단은 '한결같음'을 뜻하기도 한다. 모든 일은 한결같을 때 이루어진다. 누구나 몇 번은 잘할 수 있다. 그러나 한결같이 잘하기는 힘들다. 그런데 세상만사 한결같지 않고 이루어지는 것은 아무 것도 없다. 또한 아무리 잘하더라도 연속성이 없으면 아무 소용이 없다. 집을 지을 때도 한두 번 열심히 일해 가지고는 집을 세울 수 없다. 학생 때 그렇게 하던 공부도 몇 번 밤을 새우고 짧은 기간 동안 열심히 해서는 실력이 늘지 않는다. 비록 많지는 않아도 조금씩 꾸준히 할 때 비로소 자신도 모르게 실력이 한층 늘어 있는 것이다. 꽁꽁 언 산하의 얼음도 따스한 봄볕이 꾸준히 비춤으로써 녹는다. 한두 번 잘하고 한두 번 보리심 내기는 쉬워도 그것이 지속되기는 쉽지가 않은 것이다. 그래서 간단(間斷)이 없어야 한다. 수행 역시 크든 작든 중단이 없어야 하고 또 수행은 쉬지만 않으면 언젠가는 이루어진다. 이러한 행원의 가르침은 공부의 두 속성, 즉 정시성(定時性)과 연속성(連續性)으로 정리될 수 있으니 공부는 정해진 시간에 연속적으로 이루어져야 하는 것이다.

그리고 생각생각[念念] 중에 이어지는 것[無有間斷]이 보현행이다. 보현행을 할 때는 행 하나하나, 서원 하나하나가 모두 찰나로 이어지는 것이다. 이것은 수행에서 대단히 중요한 부분인데, 이러한 찰나행, 찰나의 서원은 바로 찰나삼매로 이어진다. 찰나삼매는 또한 무량한 삼매로 이어지는데, 그것은 화엄의 시각에는 일념이 바로 무량겁이기 때문이다.

행원은 부딪히는 경계 하나하나에 모두 원을 내고 실천하는 수행이다. 그리고 한 생각에 행원을 모두 성취[於一念中 所有行願 皆得成就]한다. 우리는 흔히 일념을 별것 아닌 것으로 생각하기 쉬운데, 일념이란 상대적인 것에 지나지 않는다. 경에는 일념의 불가사의한 세계에 대한 기술이 숱하게 있다. 「입법계품」의 선견비구는 일념 중에 일체 시방, 일체 세계, 수많은 불국토, 수많은 공경 공양이 여래께 올려지는 것으로 한 생각에 얼마나 많은 일들이 이루어지는지 자세하게 말한다.

신구의업 무유피염

수행은 피곤함과 싫어하는 마음이 없어야 한다. 우리는 어떤 일을 할 때 곧잘 피곤한 생각, 싫어하는 생각을 내기 쉽다. 또 처음엔 의욕적으로 열성적으로 시도하다가도 얼마 안 가서 제풀에 지쳐 그만두곤 한다. 특히 남들이 내 뜻과 같지 않을 때, 뚜렷하게 눈에 보이는 성과가 없을 때 더욱 그러하다. 행원은 이런 생각을 내지 말라고 한다. 처음이나 중간이나 끝이나 언제나 나의 행원은 일여(一如)하여 몸으로 피곤한 생각을 내지 않고, 입으로 피곤한 말을 내지 말며, 마음으로 피곤한 뜻을 품지 말라고 하는 것이다. 왜냐하면 지치기 시작하면 끈기가 없어지고, 끈기가 없으면 무슨 일이든 이루어지기 어렵기 때문이다. 피곤한 말, 피곤한 마음이 더욱 피곤을 불러온다.

싫어하는 마음[厭心]도 마찬가지. 행원은 좋아하는 마음을 내라고 하지 않는다. 단지 싫어하는 마음만 내지 말라는 것이다. 모든 공덕은 좋아하는 마음이 사라질 때 같이 사라진다. 그러나 싫어하는 마음은 그렇지 않다. 염심만 없으면 우리는 무엇이든 이뤄낼 수 있다. 싫어하는, 피곤한 마음만 내지 않으면, 그래서 꾸준히만 하면 누구나 이룰 수 있다. 그래서 옛 스님들은 공부에 있어서 '바보가 되라'고 하시는 것인지 모른다.

싫어하는 마음은 대립하는 마음이다. 대립한다는 것은 마음이 분열됨을 뜻한다. 본래 하나였던 마음[一心], 본래 하나였던 세계[一眞

174

法界]가 찢어지고 쪼개져 천차만별의 차별 세계가 우리 앞에 나타나게 되는 것이다. 그리고 그 결과는 만인의 만인에 대한 끝없는 갈등, 부조화, 투쟁이다. 고요하고 평화롭던 세계는 사라지고 끝없는 소모, 대립의 세계가 전개된다. 생사윤회 역시 대립심에서 일어난다. 좋고 싫고 하는 그 한 마음이 평지풍파를 가져오는 것이다. 이렇게 수행에 있어 '싫어하는 마음'을 내지 않는 것은 매우 중요하다. 싫어하지 않으면 중단함이 없고, 쉬지 않으면 마침내 이루어진다. 따라서 싫어하는 마음이 없는 것은 바로 '대립', 혹은 '이분법'의 소멸을 뜻한다. 대립이 없어진다는 것은 수행 정도를 아는 데에도 매우 중요한데, 대립하는 마음이 있다는 것은 아직 공부가 많이 부족한 것을 말한다. 화엄의 중요한 사상 중의 하나가 통섭적 세계관, 이분법의 소멸인데, 행원은 그 수행 자체를 이렇듯 이분법의 소멸로 시종일관한다. 따라서 대립이 없다.

또한 피곤하고 지친 생각이 들 때가 바로 내 뜻이 이루어지는 순간이다. 나의 목표가 바로 내 옆에 와 있는 것이다. 그런데 이 사실을 모르고 피곤한 몸을 내고 지친 생각을 내어 이 고비를 넘기지 못한다면 모든 것이 허사로 돌아갈 수밖에 없다. 그러므로 피곤을 내지 않는 것은 무척 중요하다.

다시, 무유피염은 공부를 억지로 짓지 말라는 것이다. 수행은 자연스러워야지 억지로 지어서 행해서는 안된다. 호흡을 지어서 하는 게 아닌 것처럼, 수행 역시 그러해야 한다.

끝으로 무유피염은 우리 스스로 상처를 입지 않기 위해서다. 우리는 좋은 일을 많이 하고도 한 생각 잘못에 오히려 그런 일을 하지 않음만 못한 결과를 가져오는 경우를 많이 본다. '부모 긴 병에 효자 없다'는 속담도, 자식이 피곤하고 싫어하는 생각을 일으키기에 그렇다. 아무리 좋은 일이라도 아무리 좋은 뜻에서라도, 도중에 회의가 들거나 싫어하는 마음(가령, 내가 왜 이런 일을 해야만 하지?)을 내게 되면 열성도 떨어지고 지금까지 한 일이 헛일이 되어 공덕도 없을 뿐만 아니라 내 마음에 상처를 입게 되어 도리어 업장만 짓게 된다. 무유피염의 가르침은 이런 위험을 막아 준다.

『화엄경』에는 무유피염에 관한 가르침이 수없이 나온다. 「십정품」에서는 '보살은 일체중생을 제도하여 모두 출리하게 하려고 세상에 태어났는데 어찌 고달픈 마음을 내겠느냐'고 묻는다[菩薩摩訶薩 亦復如是 爲欲度脫一切衆生 皆令出離而於現世 云何而起疲厭之心(무애륜대삼매)]. 또한 허공이 세상을 지탱해도 조금도 싫어하거나 피곤함이 없는 것은 허공의 자성이 원래 그러하기 때문이듯, 보살이 무량대원을 세워 일체중생을 제도함도 그와 같아 마음에 싫어하고 피곤함이 없다고 한다.[94] 우리가 원을 세우고 중생을 제도하는 것은 누가 시켜서 한 일도 아니고 무슨 좋은 공덕이 생기기 때문도 아니다. 우리 스스로가 원 덩어리고 우리 스스로가 아픈 이웃을 제도하지 못하면 견딜 수 없기 때문에[自性 法應爾故] 서원을 세우고 끝없는 중생 제도에 나서는 것이다. 그런데 무슨 피곤하고 싫은 것이 있겠는가.

94　佛子 譬如虛空 持衆世界 若成若住 無厭無倦 無羸無朽 無散無壞 無變無異 無有差別 不捨自性 何以故 虛空自性 法應爾故 菩薩摩訶薩 亦復如是 立無量大願 度一切衆生 心無厭倦(「십정품」, 무애륜대삼매).

「입법계품」에서 문수보살은 열 가지 무유피염을 설하며 이것은 대승과 여래지에 들어가는 길이며, 이렇게 깊은 믿음을 성취하고 열 가지 무유피염을 하면 능히 선근을 기르고 모든 생사의 길을 여의며 여래 가문에 태어나며, 모든 보살의 서원을 갖추며 모든 여래의 공덕을 배우고 모든 보살의 행을 닦고 모든 번뇌를 멸하고 보살의 지위에 들어가서 여래의 자리에 가까워진다고 설한다.[95] 「이세간품」에서도 보현보살은 십종무피염심을 설한다.[96]

이처럼 수행은 잘난 자, 특출한 자, 영재나 천재들만이 이루는 것이 아니라 미련하고 못났더라도 쉼 없이 꾸준히 하는 데서 이루어진다. 부처님 공부는 '아니 하지만 아니 하면 된다.'라는 말씀이 있는데, 이러한 행원 수행의 세 가지 자세는 비단 행원만이 아니라 모든 수행에 적용되는 가르침이라 할 것이다.

---

95 爾時 文殊師利菩薩 告諸比丘言 比丘 若善男子善女人 成就十種趣大乘法 則能速入如來之地 況菩薩地 何者 爲十 所謂積集一切善根 心無疲厭 見一切佛承事供養 心無疲厭 求一切佛法 心無疲厭 行一切波羅蜜 心無疲厭 成就一切菩薩三昧 心無疲厭 次第入一切三世 心無疲厭 普嚴淨十方佛刹 心無疲厭 教化調伏一切衆生 心無疲厭 於一切刹一切劫中 成就菩薩行 心無疲厭 爲成就一衆生故 修行一切佛刹微塵數波羅蜜 成就如來十力 如是次第爲成熟一切衆生界 成就如來一切力 心無疲厭. 比丘 若善男子善女人 成就深信 發此十種無疲厭心 則能長養一切善根 捨離一切諸生死趣 超過一切世間種性 不憧聲聞辟支佛地 生一切如來家 具一切菩薩願 學習一切如來功德 修行一切菩薩諸行 得如來力 摧伏衆魔 及諸外道 亦能除滅一切煩惱 入菩薩地 近如來地.

96 供養一切佛無疲厭心 親近一切善知識無疲厭心 求一切法無疲厭心 聽聞正法無疲厭心 宣說正法無疲厭心 教化調伏一切衆生無疲厭心 置一切衆生於佛菩提無疲厭心 於一一世界經不可說不可說劫 行菩薩行 無疲厭心 遊行一切世界無疲厭心 觀察思惟 一切佛法無疲厭心.

제5장

낱낱의 보현행원

예경제불
고맙다

1. 왜 공경해야 하는가?

① 공경은 만행의 근본

공경은 만행의 근본이다. 매사에 공경이 앞서야 한다. 그러면 비록 다소 지나친 일이 있더라도 아무 일이 안 생긴다. 가령 비판을 해도 공경 속에 비판을 하면 상대가 분개하거나 거부하지 않는다. 오히려 자신을 살펴보고 고맙게 생각하기도 한다. 공경은 이렇게 사사를 무애하게 만드는 묘한 공덕이 있다[事事無碍, 一切無碍]. 거북하게 얽힌 관계도 곧잘 순리로 되돌린다. 공경이 없으면 이 세상 어떤 인간관계, 사회 질서도 이루어질 수 없다. 부모 자식, 스승 제자 관계가 이루어지는 것도 공경이 전제가 되어 있을 때다. 부부 관계가 악화되는 것도 부부 간에 공경심이 없어질 때다. 요즘 우리 사회가 어지러운 이유 중의 하나도 공경이 예전만 못한 탓도 있다. 가령 인터넷 같은 것은 평등을 우리 사회에 가져온 반면 공경을 사라지게 했다. 그 결과 예의가 없어지고 사람들 마음에 상처 주는 말(악플)들을 아무 거리낌 없이 마구 퍼붓는다. 공경이 있으면 결코 일어날 수 없는 일이다.

또한 공경은 아상을 사라지게 한다. 거만한 마음으로 공경할 수는 없다. 공경하는 마음에 교만함은 저절로 사라진다. 불교에서는 하심(下心)을 중시하는데, 우리가 낮아지는 데는 두 가지 방법이 있다. 하나는 나를 낮추는 것(절대적 하심)이요 둘은 상대를 높이는 것(상대적 하심)이다. 내가 낮아지는 것은 쉽지 않다. 그것은 우주는 본래 모두 자기 확대(성장)로 나아가기 때문이다. 하심은 나를 낮추고 축소하는 것인데 모두가 높아지고 커지려고 하는 세상에서 낮아지고 작아지려고 하니 쉬울 리가 없다. 그러나 공경은 높이 쳐다보는 자기 확대 행위이므로 쉽다. 그리고 상대방 역시 확대된다. 즉 너와 내가 동시에 확대되는 것으로 모두가 윈윈(win-win)인 것이다. 그래서 하심보다는 공경이 훨씬 쉽다. 공경하면 스스로 높아지며 또한 겸허해진다.

② 공경은 깨달은 이의 본래면목

공경은 깨달은 이의 본래면목 중 하나다. 깨달으면 제일 먼저 나오는 것이 일체중생, 일체 만물에 대한 공경심이다. 모든 부처님이 이를 증명한다. 일체중생이 본래 부처구나! 겉보기에 비천한 저 미물이 본성에서는 부처와 조금도 다름이 없구나! 이런 사실을 사무치게 깨달으신 분에게서 공경이 우러나지 않을 수 없다. 그러므로 공경심이 없는 분은 깨달은 분이 아니다. 세상은 멸시, 모멸이 아니라 모두가 존엄하고 모두가 대접받아야 할 분들뿐이다. 귀하지 않은 분 한 분도 없고 소중하지 않은 분 한 분도 없다. 사람만 아니라 미물도 그러하다. 생명 가진 중생[有情]만 그러한 것이 아니라 생명 없는 무정물(無情物)도 그러하다. 온 세상이 비로자나 청정 불국토다. 그러므로 공경심이 없는 분은 결코 깨달은 분이 아니다. 착각 도인일 뿐이다. 이런 이유로 행원은 공경하는 마음으로부터 시작된다.

그런데 공경을 일방적인 것으로 생각하는 분들이 있다. 즉 오로지 아랫사람이 윗사람한테 올리는 것으로 오직 지위가 낮은 자, 어린 자들의 몫으로만 아는 것이다. 그러나 참된 공경은 그렇지 않다. 아랫사람이 윗사람에게 하는 공경도 있지만, 윗사람이 아랫사람에게 하는 공경도 공경이다. 공경은 어느 한 쪽의 일방적 의무가 아니라 우리 모두의 본래 소식이다. 『앙굿따라 니까야』에서는 가전연이 대중들과 함께 있는 자리에 나이 든 바라문이 나타나 자기에게 예경하며 앉으라고 권한 사람이 없다고 꾸짖는다. 이에 가전연은 형상으로서의 나이가 많다고 윗사람이 되는 것이 아니라 나이의 많고 적음에 관계없이 그 몸과 마음이 오욕과 방탕을 떠나면 충분히 성숙한 사람이라고 말함으로써 늙은 바라문이 스스로 부끄러움을 느껴 돌아가게 한다.

공경은 일상생활에서만 중요한 것이 아니라 수행에서도 굉장히 중요하다. 「입법계품」의 23번째 선지식은 선재를 찬탄하며 '너는 깊은 마음으로 스승을 공경하여 (스승의) 말을 잘 듣고 그 가르침대로 수행하니 반드시 깨달음을 얻을 것이다[汝能深心 敬善知識 樂聞其語 修行其教 以修行故 決定當得阿耨多羅三藐三菩提].'라고 말한다. 공경이 수행을 여법히 이루게 하는 것이다. 또 용수보살은 '불퇴전지에 빨리 오르려면 마땅히 공경심으로 부처님 명호를 굳게 지녀야 한다[若人疾欲至不退轉者 應以恭敬心 執持佛名號 以信方便 念佛易行 疾至阿惟越也].'고 말한다.[97] 똑같은 염불이라도 공경심이 염불 공덕을 한층 더 수승하게 하

97 성륜불서간행회 편, 『원통불법의 요체』, 성륜각, 1995, 251쪽.

는 것이다. 남회근 역시 수행에 있어서 부처님께 예배[拜佛]하는 것은 매우 중요하니, 특히 밀종의 첫 번째 조건이 바로 배불로 먼저 십만 배 정도 하고서야 시작한다고 소개하며, 불법을 배울 때 공경심이 일어나지 않는다면 제대로 길에 오르기 어렵고 그러므로 대승 불법을 배우는 사람은 먼저 보현보살의 행원품을 배워야 한다고 강조한다.[98]

2. 공경으로 가는 길

① 감사하라

현실적으로 공경심을 내는 방법은 무엇인가? 그것은 첫째, 감사하는 마음을 내는 것이다. 지금까지 내게 해 준 것이 하나도 없는 줄로만 알았던 부모님이, 나에게 야단만 치는 줄 알았던 스승님이, 사실은 모든 것을 바쳐 나를 길러 주시고 키워 주신 것을 알 때 망둥이처럼 날뛰던 마음과 빗나가기만 하던 행동은 비로소 방황을 멈추고 제자리로 돌아오게 된다. 그러므로 모든 성인들이 '은혜를 알라, 감사하라!'라고 가르치신다. 감사하면 실로 감사할 일만 생긴다. 감사할 때 모든 대립은 사라지고 역경은 순경으로 변한다. 그것은 긍정의 극치가 '감사'이기 때문이다. 그러므로 우리는 언제나 감사해야 한다. 감사할 일뿐 아니라 감사하지 못할 일에까지 감사를 잊지 않을 때, 우

---

98 『남회근 선생의 알기 쉬운 불교수행법강의』, 560쪽.

리는 참으로 공경을 여법하게 해 나간다고 할 수 있을 것이다.[99]

② 인정하라

두 번째는 '타자에 대한 인정'이다. 나와 다른 세계, 나와 다른 타인을 인정해 줄 때 비로소 우리는 모두가 공경의 길을 가게 된다. 따라서 공경의 마음에는 '배타'가 아니라 나와 다른 존재를 인정해 주는 마음이 반드시 있어야 한다. 공경은 이렇게 감사와 타인에 대한 인정으로 시작된다.

원효는 화쟁을 공경으로 시작했다. 불교의 이설(異說)들은 모두 그 나름대로의 도리가 있고 이를 존중해야 한다며 그대로 인정하고 포용했던 것이다. 원효에게도 공경은 나와 다름을 인정하는 것이었던 셈이다. 이처럼 공경은 그다지 어려운 것이 아니다. 언제 어디서나 일체를 향해 '감사합니다.'라는 말 한 마디를 올릴 때, 그리고 나와 다른 모두를 너그럽게 받아들일 때 우리는 이미 공경의 문으로 들어가고 있다.

---

[99] "감사는 일체와 조화하고, 감사는 위없는 진리와 조화한다. 감사에서 일체와 조화하여 대립을 끊고 한 몸의 평화를 누리게 된다. 그래서 감사는 일체와의 사이에 평화를 가져온다. 감사하는 데서 몸의 병을 낫게 하고 마음의 불안을 잠재우며 사업의 장애를 소멸시킨다. 우리가 겪었던 모든 일은 그것이 좋은 일이었든 괴로운 일이었든 우리에게 새로운 경험을 주며 정신을 풍요롭게 하는데 도움이 된다. 그러므로 지나간 모든 일에 감사하는 것이 마땅하다. 때로는 육체적·정신적 괴로움을 당한 경우라도 그 경험을 통하여 우리의 정신은 진보하고 향상된다." (금하광덕, 1989년 1월 4일 불광사 월보에서 발췌)

3. 행원에서는 어떻게 공경하는가?

① 보현행원의 힘으로 부처님을 뵈옵고 공경한다

행원에서는 깊은 믿음으로 네 눈앞에 있는 모든 분들이 바로 부처님이다[如對目前]라고 가르친다. 너한테 잘 해주시는 분만이 아니라 너를 핍박하고 괴롭히는 분들조차 너의 괴팍한 습을 고치려 거친 모습으로 출현하시는 부처님이라는 것이다. 그리고 그런 말이 잘 믿어지지 않는 우리를 위해 '보현의 원력으로 그렇게 보아라'라고 가르친다. 경전에는 그것을 '내게 보현행원의 행원력이 있는 까닭에[我以普賢行願力故]'라고 설해져 있는데, 여기에는 두 가지 뜻이 있다. 하나는 원력이 없는 범부인 내[我]가 보현보살의 원력을 빌어 행원을 시작한다는 뜻이며, 둘은 언제 어디서나 보현행원을 하겠다는 그 원력을 떠나지 않는 것이다. 그리고 이 말은, 바로 나의 본래면목이 보현행원이라는 말도 된다. 범부인 줄 알았던 내가, 업보중생인 줄 알았던 나 자신이 바로 보현행원 그 자체인 것이다.

우리는 흔히 호흡, 명상, 알아차림, 무아, 무상, 이런 것이 전부인 줄 알고 집착하는 경향이 있다. 그런데 사실 이 자체는 궁극적 자리가 아님을 알아야 한다. 이런 것은 어찌 보면 무한 긍정, 무량공덕으로 들어가는 절차에 불과하다. 그 대신, 우리의 삶 자체가 깨달음이라는 것을 알아야 한다. 울고 웃는 현재의 내 삶 자체가 이미 무량공덕의 성취가 이루어진 자리인 것이다. 이걸 알리는 게 선(禪)이요 화엄이요 보현행원이다. 따라서 보현행원은 다른 조건이 없다. 행원품은 부처님의 무한한 공덕문을 성취하고 싶으면 보현행원을 지금 바로 하라[若欲成就此功德門 應修十種廣大行願], 이렇게 가르친다. 호흡하라, 명상하라, 계정혜 지켜라, 깨달아라, 무아를 성취하라, 내 본래면목을 찾아라가 아니라 그저 '보현행원을 하라'이다. 바로 이 자리에서, 울고 웃는, 영광과 오욕이 들끓는 이 무명 어둠의 자리에서 보현행원을 하라, 그러면 바로 부처님 무량공덕문으로 들어간다! 이것이 보현행원 맨 처음에 나오는 시작 겸 결론인 이야기다. 이것을 금하광덕은 더 단순화 시켜서 '내 생명 부처님 무량공덕 생명'이라며 마하반야바라밀의 세계로 바로 들어가게끔 만들었다. 따라서 보현행원은 아무 조건이 없다. 그저 지금 괴롭고 힘든 이 자리에서 '고맙다, 잘했다, 미안하다!' 하고 외치면 되는 것이다. 힘들고 괴로운 그 대상, 그 자리에 대고, 이를 악물고 '고맙다' 하고 외친다. 그러면 부처님 공덕의 문이 그 즉시 열리고, 무량한 부처님 광명이 우리 안으로 뿜어져 들어온다. 망상도 사라지고 괴로움도 사라지고 무명도 사라지고 무명이 다함도 사라진다. 오직 찬란한 부처님 무량광명, 불생불멸이요 불구부정인 내 본래 생명의 울림이 찬란히 일어난다. 정말 불가사의한 일이 아닐 수 없다.

② 깊은 믿음과 이해로 눈앞에 뵈온 듯 공경한다

다음으로 경은 깊은 믿음과 이해[深心信解]로 눈앞에 뵈온 듯[如對目前] 공경하라고 한다.[100] 부처님이 바로 눈앞에 계시는 것을 믿고 그

---

100 기신론에서 심심(深心)은 '樂集一切善行'이며, 이기영은 심심이란 '높은 공덕을 우러러 받들고 실현하고자 하는 결심'이라 한다. (『원효사상 70강』, 294쪽)

렇게 생각하라는 것이다. 여기서 우리는 경전의 '여대목전'이란 말에 주의해야 한다. 여대목전은 부처님이 바로 눈앞에 계신다는 말이다. 앞에 있는 분을 '부처님처럼 생각하는 것'이 아니라 '바로 부처님으로 보는 것'이 여대목전이다.[101] 이것은 작은 것 같지만 매우 중요한 차이로, 부처님처럼 생각하는 것과 부처님으로 보는 것은 하늘과 땅만큼 차이가 크다. 부처님처럼 생각할 때는 부처님과 나 사이에 작지만 간격이 생기게 된다. 그러나 여대목전의 마음으로 사물을 바라볼 때 부처님과 나 사이에는 티끌만큼의 간격도 없다. 『유마경』의 말씀처럼 수없는 부처님을 남김없이 공경, 공양하지만 부처님과 나 사이에 둘이라는 생각이 없는 것이 여대목전의 가르침이다. 이러한 여대목전의 말씀은 행원이 과거나 미래의 일이 아니라 지금 여기의 일, 즉 생생한 현실임을 알려준다. 바로 지금 우리 눈앞에 부처님이 계시는 것이다.

③ 청정한 행으로 일체처, 일체시에서 공경한다

이런 여대목전 아래 행원은 다시 일상에서 부처님을 뵈옵고 공경할 것을 가르치니, 그것이 낱낱의 부처님 계신 곳마다 수많은 몸을 나투어 낱낱의 몸으로 수많은 부처님께 예경하는 것이다. 여기에는 크게 네 가지 뜻이 있다. 하나는 나의 무한 확대임과 동시에 행원을 하기

---

101 티베트불교에서는 관상 수행이 중요한데, 이는 단순한 시각화(즉 몽상)가 아니라 실제로 여러 불보살을 보는 것이다. 완전한 본존의 태도를 가지고 마음속으로는 실제로 본존을 보는 것을 뜻하는데, 이것은 여대목전과 매우 흡사해 보인다. (잠곤 꽁툴 린포체 지음, 까르마 욘땐 옮김, 『마하무드라 예비수행』, 지영사, 2008, 51쪽)

앞서 보현행자의 정성과 간절함, 그리고 강도(强度)를 강조하기 위함이다. 둘은 일중다, 즉 화엄 사상의 주요 특징의 하나인 동시성(同時性)을 뜻하며, 셋은 일상에서 부처님을 보는 것이고 넷은 삼매행으로서의 공경이다.

먼저, 행원을 제대로 실천하기 위해서는 행원 하나하나에 내 몸을 모두 내던지는 그런 자세가 필요하다. 한 부처님 계신 곳에 수없는 나의 몸을 보이며, 또 한 몸마다 수많은 부처님을 모시는 그런 자세, 그런 결연한 마음가짐으로 행원을 해 나가야 하는 것이다. 그것을 「십회향품」에서는 '삼세 부처님을 바르게 기억하여 여래가 앞에 계신 줄로 참되게 생각하여지이다.'라고 말한다. 보현행원의 공경은 그런 간절한 자세와 마음으로 시작된다. 그리고 이것은 열 가지 행원 전반에 흐르는 마음가짐이기도 하다.

화엄의 동시성은 화엄 사상의 주요 특징 중 하나다. 즉 화엄의 세계에서는 사건이 언제나 세상 모든 곳에서 같은 시각에 모두 함께 일어난다. 그것은 우리가 본래 하나(일원론)이기 때문이다. 본래 하나이기에 모든 일이 함께 일어나고 서로 영향을 받을 수밖에 없다.[102] 경에는 보살이 한 분의 부처님을 공양하면 한량없는 세계의 모든 부처님도 같이 공양을 받는 이야기가 수없이 나온다. 한 개인의 밝은 행원이

---

102 국소성(locality)의 부정은 양자역학의 특징이다. 이는 곧 공간이라는 것이 두 물체를 엄격하게 분리하는 척도로서의 역할을 하지 않는다는 뜻인데, 이에 의하면 두 입자 사이에 존재하는 양자적 연결 고리는 입자들이 우주 반대편에 있어도 여전히 존재한다. 이런 관점에서 보면 수 조 떨어져 있는 입자들이나 바로 옆에 붙어 있는 입자들이나 다를 것이 없다. 양자적으로 얽혀(quantum entanglement) 있는 것이다.

한 곳에만 국한되는 국소적 사건이 아니라 전 우주가 참여하고 전 우주에서 일어나는 전 우주적 사건인 것이다. 따라서 비록 우리 몸은 하나지만 이 한 몸으로 낱낱의 부처님 계신 곳마다 수많은 몸을 나투어, 낱낱의 몸으로 수많은 부처님께 예경하는 것이 가능하다.

『화엄경』에는 보살이나 선지식이 어떤 공덕을 얻게 된 연유로 과거, 현재, 미래의 수많은 부처님 처소에 나아가 수많은 부처님을 공양하는 이야기가 나오는데, 이 말씀은 문자 그대로 그분들이 실제로 부처님이 출세 시(時)마다 그 시대, 그 장소에 태어나 부처님을 공양했다는 말도 되겠지만, 사실은 일상에서 부처님을 만났다는 뜻으로 보는 게 더 타당한 해석일 것이다. 즉, 일상에서 만나는 모든 분을 부처님으로 알고[如對目前] 공양하고 공경한 것이다. 그리고 일상에서 부처님을 만나고 공경, 공양한다는 것은 일상에서 만나는 모든 분들을 부처님으로 모셨다는 이야기다. 부처님이 저 먼 곳에 계시는 것이 아니라, 또는 미래에 성불하여 오시는 것이 아니라, 내가 살고 있는 지금 이 곳 이 자리의 이야기인 것이다. 이런 사실을 알려주기 위해 처음에 여대목전을 먼저 이야기하고 나중에 청정한 신구의업으로 수많은 부처님 처소에 수많은 몸을 나투어 공경하는 말씀이 나오는 것이다. 화엄의 부처님은 특별한 이름이 없다. 물론 일부에서 노사나불, 비로자나불이 나오기는 하지만 화엄의 부처님은 그냥 부처님[佛]이다. 이것은 이 세상 모든 존재를 부처님으로 보라는 가르침에 지나지 않는다. 즉, 화엄의 부처님은 특별한 부처님이 아니라 보편의 부처님이다.

끝으로 한 몸으로 수많은 부처님 예경이 가능한 것은 보현행 자체가 너와 내가 없는[不二] 삼매행이기 때문이다. 보현행이 삼매행임은 행원품은 물론 『화엄경』 전체를 관통한다. 보현행은 이렇게 그 자체가 삼매 속에 일어나는 행이기에 한 몸으로 일체국토의 부처님 공경이 가능하다. 그런데 보현행원의 삼매는 일상과 다르지 않다. 일상이 삼매인 것이다. 그런 이유로 일상에서 한 몸으로 수많은 부처님 예경이 가능하다. 『열반경』은 '참된 삼매는 중생을 위해 닦는 것(「사자후보살품」)을 이름한다'고 말한다.

보현행이 이렇게 삼매행인 또 하나의 이유는, 보현의 원·행이 부처님의 원·행과 똑같기 때문이다. 따라서 부처님의 행 하나하나가 삼매행이듯, 보현의 원행 또한 모두 삼매행이다. 보현행원을 하면 '내가 부처님과 똑같구나. 내가 본래 부처님 생명이었구나!'를 알게 되는데, 이 사실을 안 다음부터 하는 보현행은 전부 삼매행이 된다. 유위의 보현행이 무위의 보현행으로 바뀌는 것이다.

칭찬여래
잘했다

1. 왜 칭찬해야 하는가?

① 칭찬은 일체 생명을 꽃피운다

사람들은 칭찬에 목말라한다. 거친 눈보라, 추위 속에서는 아무것도 자랄 수 없듯, 비난과 힐난 속에서는 그 어떤 생명도 자랄 수 없다. 대지를 일깨우는 훈훈한 봄바람에 만물이 소생하듯, 칭찬 속에 우리의 생명, 일체 만물이 태어나고 자란다. 칭찬은 꽁꽁 얼어붙었던 대지를 일깨우는 봄의 교향악이다. 칭찬 속에 아이가 자라고 칭찬 속에 만물이 성장한다.

② 언어의 창조적 능력

말에는 창조적 능력이 있다. 그것은 두 가지 이유 때문인데, 첫째로 언어는 신구의 삼업 중 가운데 있기에 언어 자체가 몸의 움직임과 뜻을 이끌어낼 수 있고, 둘째, 언어는 울림성이 가장 강하므로 언어를 반복하다 보면 강력한 파동이 일어나게 되기 때문이다. 따라서 밝은 말을 하면 밝음이 창조되고 어두운 말을 하면 어둠이 창조된다. 살리는 말을 하면 살게 되고 죽이는 말을 하면 죽게 된다. 그러므로 말은 함부로 하면 안 된다. 언제나 긍정적인 말, 남에게 희망과 용기를 주는 밝은 말을 해야 한다.

금하광덕은 특히 말의 창조적 능력을 강조한 선지식인데, 믿음과 긍정의 목소리, 감사하는 충정의 목소리를 내라고 한다. 말은 단순한 음성의 표현을 넘어 그것이 담은 의미를 실현시키는 힘을 가지고 있다는 것이다. 말은 생각의 표현이며, 생각은 마음의 진동이고, 마음은 일체 성취의 위덕을 지니고 있기 때문이다. 밝고 청정하고 자비심이 담긴 말에는 밝은 평화를 이룩하는 힘이 있다. 어두운 말, 불행한, 말, 대립, 갈등, 분노의 말에서 파괴와 불행이 깃들게 된다. 말은 마음의 행동인 까닭에 밝고 평화로운 우정의 말을 하는 사람의 가슴에 밝음과 평화와 기쁨이 깃들고, 밝고 기쁜 마음에서 밝고 깊은 생활 환경을 만들어 간다. 밝은 마음이 밝은 생활 여건을 끌어당기는 것이다.

그래서 진리를 긍정하는 말을 하라고 이른다. 신념이 담긴 말, 결정적이며 적극적인 말, 밝고 긍정적인 말, 희망과 성공과 성취가 담긴 말, 우정과 협동과 발전을 담은 말, 존경과 감사와 찬탄이 담긴 말, 법성광명의 믿음을 담은 말을 끊임없이 배우라는 것이다. 나쁜 말을 하면 잠시 직성이 풀린 듯도 하지만 실제로는 자기 환경을 악화시키는 것이다. 몸에 병을 만들기도 하고 가족이 병들게 하기도 하고 사업에 장애를 가져오게도 한다. 입단속을 잘못해서 우리가 얼마나 많은 재앙을 부르고 친한 사람에게 상처를 주며 인간 사회를 거칠고 황량하게 만드는지를 생각해서 입은 항상 찬탄하고 기쁘고 긍정적인 말로 채우고 결코 나쁘거나 소극적인 말을 해서는 안 된다고 일러준다.[103]

103　『보현행원품 강의』, 36-45쪽.

③ 칭찬이 더 쉽다

사람들은 흔히 비난이 더 쉽다고 생각한다. 실지로 칭찬하는 분들은
적고 남 비난에 열 올리는 분들은 자주 보인다. 그러나 실제로 해 보
면 칭찬이 훨씬 쉽다. 비난은 생명을 죽이는 말이지만 칭찬은 생명을
살리는 말이기 때문이다. 우리의 본성이 불성 생명, 일체만물을 살리
고자 하는 마음으로 가득 찬 존재이기에 사실은 비난보다 칭찬이 훨
씬 쉬운 것이다. 그런데 부처님도 때로는 거친 말을 하신다.

> "선남자야, 어떤 말은 거칠고 허망하여 때도 아니고 법도 아니어
> 서 듣는 이가 좋아하지 않고 이익되지도 않으니 이런 말은 나도
> 하지 않는다. 만일 어떤 말이 거칠어도, 진실하고 허망되지 않은
> 말, 때도 알맞고 법다워 모든 중생에게 이익되는 말은 듣는 이가
> 기뻐하지 않더라도 말하니, 부처님은 방편을 아는 까닭이다."
> - 『열반경』「범행품」

그리고 부처님 말씀은 설사 거칠더라도 유익하고 자비로우며
사람들의 번뇌를 끊는다고 한다(『밀린다왕문경』).

2. 행원에서는 어떻게 칭찬하는가?

① 보현의 행원력으로 부처님을 뵈옵고 찬탄한다

우리는 믿어지지 않는 믿음을 보현의 원력을 통해 일으키고, 그렇게

일어난 믿음으로 마침내 부처님 무량공덕 속으로 들어가게 된다. 행원에서는 예경에서처럼 보현의 크나큰 원력으로 칭찬의 말을 꺼낸다.[104] 변재천녀보다 더 뛰어난 방편을 가지고 변재천녀보다 더 뛰어나게 여래의 공덕을 칭찬하고 찬탄한다. 여래의 공덕을 찬탄한다 함은 바로 중생의 공덕을 찬탄함을 뜻한다. 그것은 여래의 공덕이 바로 중생의 공덕이기 때문이다. 그러한 찬탄 속에 중생 속에 있는 불성, 그 꺼져가는 불씨가 마침내 활활 타오르게 된다.

② 깊은 믿음과 알음알이로 말로써 찬탄한다

칭찬은 무엇보다 일단 말로써 해야 한다. 어떤 분들은 칭찬하려면 낯간지럽고 입이 안 떨어져 못한다는데, 그것은 그동안 칭찬을 구체적 행동으로 안 했기 때문이다. 마음속으로 하는 칭찬, 칭찬의 대상자가 모르는 칭찬은 소용이 없다(티베트 수행법의 하나인 4가행 의식문 염송 시엔 실제로 소리를 내어 읽으라고 하는데, 그것은 말은 보다 안정되고, 구체적으로 만들기 때문이라고 한다). 칭찬은 천둥과 같은 목소리로, 밀려오는 파도 소리보다 더 큰 목소리로 소리 높여 찬탄해야 한다. 이것은 보이지 않는 세계와 보이는 세계의 근본 요소인 울림을 창출하는 것으로, 이러한 말

---

104 여기서 '심심승해'로 나타나는 '현전지견'을 주목할 필요가 있다.「십정품」은 보이지 않는 보현보살을 보는 방법이 눈앞에 그 몸이 있는 듯 상상하는 것[又應專至觀察 十方 想普賢身 現在其前]과 보현의 원력이 나와 동일함을 알고 보현의 길을 걷기를 서원하는 것인데, 어찌 그렇게 행원품의 가르침과 일치하는지 모르겠다[如是思惟 周徧法界 深心信解 厭離一切 誓與普賢 同一行願 入於不二眞實之法 其身 普現一切世間 悉知衆生 諸根差別 徧一切處 集普賢道 若能發起如是 大願 則當得見普賢菩薩]. 현재기전은「야마궁중게찬품」의 역림보살 게송에도 나온다[能知此諸法 如實不顚倒 一切知見人 常現在其前].

의 울림이 마침내 실상 세계의 변화를 가져오는 것이다.『팔천송반야경』에는 수희, 회향을 어떻게 하는가에 대한 답으로 '원을 생각하고〔念願〕 말로써 수희, 회향을 하라'고 한다.

불자는 어떤 말을 해야 할까? 「이세간품」에는 불자들이 지켜야 할 '말하는 법 열 가지'가 나온다. 부드러운 말, 단 이슬 같은 말, 속이지 않는 말, 진실한 말, 넓고 큰 말, 매우 깊은 말, 견고한 말, 정직한 말, 갖가지 말, 일체중생을 깨우치는 말이 그것이다. 일체중생을 편안하게 하여야 하니 부드러운 말을 하며, 일체중생을 시원하게 하여야 하니 단 이슬 같은 말을 하며, 진실한 말을 할 때는 꿈에서까지 거짓이 없어야 하고, 알기 쉽게 하기 위해 정직한 말을 하며(말은 꾸밀수록 상대가 못 알아듣는다) 말을 하더라도 때를 맞추어 말을 하고, 함부로 말하지 않으니, 우리는 오직 일체중생을 깨우치는 말을 하는 것이다.

이어 불자들이 깨끗이 닦는 말 열 가지가 다시 나온다. 즉 이러한 말을 하면 깨끗한 구업을 짓는다는 것인데, 첫째 여래의 음성을 듣기 좋아하는 것. 둘째 보살의 공덕 말함을 듣기 좋아하는 것. 셋째 일체중생에게 듣기 싫어하는 말을 하지 않는 것. 넷째 말의 네 가지 허물을 진실히 여의어 깨끗이 닦는 것. 다섯째 부처님을 기뻐하며 찬탄하는 것. 여섯째 부처님의 참된 공덕을 찬탄하는 것. 일곱째 청정한 마음으로 중생에게 법을 보시하는 것. 여덟째 풍류와 노래로 부처님을 찬탄하는 것. 아홉째 부처님 계신 데서 바른 법을 듣고 몸과 목숨을 아끼지 않는 것. 열째, 모든 보살과 법사들을 섬기면서 법을 받아 지님으로 깨끗이 닦는 열 가지다. 깨끗한 구업을 닦는 열 가지 대부분 '좋아하고 찬탄하는 것'이 주류인 것이 보현행의 칭찬여래다.

또한 중생에게 듣기 싫은 말을 하지 않는 것도 우리에게 많은 것을 시사하며, '풍류와 노래'로 부처님을 찬탄하는 것은 범패나 찬불가가 수행이 될 수 있음을 말씀해 준다. 모든 선지식을 섬기고 법을 받아 지님으로 청정한 구업을 짓는다는 것은, 선지식의 깊은 뜻을 알지 못하고 자신의 기준으로 판단하여 선지식을 재단하고 가르침의 허물을 보는 우리의 어린 습을 경계하는 말씀으로 보인다.

끝으로, 칭찬은 중생이 알아듣는 언어로 해야 한다. 아무리 좋은 말이라도 못 알아듣는 말은 소용이 없다. 행원에서는 일체중생이 쓰는 언어를 잘 알아 그들의 언어에 맞게 칭찬하고 법을 설하라고 한다 [天龍夜叉鳩槃茶 乃至人與非人等 所有一切衆生語 悉以諸音而說法].

이러한 칭찬여래의 방법은 아주 간단하다. 매사에 누구에게나 '잘 했다', 또는 '참 잘 하셨습니다' 한 마디만 하면 된다. 단순, 소박한 이 한 마디로 우리는 드넓은 칭찬여래의 세계로 들어가게 되는 것이다. 또한 칭찬여래에서 익힌 칭찬은 나중에 남이 지은 공덕을 함께 기뻐하는 수희공덕의 공부를 무난히 성취하는 데 큰 도움이 된다.

광수공양
섬기고 모시겠다

1. 왜 공양해야 하는가?

① 부처님을 기쁘게 하고 (번뇌에서) 가벼워지기 위해

공양과 비슷한 말에 보시가 있다. 그런데 보시는 가진 자, 높은 자가
낮은 자, 못난 자에게 베푸는 마음이 강한 반면, 공양은 그런 마음 전
혀 없이 그저 모시고 섬기는 마음이 강하다. 필자는 개인적으로 보시
라는 말보다 공양, 보시 바라밀보다는 공양 바라밀을 더 좋아한다.

> "공양은 능히 일체고를 소멸하고 불지를 얻게 하며 복덕은 비할
> 수 없으니 환희심으로 부처님 공양하라[供養能盡一切苦 供養必得
> 諸佛智 此應供處供無等 是故歡心供養佛]."

「십지품」 난승지 금강장보살의 청법 게송에 나오는 공양의 공
덕이다. 보현행원 광수공양원의 공양 공덕이 이렇게 크다. 단순히
밥 짓고 꽃 향을 부처님께 올리는, 수행과는 아무 상관없는 그런 행
이 아닌 것이다. 수행은 불지(佛智), 즉 깨달음으로 가는 고매한 것이
요 공양은 부처님 밥이나 짓는 노동쯤으로 생각하는 분들이 많다. 그
래서 공양주는 그저 복이나 짓는 거고 깨달음은 고요한 곳에 가서 참

선 장좌불와 해서 오는 걸로 아는데, 천만의 말씀이다. 「십지품」 게송에서 말하듯 공양은 단순한 노동이나 복 짓는 행이 아니라 온갖 괴로움을 멸하고 바로 깨달음으로 가는, 비할 수 없는 행이다. 보현행원은 좋은 것이기는 하나 깨달음과는 상관없다, 이렇게 아는 분들이 많은데 그것은 큰 오해다. 괴로움을 소멸하고 수많은 복을 가져오며 깨달음마저 이루게 한다. 「십회향품」에서도 부처님을 공양하면 부처님 신력으로 무량불을 보며 보현행에 안주한다[如是供養諸佛時 以佛神力 皆周徧 悉見十方無量佛 安住普賢菩薩行]고 말한다.

공양은 부처님께 바치는 것이다. 왜 바치는가? 부처님을 기쁘게 해 드리기 위해 바치고 내 마음이 무겁기 때문에 바치는 것이다. 무엇을 바치는 것인가? 나의 모든 것을 바치는 것이다. 내가 가진 모든 재물이 공양구가 되고, 내가 가진 모든 고뇌, 고통이 부처님께 올리는 공양물이 된다. 부처님은 중생의 이익과 행복을 위해 오신 분이다. 그런 부처님이 굳이 무슨 재물을 바라시겠는가. 부처님은 그저 우리에게 복을 지어 주시기 위해 우리의 공양물은 어떤 것이라도 기쁘게 받으신다. 따라서 부처님은 유형의 재물뿐 아니라 중생의 번뇌도 기꺼이 받아 주신다. 내가 번뇌를 바칠 때 부처님은 자비로 섭수하시며 나의 어둠 가득한 곳에 광명을 뿜어 주신다. 나의 고통을 부처님께 바칠 때 부처님은 기꺼이 그 고통을 받아 주신다. 힘든 것은 모두 부처님께 바치고, 우리는 빈 몸으로 가는 것이다.

따라서 우리는 우리의 모든 것을 부처님께 바쳐야 한다. 무엇이든 가지면 짐이 되고 무거워진다. 부처님께 고뇌, 불안, 걱정, 절망, 아픔, 그리고 기쁨과 슬픔까지도 모두 바칠 때, 우리는 비로소 우리를 가로막는 모든 울타리와 벽에서 벗어난다. 또한 부처님 제 번뇌 다 가져가십시오, 제 번뇌 공양 올립니다, 하고 번뇌를 공양 올릴 때 번뇌가 있던 자리에는 부처님 원력이 자리한다. '부처님 공양 잘 하겠습니다' 하는 마음을 부처님께 바치는 것 자체가 말할 수 없이 밝은 원이 된다. 즉 원을 따로 세우지 않더라도 광수공양 하겠다는 마음을 내는 것만으로 서원을 세우는 발원(發願)이 되는 것이다. 따라서 광수공양원을 발할 때는 서원을 세우는 공부가 훨씬 쉬워진다. 그 자체가 서원이다(이런 이유로 일상에서의 보현행원에 섬기고 공양하겠다는 행원이 들어가는 것임). 바치는 방법은 아주 간단하다. 내 마음, 내 서원을 부처님께 말씀드린 뒤 거기에 덧붙여 염불을 하면 된다. 그러면 일념 일념에 부처님 공양이 여법하게 이루어지는 것이다.

그런데 참 신기한 것이, 그렇게 바치다 보면 어느새 바치는 이도, 바침을 받는 이도, 바치는 공양물도 모두가 없게 된다[空]. 소위 삼륜공적시(三輪空寂施)가 되는 것이다. 또 바치는 나와 바침을 받는 부처님이 둘이 아님[不二] 또한 알게 된다. 끊임없이 염념마다 부처님께 모든 것을 바치지만, 바치는 나와 바침을 받는 부처님이 전혀 다른 존재가 아닌 것이다. 둘이라는 분별이 사라진다. 동시에 그동안 우리를 분열시켰던 일체의 벽, 일체의 울타리가 사라지는 것 또한 느끼게 된다. 아무것도 아닌 듯 보이는 광수공양은 이런 불이의 세계를 우리에게 가져다 준다. 물론 보현행원 전부가 우리를 불이의 세계로 이끌지만, 광수공양은 이런 불이의 세계를 좀 더 쉽게 나타내 준다.

② 부처님 가피와 함께 한다

끝으로 부처님께 모든 것을 바친다 함은 부처님 자비와 가피를 함께
한다는 말도 된다. 홀몸으로 가면 힘들지만 함께 가면 힘든 것이 없
다. 아무리 고달픈 인생이라도 부처님과 함께 하면 힘들고 무서울 게
없는 것이다. 우리는 부처님께 나의 모든 것을 바침으로써, 내 생명
을 부처님 전에 공양 올림으로써 무량한 부처님 원력의 바다, 한없는
부처님 자비 속으로 들어가게 된다.

2. 행원에서는 어떻게 공양하는가?

① 보현의 행원력으로 갖은 공양구, 으뜸가는 공양구로 언제나 공양한다

경은 예경제불에서처럼 보현의 행원력으로 깊은 알음알이를 내어
공양하라고 한다. 그리고 언제나 가장 좋은 공양구로 공양하고, 그것
도 수미산처럼 큰 바다처럼 하라고 한다. 이때 공양구는 재공양(財供
養)을 말한다. 경은 재공양을 말한 후 법공양으로 이어진다. 그러니까
재물공양이 먼저다. 『화엄경』에서 공양이 구체적으로 가장 많이 기
술되는 곳은 「십회향품」일 것이다. 그런데 「십회향품」의 공양은 재
공양이 대부분이다. 이는 비록 법공양이 더 수승하다고 하지만 재공
양 역시 법공양 못지않게 중요함을 시사한다. 재공양이 다인 줄로만
알고 재공양에만 빠지면 그것은 문제지만 재공양도 무척 중요하니,
특히 범부는 재공양을 통해 법공양으로 간다. 눈에 보이는 물질을 공

양하는 것은 눈에 보이지 않는 법공양보다 일반인이 하기는 더 쉽다. 그래서 경은 먼저 재공양을 보현행원의 힘으로 정성껏 언제나 공양하라고 하는 것이다. 늘 공양하는 것이 바로 보리심이다. 또 재공양을 법공양의 마음으로 하면 재공양 자체가 법공양이 된다. 재공양, 법공양의 구분이 없어지는 것이다. 한 마음 밝을 때 그것이 재물이든 아니든 모두 법공양이 될 수 있다.

② 법공양을 올린다

공양 중의 최상은 법공양이다. 법공양 일곱 가지를 한 마디로 말하면 부처님을 기쁘게 해 드리는 공양이다. 부모가 자식이 능력을 마음껏 발휘하고 행복할 때 가장 기뻐하시는 것처럼, 부처님도 중생이 불성을 활짝 꽃피우고 행복하게 살 때, 그리고 그렇게 살도록 우리가 일체중생을 섬기고 공양할 때 가장 기뻐하신다. 중생을 번성하게 하고 중생을 행복하게 하는 일체의 행이 부처님을 기쁘게 하는 것이며, 그러한 공양이 바로 법공양이다. 이 법공양을 통해서 일체의 부처님이 출현하시니, 법공양을 올릴 때 우리는 진실한 공양을 올리는 것이 된다. 이러한 나의 공양은 특별한 때, 특별한 장소에서만 이루어지는 것이 아니라 언제 어느 때나 늘 이루어지니, 그것은 나의 번뇌, 나의 고통이 끝없고 때를 가리지 않기 때문이다.

– 여설수행공양

부처님 말씀대로 수행하는 공양으로, 실천을 하지 않으면 아무 소득이 없기 때문이다.[105] 번뇌를 끊으려면 닦지 않으면 안 된다. 부처님 말씀하신 대로 믿고[信] 이해하며[解] 말씀하신 그대로 닦아 나가지[行] 아니하면, 아는 것만으로, 들은 것만으로는 해탈할 수 없다. 그러함에도 주위를 보면 그렇게 하지 않는 분이 정말 많다. 머리로 이해하고 머리만 굴리며 입으로만 불교를 하는 것이다. 그리고 부처님 말씀하신 대로 하자고 권하면 나는 못 해, 하며 물러서곤 한다. 오죽하면 부처님이 '보살은 마땅히 말한 대로 행할지어다.'라고 말씀하실까? 닦지 않으면 번뇌는 결코 사라지지 않는다. 참으로 밝아지고 참으로 이웃에게 도움이 되기를 맹세한 분이라면, 모름지기 부처님 말씀대로 행할 일이다.

　　여설수행은 말씀 들은 대로 수행하는 것을 말한다. 즉, 하라는 대로 하는 것이다. 우리는 흔히 이렇게 하라는 친절한 안내를 듣고도 들은 대로 하기보다는 내 생각대로 하는 습이 있다. 말씀은 이렇게 들었는데, 나는 내 하던 식대로 저렇게 하는 것이다. 이것은 '여설수행'이 아니다. 고난을 만났을 때 우왕좌왕 고집 부리지 말고 부처님 말씀을 상기하며 부처님이 일러주신 대로 해 보라. 아마 신기하게도 고난에서 빠져나오게 될 것이다. 그것이 진실한 여설수행공양이다.

105　'빈궁한 사람이 아무리 남의 보배를 세어도 자기 몫은 없는 것처럼 듣기만 하고 말한 대로 수행하지 않는 것도 이와 같다[不能如說行 多聞亦如是(「보살명난품」)].', '보살이 말한 대로 수행하기에 빨리 보리를 얻는다. 만일 보살들이 말한 대로 행하지 않으면 이 사람은 부처의 보리를 영원히 떠날 것이니, 그러므로 보살은 마땅히 말한 대로 행할지니라(「이세간품」).' 등은 여설수행의 중요성을 설하는 대목이다.

한편 여설수행공양은 모든 수행법을 다 닦아야 함을 말한다. 부처님은 여러 수행법을 일러 주셨고, 또 그렇게 해야 원만수행이 가능하며 저 다양한 근기의 모든 중생 제도가 가능하기 때문이다. 하나의 수행을 잘하는 것도 물론 중요하다. 그러나 그 하나는 전체로 가는 하나가 되어야지, 다른 것을 배척하는 하나가 되면 안 된다.

– 이익중생공양

중생에게 이익을 준다는 것은 단순한 선행 이상의 의미가 있다. 「현수품」에서는 '만일 일체중생 이롭게 하면, 생사 속에 있어도 근심 없으리'라는 말씀으로 이익중생의 공덕을 찬탄한다. 또 『중아함경』에서는 '진리에 눈 뜬 사람은 설령 진실한 것일지라도 그것이 상대를 위하는 것이 아니면 말하지 않는다. 그러나 그것이 사실이요 진실하며, 더구나 상대를 위하는 것이라면 아무리 상대에게 불유쾌한 일일지라도 그것을 말한다.'며 중생에게 이익을 주는 것이 모든 덕행의 기준임을 말한다. 이익중생은 행원품에서는 단지 법공양의 하나로 소개되었지만, 이것이야말로 화엄 핵심 사상 중 하나다. 중생을 이익하는 것은 『화엄경』 첫 시작부터 기술되며 부처님이 이 세상에 나오신 이유이기도 하다. 이익중생의 서원은 『화엄경』 전반에 걸쳐 쉬지 않고 흐른다.[106] 우리가 이 세상에 오는 이유는 그것이 인간이든 미물

---

106 若有善根 不欲饒益一切衆生 不名廻向. 隨一善根普以衆生 而爲所緣乃名廻向(제1회향); 菩薩最勝道 利益諸群生 如是初地法 我今已說意(환희지); 一切世間利益者 所修菩薩最勝行(이구지); 一切衆生普利益 彼諸菩薩最勝行(발광지).

이든 심지어 무정물이든 모두 이익중생 하기 위해서다. 우리가 어떤 삶을 살든 내가 잘 하는 한 가지로 이익중생 하는 삶을 사는 게 중요하고 또 필요하다. 노래 잘 하는 분은 노래로, 사업 잘 하는 분은 사업으로, 머리 좋은 분은 학문으로 이익중생한다. 여기에는 귀하고 천한 것이 없다. 우리가 어리석어서 귀하고 천하게 생각하는 것이다. 우리는 늘 내가 하고 있는 일이 이익중생인가 되돌아 볼 필요가 있다. 그리고 행여나 얻는 게 있다면 그것이 과연 이익중생의 결과인지, 아니면 내가 남의 공덕을 불법적으로, 또는 나의 이익중생보다 더 큰 이득을 취하는 것은 아닌지 반드시 되돌아봐야 한다. 여법하지 못한 이득은 결국 나쁜 결과를 낳는다. 부와 명예를 얻더라도 이익중생하며 얻어야 참된 것이다. 이웃에게 이익되지 못하고(예:사기, 협박, 뇌물 등) 얻는 부와 명예는 그것이 아무리 크더라도 결국 모두 허망하게 찰나에 사라진다.

– 섭수중생공양

모든 중생을 안아주는 공양이니, 「십회향품」에는 '일체 세간의 모든 중생을 평등한 마음으로 모두 껴잡아 그가 행한 갖가지 좋은 업으로 그들이 빨리 부처를 이루게 하네(등일체제불회향)'라며 평등심으로 일체중생을 섭수할 것을 말한다. 이러한 평등심으로 크게 네 가지를 말하니 평등대비, 평등대원, 평등지혜, 평등방편으로 일체중생들을 거두어 주는 것[攝諸衆生]이다(「입법계품」). 원효의 화쟁도 섭수중생의 한 모습이다.

- 대중생고공양

중생의 고통을 내가 대신 받는 공양이니, 「십회향품」에는 '중생들은 한량없는 악업을 짓고 그 업에 의해 한량없는 고통을 받는다. 그리하여 부처님을 보지 못하고 바른 법을 듣지 못하며 깨끗한 스님네를 알지 못한다. 저 중생들은 한량없는 큰 죄업을 지었으니 반드시 무량무변한 고초를 받을 것이다. 나는 그들을 대신해 그 고통을 받음으로써 그들이 다 해탈을 얻게 하리라(구호일체중생이중생상회향).', '왕의 자리를 요구하더라도 조금도 아낌이 없으며, 감옥에 갇힌 중생을 보면 재물과 보배와 제 몸을 희생해서라도 그들을 풀려나게 하며, 사형을 당하게 될 죄수를 만나면 자신의 목숨으로 대신한다(수순견고일체선근회향).'는 말이 나온다.

「입법계품」의 대원정진력주야신은 과거생에 국왕의 아들로 태어났을 때 옥의 죄수들이 고통받는 걸 보고 왕에게 용서를 구하다 신하들의 반대에 부딪친다. 죄인을 놓아 주고 자신이 대신 고통받겠다고 제안하여 사형을 당할 지경까지 이르지만, 마침내 부왕과 신하들을 감복시켜 자신도 죄인도 살게 된다. 경전의 대중생고 및 인욕의 모습은 육바라밀의 무대가 어디인지 알려 준다. 장좌불와와 몇만 배의 절 등만이 정진, 인욕이 아니라 바로 삶이 그런 육바라밀이 펼쳐지는 무대인 것이다. 삶의 인욕, 정진은 수행에서의 인욕 정진보다 훨씬 더 치열하고 현실적이다. 그리고 「십회향품」에는 현대의 장기 기증으로 생각될 수 있는 회향(제6회향)이 길게 설해지는데, 이 역시 대중생고공양의 한 방법일 수도 있을 것이다.

- 근수선근공양

선근을 심는다 함은 두 가지 뜻이 있다. 하나는 좋은 인연을 맺는 것이요, 또 하나는 문자 그대로 인연의 뿌리를 깊이 심는 것이다. 선근을 심는 것은 매우 중요하다. 좋은 인연이 있어야 부처님 가르침도 배우고, 좋은 인연이 있어야 중생을 제도할 수가 있다. 또 인연을 깊게 심어 놔야 외풍에 흔들리지 않고 공부도 여법하게 할 수 있고 중생 제도도 여법하게 이룰 수 있다. 선근은 이렇게 중요하다.

선근은 다른 불교 용어로 자량(資糧)의 뜻도 되는데, 자량에는 지혜자량과 복덕자량의 두 가지가 있다. 지혜자량이 없으면 교리를 통할 수 없으며, 복덕자량이 없으면 공부를 하려 해도 할 수가 없다. 공부를 안 할 때는 아무 일도 없는데 공부만 하려 들면 주위에 무슨 일이든 없던 일들이 마구 생기니, 박복하여 공부할 인연을 맺지를 못하는 것이다. 이렇게 지혜와 복덕을 심는 것이 근수선근공양이다.

『화엄경』에서는 중생을 구제하려 일체 선근을 닦으며(「십주품」), 선근을 닦을 때 늘 '이 선근으로 일체중생을 이롭게 하고 모두 청정케 하여, 마침내는 지옥 아귀 축생 염라왕 등의 한량없는 고통을 영원히 떠나게 하여지이다(「십회향품」)'라며 서원을 발하고, '가는 곳마다 선근을 심고 모든 선근으로 회향하여 중생에게 평등하게 이익을 준다(「십회향품」)'고 말한다. 심지어는 선근을 심지 않으면 보리심을 내지 못한다(「입법계품」)는 말씀까지 하며 선근의 중요성을 강조한다. 그리고 「여래출현품」에서는 '비록 업이 깊어 부처님을 뵙고 법을 들으면서도 좋아함을 내지 못하더라도 역시 선근을 심게 되어 그것은 헛되지 않으며 필경에는 열반에 들게 된다.'며 선근의 공덕을 역설한다.『대품반야』「문자품」에도 '선근으로 깨달음에 나아간다'고 말한다.

– 불사보살업공양

『화엄경』은 경 전체가 보살행에 관한 가르침이라 해도 과언이 아닐 것이다. 물론 몇몇 품들은 비로자나계의 장엄에 관해 언급하지만 그조차 중생을 위해 출현하신 부처님을 빠뜨리지 않는다. 보살의 일이란 육바라밀 사섭법(四攝法)을 닦는 것부터 중생을 위해 생사의 바다에 뛰어드는 일까지 한두 가지가 아니다. 이런 보살의 일체 자비행, 지혜행을 버리지 않는 것이 법공양이다. 당장 여설수행공양부터 대중생고공양까지 이 자체가 불사보살업공양이다. 선재의 구도도 불사보살업공양이다.『화엄경』전체가 보살도 아닌 게 없다. 한마디로 말하면 보현행원이 보살행의 총 대명사다. 이를 「십정품」에서는 '보현행원으로 보살행을 닦는다[以普賢行願 盡未來劫 修菩薩行 入如來海 不生疲厭].'라 말한다. 즉 보현행을 하면 불사보살업공양이 '저절로' 되는 것이다. 이와 같이 경전에 설해지는 모든 공덕이 '저절로' 되는 것이 보현행원의 큰 특징이다. 무엇을 해도 보현의 품을 벗어나질 못한다. 따로 설해지고 따로 존재하지만 결국에는 모두 보현으로 융섭된다.

– 불리보리심공양

『화엄경』여러 곳에서 보리심에 관한 법문이 펼쳐진다. 「초발심공덕품」, 「이세간품」, 그리고 「입법계품」이 대표적인데, 그 외에도 보리심의 중요성에 관해 곳곳에서 설해진다. 그중에서도 특히 「입법계품」은 전체가 보리심으로 가득 차 있다 해도 과언이 아니다. 선재의 구도행 자체가 보리심을 떠나지 않는 공양의 연속이었다.

선재는 선지식을 만나러 갈 때 언제나 자신이 받은 가르침을 깊이 기억하고 사유한다[憶念思惟善知識敎]. 그리고 선지식을 만나면 절하고 합장하며 자신의 보리심을 말하고 보살의 행과 도에 관해 묻는다. 이에 선지식은 선재의 보리심을 찬탄하며 당신이 얻은 해탈 경계에 관해 말해 준다. 그리고 당신은 겨우 당신이 얻은 경계밖에 모르므로 다른 부분은 다른 선지식을 찾아 다시 물어 보라 일러준다. 가르침을 얻은 선재는 선지식 앞에 엎드려 절하고 수없이 선지식 주위를 돌며 합장으로 이별을 고한 뒤 다시 길을 떠난다. 이때 자신이 배운 가르침을 잊지 않고 사유하며 끝없는 길을 간다. 이렇게 보면 선재의 구도 여행 전체가 보리심의 길이다. 이렇듯 보리심을 떠나지 않았기에 선재는 언제나 가르침을 받을 수 있었고, 또한 마지막으로 보현보살을 만났을 때 삼세의 부처님과 보현보살, 그리고 선재 자신이 조금도 차별이 없음을 깨닫게 된 것이다.

보리심은 한결같은 마음이요 원만한 마음이요 완벽한 마음이다. 처음도 중간도 끝도 똑같은 마음이다. 그러니 처음 마음을 낼 때 그 마음이 바로 깨달음을 이미 이룬 마음이라 하는 것이다. 따라서 물러나는 마음, 한결같지 못한 마음은 보리심이 아니다. 다만 우리가 그것을 보리심이라 곧잘 착각한다. 경은 '발심은 한번으로 끝나는 것이 아니다. 수없이 다시 발심해야 한다.'고 이른다.

보리심은 변하는 법이 없다. 나약해지지도 물러서지도 않는다.

똑같이 한결같이 밀고 나아간다. 환희가 와도 더하지 않고 실망이 와도 덜해지지 않는다. 쉬운 길을 만났다고 방일하지도 않고 어려운 길을 만났다고 겁약해지지도 않는다. 시간 있으면 찾고 내가 유리하면 돌아보고 바쁘면 팽개치고 불리하면 돌아보지도 않는 마음이 아니다. 언제나 한결같은, 언제나 완벽한, 생멸 거래가 없는 그런 마음이 보리심이다. 그런 이유로 경에서는 '일체중생의 고통을 구하고 싶으면 어서 빨리 보리심을 발하라'라고 이르는 것이다(「초발심공덕품」). 보리심으로 삼세의 부처님이 출현하시고, 보리심으로 모든 보살들이 부처를 이루고, 보리심으로 중생은 이기적이고 찰나적인 어두운 삶을 떠나 더 밝은 삶, 더 밝은 세계로 나아간다.

참회업장
미안하다

1. 왜 참회하는가?

① 참회는 새 출발의 전환점

참회는 모든 잘못된 삶을 청산하고 새로운 삶으로 나아가는 분기점이다. 우리는 참회를 통해 온갖 갈등과 상처를 치유하고 새로운 희망의 세계로 가게 된다. 잘 살든 못 살든 삶은 매번 리셋(reset)이 필요하다. 항상 원점에서 다시 출발하는 것이다. 그 리셋의 출발점이 회개 및 참회다. 과거에 얽매이지 마라. 과거는 잘 됐든 아니든 어둠이다. 미래로 가려면 과거에서 멀어져야 한다. 그래야 밝은 미래가 다가온다. 실망할 것 없다. 다시 시작하면 된다.

② 진정한 수행은 참회로부터 출발

진정한 수행은 참회로부터 출발한다. 잘난 줄만 알았던 내 죄가 하늘보다 높은 걸 알 때, 아무 잘못도 없는 줄 알았던 나의 삶이 바다보다 깊은 잘못으로 가득 차 있음을 알 때, 어긋난 모든 중생의 삶은 비로소 갈등이 해소되며 화해를 이루고 모두가 환희의 새 출발을 하게 되는 것이다. 『열반경』「범행품」에는 세상에 두 가지 지혜로운 이가 있다고 한다. 하나는 아예 처음부터 나쁜 일을 저지르지 않는 이, 또 하

211

나는 비록 잘못을 저질렀더라도 금방 참회하는 이로, 이 두 사람 모두가 지혜로운 이라는 것이다.

그리고 세상엔 두 가지 선법이 중생을 구제하는데 그것은 참(慚)과 괴(愧)이며, 참괴가 없으면 축생이라 한다.[107] 결코 제도될 수 없는 일천제가 타락하는 가장 큰 이유도 부끄러운 줄 모르고, 두려워하지 않고, 참회하지 않기 때문이라고 한다. 또 '한 가지 작은 선이 백 가지 악을 깨뜨린다'며 죄는 덮어 두지 말고 털어놓고 참회하라고 한다. 참회는 이렇게 중요하다. 살다 보면 누구나 잘못할 수 있는 법. 정녕 지혜롭고 지혜롭지 못함을 나누는 경계는 참회에서 출발한다. 참회하면 비록 잘못이 있더라도 그 즉시 밝아진다.[108]

업장은 어디서부터 녹는가? 바로 '나'로부터 녹는다. 천하의 모든 사람이 잘못을 모른다 하더라도 그분들을 탓해서는 안 된다. 내가 참회할 때 온 세상이 참회하게 된다. 그런 의미로 볼 때 남 탓할 이유는 하나도 없다. 내가 밝아지면 남도 밝아진다. 내 등불 내가 밝혀야지 어둠을 탓할 필요가 전혀 없다. 예수도 인류의 잘못을 당신의 잘못으로 알아 기꺼이 골고다의 언덕길을 올라 십자가에 매달렸고, 부처님도 중생의 허물을 당신의 허물로 안고 가셨기에 해탈과 성불을

---

107 참은 스스로 자기 죄를 부끄럽게 여기는 것, 괴는 자기 죄 때문에 다른 사람들을 향해 민망스레 생각하는 것이다. 무참은 죄를 짓고도 반성하지도 부끄러워 할 줄도 모르는 것이고 무괴는 죄를 지어 다른 사람에게 피해를 입히고도 당혹한 기색 없이 뻔뻔스러운 것을 말한다. 이기영은 무참 무괴의 사람들이 근래에 너무 많아지고 있다고 한탄한다. (『원효사상 70강』, 247-248쪽)

108 죄의 좋은 점은 본래 없지만, 참회하면 소멸되는 것이 죄의 장점이라고 한다. (초펠, 『티벳스승들에게 깨달음의 길을 묻는다면』, 하늘호수, 2005, 168쪽)

이루신 것이다. 예수의 참회로 인류의 원죄가 허물어지고, 부처님의 성불로 중생의 무명이 벗겨진다.[109]

　실지로 진실한 공부는 참회에서부터 시작된다고 할 수 있다. 그런데 이렇게 중요한 참회가 왜 보현행원에는 네 번째에서야 나올까? 그것은 참회란 자칫 사람을 어둡게 만들기 쉽기에 참회를 하기 앞서 밝은 마음의 준비가 필요하기 때문이다. 참회는 속성이 어둡다. 밝은 참회는 쉽지 않다. 남 탓하는 사람들은 당당한데 자신을 탓하는 사람들은 오히려 어두운 것을 자주 볼 수 있는 이유도 이런 데 있다. 그러므로 참회를 하기 앞서 밝은 참회가 이루어질 밝은 마음의 준비가 필요한 것이다. 그런 이유로 보현의 참회는 네 번째에 가서야 나온다. 즉 참회는 공경, 칭찬 등의 밝은 행으로부터 유도되며 공경하고 칭찬, 공양할 때 이미 시작되고 있는 것이다. 그러니 순서로는 비록 네 번째에 참회가 나오지만 보현의 참회는 이미 공경에서부터 이루어지고 있다(이것이 다음 설명에 나오는 보현의 밝은 참회이다).

---

109 예수의 대속은 현실과 수행면에서도 큰 의미를 지닌다. 잘못을 모르면 잘못의 상처는 몽땅 피해자가 뒤집어쓴다. 상대가 잘못을 모르면 잘못의 결과는 모두 피해자의 몫이 된다. 그 뒤집어쓴 상처를 원상 복구하는 방법이 대속이니 내가 대신 안고 가는 것이다. 남의 잘못도 내가 대신 사과와 참회를 할 때 미흡하나마 피해자의 상처도 비로소 치유되기 시작하고 화해의 씨앗이 싹틀 수 있다. 그래서 중요하다. 이런 대속은 가해자의 가족이 될 수도 있고 주위 사람이 될 수도 있다. 예수의 대속은 잘못을 모르는 일체 피조물에 대한 대속이다. 예수가 대신 죄를 짊어짐으로써 잘못을 모르던 피조물들이 비로소 당신의 잘못을 알게 되었다.

2. 행원에서의 참회

① 알라! 인정하라

보현참회(普賢懺悔)는 모두 7단계로 구성되는데, 먼저 일단 네 잘못을 알라고 가르친다. 네가 어리석고 몰라서 그렇지 알고 보면 네 죄는 허공을 가득 채우고도 남는다고 말한다. 이것이 온갖 잘못을 저지르고 남에게 온갖 상처를 주면서 자신은 아무 잘못도 없는 줄 알고 살고 있는 우리의 여실한 실상이다. 그러니 점점 더 뻔뻔해지고 더 큰 상처를 남에게 준다. 그런 우리를 보고 네 잘못을 알고 참회하라고 말하는 것이다.[110] 잘못을 아는 것이 중요한 이유는, 잘못을 모르면 고칠 수가 없기 때문이다. 잘못을 모르면 화해도 불가능하다. 그런 기회조차 갖지 못한다. 또 잘못을 알아야 더 이상 안 짓게 된다. 모르고 짓는 잘못은 끝이 없지만 알고 짓는 잘못은 잘못을 인식하기에 언젠가는 멈추게 된다. 『밀린다왕문경』에서 나가세나 비구는 모르고 짓는 잘못이 사실은 알고 짓는 죄보다 더 크다며 불에 데이는 사람의 비유를 든다. 불에 데이는 줄 알면 덜 데이지만, 모르고 있으면 더 크게 데인다는 것이다.

이런 이유로 일상에서의 참회는 아는 잘못만 아니라 모르는 잘못의 참회도 중요하다. 내가 인지하지 못하는 잘못까지 함께 참회하

---

110 나를 가로막는 어떤 일에도 대립하지 말고, 원망하지 말고, 참회가 필요하다. 내가 기억하지 못할 뿐, 그 모든 일이 나의 잘못된 한 생각 그리고 지난날 지은 잘못이 드러나는 것이기 때문이다.

는 것이다. 특히 아무리 내 기억엔 없어도 상대방이 힘들고 괴로워하면 참회해야 한다. 참회하지 않으면 피해를 준 당사자는 별 일이 없으나 피해자는 그렇지 않다. 잘못을 저지르고 뻔뻔할수록 피해를 입은 분이 먼저 쓰러진다. 죄의 속성이 그렇다. 그러므로 참회하지 않는다는 것은 이중적으로 죄를 또 저지르는 셈이 된다. 예수가 회개하지 않는 자에 대해서 화를 낸 이유도 이런 연유일 것이다.[111]

② 지금 참회

언제 참회하는가? 먼 뒷날이 아니라 상대가 괴로워하고 내가 나의 잘못을 안, 바로 지금 이 자리에서 참회한다.

선재동자가 미륵보살을 만나러 가다가 문득 지난 세상에 예경을 닦지 않은 걸 떠올리고 즉시 뜻을 세워 부지런히 예경을 하며[自憶往世 不修禮敬 卽時發意 勤力而行], 또 지난 세상에 잘못한 여러 일(예: 악업 지은 것 등)을 생각하고 즉시 발의하고 참회하는 내용이 「입법계품」에 나온다. 그 이전의 선지식을 만나러 갈 때는 그런 일이 없었는데, 미륵보살을 만나러 갈 때는 저절로 그런 잘못들이 생각난 것이다. 이것은 세 가지를 시사한다. 하나는 그만큼 나의 잘못을 알기 어렵다는 것(선재의 구도여행에서 모르고 지나친 자기 잘못을 알게 된 경우는 52번

---

111 가끔 모르는 내 잘못을 다른 분에게 지적해달라고 하는 것을 보는데, 그것은 위험할 수 있다. 자칫하면 아무리 좋은 뜻, 좋은 관계라도 오해가 생기고 금이 간다. 우리가 스스로 알람을 설정하고 잠을 자도 깰 때 불쾌한데, 잘못은 오죽하겠는가. 잠은 스스로 깨야 한다. 잠을 깨려면 지혜가 필요한데, 그래서 자기 잘못을 모르는 분들이 그렇게 많은가 보다.

째 선지식 미륵보살이 최초로, 밝은 선재마저 미세한 잘못은 알아차리지 못했던 것이다). 둘은 잘못을 알고 난 후 미루지 않고 즉각 참회했다는 것. 셋은 보현행원을 하면 인지하지 못하던 잘못들이 하나씩 떠오르기 시작한다는 것이다. 그 이유는 표면의식이 정화되며 깊은 의식이 드러나기 때문이다. 깊은 의식이 드러나면 몰랐던 잘못도 물밑에서 물위로 나온다.

③ 이참(理懺), 무생참회(無生懺悔)

어떻게 참회하느냐? 먼저 부처님 앞에 참회한다. 부처님은 세상에서 제일 높으신 분! 그리고 우리 모든 생명의 근원이신 분! 그분 앞에 참회하는 것이다. 이것은 진리 앞에 참회하는 것이고, 또 일일이 참회의 대상을 찾아 참회하기는 현실적으로 어렵기에 대표적으로 부처님께 참회하는 것이다. 우리가 부처님 앞에 참회한다 함은 근본 참회를 함과 동시에 우리의 자성이 원래 깨끗함을 아는 것이다. 이는 참회를 하되 죄의 노예가 되지는 말라는 뜻이기도 하다. 우리는 조그마한 잘못에 자책하여 더 큰 잘못을 저지르고 결국은 패망의 나락으로 가는 사례를 자주 본다. 부처님 앞의 참회는 이런 더 큰 비극을 막아준다.[112]

---

112 세존은 금강 같은 지혜가 있어 중생들의 모든 죄악을 깨뜨린다. (『열반경』 「범행품」) 이처럼 참회 당사자가 아니더라도 부처님 앞에 참회하면 그 즉시 모든 죄악이 사라진다.

④ 사참(事懺), 작법참회(作法懺悔)

본성에서야 죄의 자성이 없다는 것은 알았더라도 흔적은 남아 있다. 우리는 구체적 참회 행위[作法]를 통해 죄의 그늘에서 벗어나게 된다. 『예불대참회문』 같은 것은 대표적인 작법참회의 하나다.[113] 카톨릭에서는 고해 성사 후 보속이라 하여 반드시 죄에 상응하는 선행을 시키는데, 이는 불교의 사참에 해당하는 것이라 하겠다.

⑤ 청정삼업 성심참회

그런데 행원에서의 작법참회는 밝은 행으로 어둠을 몰아내는 것이다. 신세를 한탄하고, 자신을 저주하며 학대하고, 어느 누군가가 나를 죄에서 구원하기를 갈망하는 그런 참회가 아니다. 죄가 없는 그 자리[般若]에서 스스로 밝은 마음, 밝은 행을 지어 감으로써 저절로 죄가 사라지게 하는 방법이다. 잘못은 자기 학대가 아니라 장차 밝은 행을 지어감으로써 지워나가는 것이다. 어둠은 어둠으로 사라지지 않으며 오직 밝은 등불에 의해 저절로 사라진다. 그러므로 우리는 깨끗한 마음, 밝은 생각, 밝은 말[淸淨三業]로 시방의 모든 부처님께 지

---

113 『예불대참회문』이 보현행원게송으로 끝나는 이유도 밝은 행, 밝은 삶이 참된 참회를 가져오기 때문일 것이다. 『예불대참회문』의 전반부는 '불설결정비니경(보적부)', 후반부는 '보현행원의 게송'으로 구성되었는데, 부처님에 대한 예참이 끝나고 종국에는 보현행원으로 밝은 삶을 다짐하게 된다. 이렇게 참회의 끝을 보현행으로 하는 이유는 '참회란 밝은 행 속에서 소멸'하기 때문이다. 보현행 자체가 밝은 마음, 밝은 행이므로, 대참회의 끝이 결국은 보현행이 되는 것이다. 중국 예참의 다섯 가지 참회(五悔)의 내용은 찬탄, 참회, 권청, 수희, 회향으로 모두 보현행원의 가르침과 일치한다. 보현행원 자체가 참법인 셈이다.

극한 마음으로 섬기고 참회[誠心懺悔]한다. 시방의 모든 부처님께 참회함은 진리에 참회 및 모든 사람에게 참회함을 의미한다.

　　참회는 후회가 아니다. 참회는 밝은 마음이요 후회는 어두운 마음이다. 또 참회는 미래를 향한 마음이요 후회는 과거를 붙잡는 마음이다. 반성과 자책도 마찬가지로, 반성은 미래를 향한 마음이고 자책은 과거에 집착하는 마음이다. 그러므로 반성은 밝고 자책은 어둡다. 과거에 붙잡힐수록 어두워지고 과거에서 멀어질수록 밝아진다. 병든 보살을 위로하는 방법 열 가지에서 유마힐은 죄를 뉘우치라고 말하지만 과거로 몰입하라고는 하지 않는다[說悔先罪 而不說 入於過去(「문수사리문질품」)].

⑥ 후불부조참회

또한 참회를 한 이상, 다시는 같은 잘못을 되풀이하지 말아야 한다. 참회는 일시적인 것이 아니다. 같은 잘못을 완전히 되풀이하지 않을 때까지 이어져야 한다. 또한 오늘의 잘못에서 교훈을 얻어 내일의 영광으로 변한다면, 오늘의 이 아픔은 충분히 그만한 가치가 있다(어린아이의 실수가 용납되는 것도 이런 이유다). 이처럼 오늘의 잘못이 영원한 잘못이 되느냐, 아니면 내일의 축복이 되느냐는 전적으로 지금 나 하기에 달린 것! 그러므로 중요한 것은 '내가 얼마나 잘못했느냐'하며 오늘의 잘못을 후회하고 한탄하는 것이 아니라, 나의 잘못에서 얼마나 교훈을 얻고 앞으로 어떻게 살아가느냐 하는 것이다. 사람이 먼저는 잘못이 있어도 뒤에 삼가 다시 짓지 않으면, 달이 구름에서 나온 것처럼 능히 이 세상을 비출 것이라고 『법구경』은 말한다.

후불부조(後不復造)는 마음, 즉 결심이 중요하다. 식물이 곤경에 처하면 급격한 돌연변이가 일어나는데, 이는 식물에 들어 있는 의식(意識, 불교적으로는 識)의 강한 전환이 만들어내는 일이다. 원래 돌연변이는 누대에 걸쳐 일어나지만 환경이 아주 척박할 땐 생존을 위해 아주 강력한 삶의 의지를 일으키는데, 이것이 유전자에 변화(jumping DNA의 발현)를 일으켜 짧은 시간에 변이를 만든다. 우리의 습도 마찬가지다. 우리 의식(아라야식) 깊숙이 뿌리 박힌 누대의 습을 끊기란 여간 어려운 일이 아니다. 그러나 강한 의식 전환[廻心]은 단박에 그 습을 끊어 버린다.

⑦ 항주정계일체공덕(恒住淨戒一切功德) 참회

그러한 참회를 통해 우리는 마침내 부처님 무량공덕 속에 머무르게 된다. 부처님 공덕 속에 머무르지 못하는 참회는 제대로 된 참회가 아니니, 참회를 진실로 여법하게 했다면 우리는 반드시 죄가 없는 청정본성, 부처님 무량공덕의 그 자리까지 나아가야 한다.

우리가 잘못에서 배울 것은 크게 세 가지다. 첫째, 잘못을 알아차리는 것. 둘째, 두 번 다시 같은 잘못을 되풀이하지 않는 것. 셋째, 오늘의 잘못(또는 아픔)에서 교훈을 얻는 것. 그래서 오늘의 잘못이 내일의 축복 되게 하는 것인데, 잘못에서 교훈을 배우면 남는 장사다. 사람은 실수, 잘못을 통해 성장하기 때문이다. 잘못하지 않으면 지혜가 자라지 않는다[不經一事 不長一智].

보현행원에서의 참회는 행원 자체다. 예경제불, 칭찬여래, 광수공양, 수희공덕이 바로 밝은 참회의 구체적 행인 것이다. 우리가 많은 잘못을 저지른 것은, 공경해야 할 대상을 공경하지 못하고, 칭찬할 분을 칭찬하지 못하고 섬기고 모셔야 할 분들을 또 그렇게 하지 못했기 때문이다. 그러므로 공경하고 찬탄하고 섬기는 그 자체가 이미 참회행이다. 우리는 보현행원을 할 때 이미 참회의 문으로 들어가고 있는 것이다. 따라서 보현행원을 할 때는 참회를 따로 안 했다고 걱정할 필요가 없다. 비록 참회는 네 번째에 나오지만 보현행 그 자체로 우리는 이미 참회행을 하고 있었던 것이다. 이것은 다른 행원도 마찬가지인데, 행원 항목 하나하나는 다른 행원의 도구가 된다. 앞서 칭찬여래에서도 말했듯 예경제불의 구체적 방법이 칭찬이요 공양이요 참회요, 공양의 구체적 모습이 공경, 칭찬, 참회, 수순, 회향이다. 그러므로 행원에 비록 순서가 있으나 그것은 일종의 방편일 뿐 사실은 행원 하나하나에 모든 것을 포함하고 있다. 화엄 핵심 사상의 하나인 일중다(一中多), 다즉일(多卽一)이 행원에도 똑같이 적용되는 것이다. 그렇게 알고 행원을 지어나가야 밝고 원만한 행원을 할 수 있다. 공경을 칭찬과 연결하지 못하고 공양을 회향과 연결 짓지 못한다면 행원은 다만 개별적 행 하나하나로 끝나고 만다. 우리는 그렇게 보현행원 열 가지를 행함으로써 마침내 참회업장에서 일러주는 일곱 단계의 보현참회를 완성하게 된다.

　이렇게 장황하게 말했지만 사실 참회가 별로 어려운 것은 아니다. 보현참회는 일곱 단계로 구성되어 있지만, 그것은 어디까지나 완벽한 참회를 위한 하나의 지침일 뿐이다. 일상에서 참회는 단지 '미안하다'는 말 한마디만 해도 이루어진다. 잘못한 것을 알았을 때, 혹은 무엇을 잘못했는지는 몰라도 상대방이 나로 인해 힘들어 할 때 용기를 내어 미안하다는 말 한 마디만 할 수 있다면 훌륭한 참회는 이미 이루어지는 것이다. 금하광덕은 내 마음의 어두운 그림자를 제거하는 방법으로 일체를 반야로 보는 것[般若眼, 一切空], 참회, 칭찬여래를 든다. 참회는 자기 잘못을 스스로 인정하고 밝은 진리 앞에 나타내 보이고 잘못했다고 느끼는 것으로, 참회할 때 마음 속 어둠은 다 녹아 없어진다고 한다.[114]

---

114   『메아리 없는 골짜기』, 1994, 112-113쪽.

수희공덕
같이 기뻐하다

1. 왜 같이 기뻐하는가?

① 우리의 본 생명이 본래 하나

수희공덕은 남의 기쁨을 같이 하는 것이다. 남이 기뻐하면 시기하고 질투하는 것이 아니라, 내 일처럼 기뻐하는 것이다. 『청정도론(清淨道論)』에서는 '더불어 기뻐함의 특징은 다른 자의 성공을 기뻐함이다. 질투하지 않는 역할을 한다(연민수행).'며 수희의 공덕을 설한다.

② 같이 기뻐함으로 하나가 된다

우리는 같이 기뻐함으로써 하나가 된다. 아무리 사이가 안 좋더라도 상대의 기쁜 일을 내 일처럼 기뻐하면 친구가 된다. 이러한 수희공덕의 수행은, 본래 하나였지만 이해관계를 비롯한 갖은 이유로 갈라진 중생계를 하나로 다시 되돌리는 결과를 가져온다. 우리는 흔히 '일체 중생은 하나다'라고 말하지만 하나 되는 방법을 알지 못한다. 수희는 갈라졌던 우리를 바로 그 즉시 하나로 만들어준다.[115]

---

[115] 석가모니 부처님 당시 파사익왕이 부처님께 자기처럼 왕으로 살면서 수행할 수 있는 방법이 무엇인가 물었을 때, 부처님은 '수희하기, 보리심 일으키기, 회향하기'의

③ 희망과 용기를 얻는다

또한 남의 일을 내 일처럼 같이 기뻐해 주면 당사자는 더 큰 용기와 희망을 가지게 된다. 그리하여 충만한 자신감으로 미래를 맞이하게 되며, 따라서 불성 생명은 하루가 다르게 밝게 성장한다.

④ 기쁨을 주면 기쁨을 받는다

남의 공덕을 기뻐하면 나에게도 그런 공덕이 온다. 타인의 공덕을 기뻐하는 것이 바로 우리에게도 그러한 공덕이 똑같이 오는 지름길이다. 우리는 이웃의 큰 공덕, 기쁨을 우리의 기쁨으로 맞이하지 못하는 경향이 있는데 그것은 부러움, 질투심 때문이다. 그러나 우리가 수희공덕에서 잊지 말아야 할 가르침은, 함께 기뻐하면 비록 지금은 아니더라도 다음에 올 공덕은 내 몫이라는 것이다. 즉 남의 기쁜 일에 함께 기뻐하지 않으면 다음에도 계속 남의 공덕만 쌓여 기쁜 일은 계속 남의 일이 되지만, 지금 남의 기쁜 일을 내 일처럼 함께 기뻐하면 다음에 올 기쁜 일은 우리의 몫이 되는 것이다. 우리는 이 단순한 사실을 몰라 부러움, 질투로 다음에 올 나의 기쁨을 우리의 것이 되게 하지 못하고 그만 놓쳐 버리고 만다. 그리고 저 무한한 행복을 우리 것으로 만들지 못하고, 끝없는 좌절 속에 우리의 남은 삶을 보낸다. 수희공덕은 이런 어리석음을 막아 준다.

『대품반야경』 「수회품」에서 미륵보살은 수보리에게 수회가 얼

세 가지를 권하면서 수회의 마음자세로 질투하거나 비교하는 마음이 없어야 한다고 말씀한다. (『티벳스승들에게 깨달음의 길을 묻는다면』, 157쪽)

마나 큰 공덕인지 설명한다. 가령 개개인이 이룩하는 육바라밀이 아무리 훌륭해도, 타인의 복덕을 함께 기뻐하고 일체중생들과 함께 이를 아뇩다라삼먁삼보리에 회향하는 복덕이 최상이라고 한다. 왜냐하면 개인의 바라밀 행은 스스로를 조정하고 맑게 하고 제도하기 위함이나 보살의 수희는 일체중생을 위함이기에 그렇다는 것이다. 또 「정원품(淨願品)」에서 부처님은 제석천에게 '삼천 대천세계의 무게는 달아서 알 수 있어도 초발의보살, 구발의보살, 불퇴전보살, 일생보처보살의 공덕을 함께 기뻐하는 공덕은 측량할 수가 없다. 만약 어떤 이가 보살의 공덕에 능히 이처럼 기뻐하고 회향하면 항상 많은 부처님을 뵙고 선근을 심는다.'고 일러준다.

⑤ 법계는 본래 축제의 장

그러나 보현행자가 남의 일을 같이 기뻐하는 것은 단지 그러한 이유에서만은 아니다. 우리의 본래 생명이 기쁨이요, 이 법계의 본래 속성이 기쁨뿐이므로 그렇게 하는 것이다. 세상은 본래 기쁨뿐이다. 겉보기에는 온갖 고통, 고난, 비극과 슬픔이 난무하는 것 같지만, 우리가 사는 이 세상은 본래 생명의 자리다(우리도 부처님을 단순한 진리가 아니라 영원한 생명의 자리, 영원한 생명의 부처님으로 봐야 한다). 생명의 축제가 사시사철 벌어지는 곳이 바로 우리가 사는 이 세상의 실제 모습인 것이다. 생명이 있는 곳은 기쁨뿐이다. 영원한 생명의 자리! 온 만물이 마음껏 자신의 생명을 노래하는 자리! 그것이 온갖 모순, 고통과 생멸이 가득한 것 같은 이 세상의 진짜 모습이다. 우리는 그것을 알기에 한 중생의 티끌만한 공덕도 같이 기뻐하는 것이다.

2. 행원에서의 수희공덕

① 부처님의 출가와 성불을 기뻐한다

『화엄경』에서는 삼세 부처님이 깨끗한 법륜을 굴려 한량없는 중생을 제도할 때, 보살은 그 중생들이 얻는 선근을 기뻐하고, 삼세 부처님이 처음으로 발심하여 보살행을 닦아 나아가서는 부처가 되고 열반에 드는 것을 보이는 동안에 얻은 선근을 다 기뻐한다. 그 부처님이 열반한 뒤에 보살은 부처님이 바른 법을 받들어 지니고 수호하며 법이 없어질 때까지 닦은 선근과, 부처님을 생각하는 경계에서 닦은 선근, 자기 경계에서 닦은 선근 및 위없는 보리 경계의 선근 등을 모두 회향한다. 그리고 보살은 '이 모든 선근은 모든 부처님의 장엄한 세계에서 한량없는 행업으로 생긴 것이요, 부처님의 지혜로 아는 것이며 보현보살의 깨끗한 업에서 일어난 것이다(「십회향품」 무진공덕장회향)'라고 생각하며 행원의 수희를 찬탄한다. 즉, 우리가 기뻐해야 할 대상은 부처님의 일체 공덕인 것이다. 「보현행원품」을 보면 행원 공부의 출발점은 항상 부처님이다. 왜냐하면 부처님은 시작과 끝, 그 전부이기 때문이다. 우리는 부처님으로부터 모든 것을 시작하고 부처님으로부터 모든 것을 배워 간다. 따라서 수희공덕 역시 부처님의 공덕을 같이 기뻐하는 것으로 시작한다.

② 선지식의 공덕을 기뻐한다

선지식, 보살의 공덕을 기뻐한다. 일체의 선지식을 기뻐하니, 이는 비단 대승 보살뿐 아니라 이승(二乘; 연각, 성문) 선지식, 유학·무학의 공덕도 기뻐한다. 그리고 마지막으로 보살이 우리를 위해 쌓은 모든 공덕을 기뻐한다. 『화엄경』 역시 다른 대승 경전들처럼 이승을 크게 높이 평가하지 않는다. 그럼에도 수희공덕원과 청불주세원에는 성문과 연각도 높이 평가하는 구절이 나온다. 보현행원의 대상은 일체중생인 것이 그 이유인 듯하다. 수희, 청불은 이승들도 당연히 받을 가치가 있기 때문이다.

선지식은 어떤 분인가? 선재동자는 관자재보살을 만나며 이런 생각을 한다.

"선지식은 곧 부처님이며 모든 법구름이며 모든 광명이며 만나기 어려우며 열 가지 힘의 근본이며 그지없는 지혜의 횃불이며 복과 덕의 뿌리의 싹이며 온갖 지혜의 문이며 지혜 바다의 길잡이며 온갖 지혜를 모으는 도구다."

선지식은 이렇듯 온갖 공덕의 뿌리다. 행원은 이런 선지식의 모든 공덕을 기뻐하라고 가르친다.

③ 일체중생의 티끌만한 공덕도 기뻐한다

일체중생의 공덕을 기뻐하니, 큰 공덕만 아니라 티끌만한 작은 공덕도 기뻐한다. 왜냐하면 모든 것은 소박한 데서, 별 것 아닌 데서 이루어지기 시작하기 때문이다. 우리는 항상 큰 것만 찾기 쉽다. 늘 큰 것, 거창한 것만 가치를 두고 그렇지 않은 것은 보잘것없다고 무시하기 쉽다. 중생계가 이렇게 장엄하게 빛나는 것은 어느 슈퍼스타 한 명 때문이 아니다. 이름 모르는 중생들이, 비록 눈에 뜨이지는 않지만 곳곳에서 힘들게 온 정성 다하여 그들의 공덕을 꽃피우고 있기 때문이다. 잘난, 완벽한 몇몇이 모여 화엄법계를 이루는 것이 아니라 일체중생이 모두 모여 서로 화합하고 조화를 이루어 화엄법계가 이루어진다. 눈 내리는 산하가 하얗게 변하는 것은 어느 큰 눈 하나가 내려 그렇게 되는 것이 아니다. 흔적조차 없는 숱한 눈이 내려 녹고 쌓인 끝에 저 산하가 저렇듯 희고 너그러이 변한다.

우리는 큰 일은 가치 있고 작은 일은 가치 없는 것으로 생각하기 쉽지만, 우리 관점에서 크고 작은 것이지 우주적 관점에서는 똑같다. 그래서 티끌만한 공덕도 함께 기뻐하는 것이다. 또 작은 일에 기뻐하면 그것이 큰 기쁨을 가져온다. 작은 것에 감사할 줄 모르는 사람은 큰 것에도 감사할 줄 모르며 작은 일에 기뻐할 줄 모르면 큰 기쁨 역시 오지 않는다. 작은 일에 감사하고 작은 일에 기뻐할 때 큰 기쁨 큰 감사가 오는 것이 우주의 본 모습이다. 그런 이유로 우리는 일체중생의 티끌만한 잘한 일도 함께 기뻐한다.

청전법륜
연화보좌에 오르는 부처님들

1. 왜 법문을 청하는가?

① 청하지 않으면 들리지 않는다: 예의·공경·격식

법문을 청하는 이유는 법문을 청하지 않으면 법문이 설해지지도, 들리지도 않기 때문이다. 아무리 노래 잘 부르는 분도 청중이 듣지 않으면 제대로 노래를 부를 수 없다. 그저 혼자 골방에서 웅얼거리는 것으로 끝날 뿐이다. 무대를 마련해야 자신의 실력을 마음껏 화려하게 꽃피울 수 있다. 청전법륜은 이와 같이 설법의 무대를 마련해 드리는 것이다. 설법의 무대를 마련해 드리지 않으면 아무리 깊은 공부를 하신 분이라 하더라도 법을 설하시기가 어렵다. 선지식이 되어 고향 방문을 초대받은 마조가 마을 입구에 이르렀을 때, 마조를 알아본 개울가의 늙은 할머니가 "나는 마조가 무슨 대단한 분인가 했더니 어릴 때 심부름이나 하던 꼬마가 아닌가?"하고 비하하는 바람에 설법도 못하고 곧바로 고향을 떠난 이야기는 청전법륜의 중요성을 말해 준다. 마조같은 뛰어난 스승님도 공경, 청법이 없으면 아무 말씀을 못하시는 것이다.

또한 법문은 청할 때 비로소 내 귀에 들려온다. 아무리 좋은 말씀, 아무리 긴요한 정보라 하더라도 내가 듣고 싶지 않으면 들리지 않는다. 그러므로 내가 나의 모든 정성을 모아 법문을 청해야 하는 것이다. 그러할 때 비로소 법문이 설해지며 법의 수레바퀴가 굴러가기 시작한다. 「십지품」이 설해질 때 금강장보살이 해탈월보살의 세 번에 걸친 청법에도 침묵을 지키는 것을, 세친은 『십지경론』에서 "그것은 대중들로 하여금 법에 대한 존경심을 깊게 하기 위함"이라고 설명한다. 「십지품」 발광지에는 "모든 불법은 무엇으로 근본을 삼는가? 그것은 법 듣기를 버리지 않는 것으로 근본을 삼는다."라며 청법의 중요성을 강조하고 "보살은 이렇게 알고 그 법을 구하기 위해 더욱 부지런히 정진하고 밤낮으로 법을 들으면서 만족할 줄 모릅니다. 즉 법을 기뻐하고 법을 사랑하며, 법을 의지하고 법을 따르며, 법에 만족하고 법을 변별하며, 법에 귀의하며, 법을 구호하고 법을 따라 행하는 것입니다. 그리하여 법을 구하기 위해 보살은 코끼리, 말, 수레, 보배, 영락, 자식, 뼈마디 수족 등, 안팎의 무엇이나 버리지 않는 것이 없습니다. 설법하는 이에게 공경하고 공양하며 아만과 태만 등 모든 교만을 다 버리며 어떤 모진 고통도 다 참고 받습니다."라며 처절할 정도로 청법의 간절함이 설해진다. 또한 '법을 듣기 위해서는 불구덩이에 들어가라 해도 기꺼이 들어갈 정도'라고 간절한 정성을 이야기한다.

② 청법은 내 자성의 법문을 듣는 것

또한 청법은 내 자성의 소리를 듣는 것이다. 우리가 본래 부처이기 때문에 부처님 법문이 사무치게 내 가슴에 와닿는 것이다. 부처님 팔만사천법문은 부처님의 소식이 아니라 사실은 중생의 소식이다. 우리가 정말로 알지 못하는 것은 들어도 이해할 수가 없다. 듣고 이해하는 것은 내가 인지는 못하고 있더라도 태생적으로 알고 있던 것들이다. 따라서 내가 부처님 가르침을 듣고 이해하는 것은 그 가르침이 사실은 본래 나의 소식이기 때문이다. 나의 소식이니 알아듣고, 나의 소식을 부처님이 가르침으로 일깨워주신 것뿐이다. 종에 소리가 없으면 종을 쳐도 종소리가 나오지 못한다.

2. 행원에서의 청전법륜

① 일체중생에게 법문을 청한다

법문을 청할 때 우리가 잊지 말아야 할 사항 하나는, 청법은 일체중생에게 요청한다는 것이다. 우리는 흔히 불교 공부한 자, 전문가들만 깨닫고 대단한 줄 안다. 그러나 알고 보면 진실로 일체중생이 깨닫는다. 하늘도 깨닫고 구름도 깨닫고 시냇물도 깨닫는다. 산속 토굴에서 용맹 정진 하시는 선지식만 아니라 시장 바닥에서 평생을 나물 팔아온 할머니도 깨닫는 것이다. 따라서 법문을 꼭 배운 이, 닦은 분들한테만이 아니라, 겉보기에 비천하고 보잘것없어 보이는 그런 분들에게까지 청해야 한다. 그래야만 완벽하고 원만한 법을 들을 수 있다. 그것이 행원에서 말하는 청전법륜의 소식이다. 그리고 그렇게 일체중생에게 법문을 청할 때 비로소 중생은 중생의 자리에서 떠나 부처님 연화좌에 오르신다. 모두가 부처가 되는 것이다.

이렇게 청법으로 법문이 설해지면 그 법의 소중함을 알아야 한다. 『화엄경』에서 미륵보살은 선재에게 '선지식의 법을 듣는 것은 흔한 일, 쉬운 일이 아니니, 선지식이 법을 설할 때는 믿는 마음, 그리고 공경심을 내되, 그 법문을 듣는 데 결코 핑계를 대고 고달파하지 말라.'며 설법이 일어나는 자리에 깊은 정성을 바칠 것을 말한다. 법은 그만큼 소중하다. 법을 소중히 여길 때 진실로 법문이 내 귀에 들려온다. 우리는 모름지기 법을 설하는 스승님들의 가르침을 소중히 여기고 함부로 대하지 말아야 한다. 가르침 중한 것을 알아야 하는 것이다.[116]

② 갖은 방편으로 청하며 청법을 멈추지 않는다

초기 경전과 대승 경전의 부처님이 법을 설하시는 장면은 조금 다른 점이 있는 것을 때로 발견할 수 있다. 초기 경전은 대중들이 모르는 것을 묻거나 법을 설하실 것을 부탁드리면 부처님께서 쉽게 요청을 수락하셨지만, 대승에 와서는 때로 부처님이 아주 단호하게 법문을 거부하시는 장면이 나오기도 하는 것이다. 대표적인 것이 『법화경』의 삼지삼청(三止三請)인데, 부처님은 사리불의 청법을 세 번이나 거절하시며 증상만 비구의 교만을 경계하신다. 『화엄경』에도 설주 보살이 대중들의 청법을 단호히 거절한 나머지, 마지막으로 부처님께 부탁드려 겨우 법을 듣게 되는 장면도 곧잘 나온다.

이러한 청법 거절의 이유는 오직 하나, '이 법을 설해도 이해할

---

116 법을 들으면 신심이 자란다. 모든 선법은 법을 들은 공덕임을 알아야 한다. (『열반경』「고귀덕왕보살품」)

수 없는 분들 앞에서는 설해도 소용이 없고, 자칫하면 설법이 (그 분들로 하여금) 오히려 업을 짓는 것이 된다'는 것이다. 그런 우려에도 불구하고 대중들은 결코 그런 일이 없을 것이며, 설사 대부분이 우둔하여 못 알아듣는다 하더라도 알아들을 수 있을지도 모를 한 명의 중생이라도 있으면 그를 위해서라도 자비를 베푸시어 법을 설해달라고 하는 것이 청법의 간절함이다. 그렇게 청법이 간절한 이유는, 간절하지 않으면 설사 부처님이 법을 설하신다 하더라도 나에게 들려오지 않기 때문이다. 법을 들을 때는 그만큼 간절한 마음, 즉 보리심이 필요하며 청법은 그러한 보리심을 일으키는 것이다.

　보현행원은 아는 마음(알음알이)을 경계하고 보리심을 일으키게 하기 위해 열 가지 행원 중 세 가지 행원에 발보리심의 가르침을 심어 놓았다. 청전법륜, 청불주세, 상수불학이 그것이다. 이 세 가지 행원의 의미는 공통적으로 보리심을 잊지 않는 것, 또는 보리심을 발하는 것이다. 그 중에서도 청전법륜은 내 모든 정성을 바쳐 법을 청하라며 가장 강하게 보리심을 발할 것을 이른다. 경은 이때 '은근하게 청하라[慇懃勸請]'고 한다. '은근권청'은 「십정품」에서 보안보살이 보현보살에게 청법을 할 때도 나오는데, 박성배에 의하면 은근이란 강압적이 아니라 백짓장에 물이 스며들듯이 조용하고 부드럽게, 그러나 끝까지 포기하지 않는 꾸준함을 의미한다.[117]

　선재동자는 문수보살을 만나 간절히 청법한다. 이렇게 간절히 청법하는 선재에게 문수보살은 구도의 길을 떠나 선지식을 친근, 공

117　송암지원 엮음, 『광덕스님 시봉일기』 권9, 도피안사, 2008, 158쪽.

양하는 것이 최초 인연이라며 그 일에 고달픈 생각을 내지 말라고 이른다. 문수는 다시 보리심을 내기도 어렵지만 보살행을 하기는 더 어렵다며, 일체지지를 성취하려면 진짜[眞] 선지식을 찾아야 한다며, 선지식을 찾는 세 가지 핵심을 설한다. 그것은 선지식에 만족하는 마음을 내지 않고, 선지식의 가르침을 모두 수순하며 선지식이 보이는 방편에 허물을 보지 말라는 것이니, 선지식의 허물로 보이는 일들은 모두 선지식의 뛰어나고 묘한 방편이기 때문에 그렇다는 것이다. 이 세 가지는 청법하는 이들이 가히 모두 명심해야 할 가르침이라 할 것이다.[118]

실지로 많은 수행자들이 선지식의 가르침에 순응하지 못한다. 특히 자기 생각에 맞지 않거나 야단, 비판을 당하면 스승에게 달려들기도 하고 심지어 험한 말을 하기도 한다. 얼마나 그런 분이 많았으면 문수보살이 얼핏 내 기준에 말도 안 되더라도 그것이 사실은 선지식의 교묘한 방편임을 선재에게 당부할까. 『대품반야경』에도 매정하게 대하는 선지식에 대한 자세가 나오는데, '선남자야 비록 그대에게 관심을 보이지 않더라도 그대는 결코 미운 마음을 낸다든지 해서는 안 된다. 그대는 오직 일심으로 법만을 생각하고 공순과 존경을 근본으로 실망하고 낙담하지 말며 어디까지나 법사에 친근해 가야 한다.'

---

118 善男子 親近供養諸善知識 是求一切智最初因緣 是故於此勿生疲厭. 善男子 若欲成就一切智智 應決定求眞善知識. 善男子 求善知識勿生疲懈 見善知識 勿生厭足 於善知識所有敎誨皆應隨順 於善知識善巧方便勿見過失. 문수보살이 선재에게 처음에는 그냥 선지식을 찾으라고 말했지만 두 번째에는 참된 선지식이라고 말한 것이 흥미롭다.

고 이른다(「상제품」).[119]

법사가 언제나 법을 설한다고 생각하지는 말아야 한다. 선지식이 항상 이 세상에 머문다고 스스로 위로해서는 안된다. 지금 아니면 언제 다시 이 법을 들을 수 있을까? 하는 간절한 마음으로 법을 들어야 한다. 두 번 다시 들을 수 없을 거라는, 비장한 각오로 듣는 것이다. 그리고 언제나 법을 청하여야 한다. 보살이 불청지우(不請之友)라 하여[120] 내가 법을 청하지도 않는데 스스로 오셔서 법을 설해 주실 것이라는 생각은 하지 말아야 한다. 보살은 자비심이 강하니 내가 지금 듣지 않더라도 나중에 또 법을 설해 줄 것이라고도 생각하지 말아야 한다.

조그마한 법이라도 배울 것이 있으면 인연 있을 때 내 몸과 마음을 바쳐 법좌를 만들고 법문을 청해야 한다. 배나무 아래 배 떨어지길 기다리듯 법사에게 법을 설해 달라고 가만히 앉아서 요구하지 말고, 내가 움직이고 내가 정성을 다해 사람들을 불러 모아 청정한 몸과 마음으로 온 정성 다 바쳐 간절히 법을 청하여야 한다. 듣고 싶은 주제가 있으면 주제도 미리 명확히 말씀드리고, 법문 후 여쭤볼 질문거리도 마련해야 한다. 그래서 법문이 끝나면 '지금 이 시간 아니면 언제' 하는 마음으로 끈질기게 그동안 공부의 의문점도 질문해야 한다. 그렇게 법을 귀하게 여기고 법사를 소중하게 생각해야 한다. 그

---

119 『대품 마하반야바라밀경(하)』, 1992, 505-506쪽.

120 청하지 않아도 스스로 찾아와 벗이 되어주는 것으로, 『화엄경』, 『유마경』, 『승만경』에 나오는 말이다. 그런데 사바세계에서 불청지우의 삶은 굉장히 피곤하다. 오해도 많이 받고, 쉽게 할 수 있는 일은 아니다.

것이 보리심이고 평범한 중생이 보리심을 발하게 되는 인연이다. 그러할 때 비로소 부처님 법이 생생하게 살아 우리 가슴에 울려 퍼질 것이다.

③ 일체중생이 성불해 있다

행원품의 청전법륜 가르침에서 우리가 꼭 잊지 말아야 할 것은 '일체중생이 성불해 있다'는 가르침이다. 경전은 '수많은 부처님 세계에 수많은 부처님들이 이미 등정각을 이루고 계신다'라고 말씀한다. 우리가 볼 때는 전혀 그렇지 않은 것 같은데, 온갖 고통만 난무하고 부처님은 도저히 계시지 않은 것 같은데, 행원품은 우리에게 '이미 부처님은 성불해 계신다.'라고 일러주는 것이다. 이것이 「보현행원품」의 청전법륜의 소식이요, 이로부터 우리는 지금까지의 점오의 세계에서 마침내 돈오의 세계로 들어가게 된다.[121]

---

121 필자는 청전법륜의 '수많은 세계에 수많은 부처님이 이미 성등정각해 있다'는 부분에 충격을 받았다. 고통 가득한 이 세계가, 온통 거친 사람만 있는 듯한 이 세계가 사실은 이미 수많은 부처님이 깨달음을 이룬 세계라니! 그때의 충격은 지금까지 필자의 가슴에 울리고 있다.

청불주세
우리에게 오시는 부처님들

1. 왜 부처님의 머무름을 청하는가?

① 실지로 열반을 늦추신다

우리가 부처님께 주세를 간곡히 원하는 것은, 그런 청불주세의 원을 발하면 실지로 부처님이 열반을 멈추시고 우리 옆에 좀 더 오랫동안 머무시기 때문이다.

생명은 생명의 끈을 놓아야만 사라진다. 다만 놓기 싫은데 놓을 수밖에 없는 분이 있고, 자기 의지에 의해 스스로 놓고 싶을 때 놓는 분의 차이가 있을 뿐이다(전자는 범부의 삶, 후자는 모든 불보살의 삶). 따라서 삼세의 모든 불보살, 선지식들께서 열반에 들려 하실 때면 간곡히 청불주세의 원을 발해야 한다. 그래야만 그 분들이 열반을 멈추고 좀 더 오래 우리 옆에 머무시게 된다. 이것은 틀림없는 사실이니 그렇게 믿고 그렇게 해야 한다.

이것은 꼭 선지식뿐 아니라 부모님들에게도 적용되니, 선지식이 중생 행복의 원을 가지고 오신 분이라면 부모님들 역시 자식들 행복의 서원을 가지고 한 생을 사신 분들이기 때문이다.『열반경』을 보면 대중들은 부처님의 열반을 가슴 아파하며 '오래도록 이 세상에 머무르며 한량없는 중생들을 이익하시고 감로법문을 연설하여 주시옵

236

소서'라며 청불주세를 간곡히 권청한다.

② 부처님을 우리 가슴에

이러한 청불주세의 원은 마침내 모든 부처님을 우리 가슴에 오게 한
다.「여래출현품」에는 '여래가 출현하는 것은 본래 서원의 힘으로, 중
생이 제도를 받을 만할 때 오신다'라 말씀한다. 즉, 우리가 밝아지지
않으면 부처님은 오지 못하시는 것이다. 오기 싫어서 안 오시는 것이
아니라, 오시고 싶어도 못 오시는 것이다. 그러므로 우리가 부처님
오심을 청하고 우리 스스로 밝아져야 한다. 부처님이 오시어 중생 제
도를 원만히 이룰 인연을 만들어 놓아야 부처님이 오시는 것이지, 그
런 인연은 하나도 만들지 않고 부처님이 오시지 않는다고 한탄해 봐
야 세상은 더욱더 어두워질 뿐이다. 손님을 맞이하려면 손님맞이 준
비를 해야 하듯, 부처님을 맞으려면 부처님을 맞을 준비를 해야 한
다. 이것은 굉장히 중요하다.

　　예수의 가르침 중에 '신랑을 기다리는 처녀들'의 이야기가 있다.
열 명의 신부 들러리가 한 사람의 신랑을 기다리는데, 어리석고 준비
안 된 처녀는 신랑이 와도 맞이하지 못한다는 내용이다.[122] 이와 같
이 부처님이 우리에게 오시게 하려면 우리도 준비를 해야 한다. 우리
마음을 계향(戒香)으로 씻고 정향(定香)으로 치장하고 혜향(慧香)으로
밝혀야 한다. 마음이 아만과 탐욕, 그리고 분노와 질투로 가득 차 가
지고는 아무리 부처님이 오셔도 오신 줄 모를 뿐 아니라 그런 분에

122　마태복음 25:1-13.

게 부처님이 오실 리도 없다. 준비된 자세와 마음가짐은 오신 부처님이 오래 우리 옆에 머물러 계시게 하는 인행(因行)도 된다. 이처럼 부처님을 이 세상에 오시게 하려면 내가 밝아져야 한다. 내가 더 밝아지고 내가 더 큰 서원을 세우고 내가 더 많은 이웃을 찬탄, 공경해야 한다.

내가 더 밝아져야 하는 이유는 다른 것이 없다. 첫째, 어둡고 더러운 곳에 귀한 분을 초대할 수는 없기 때문이다. 그러므로 부처님보고 오시라 하기 전에 내가 더 밝은 마음을 낼 일이다. 두 번째, 부처님은 혼자 오시지 않기 때문이다. 수많은 중생, 수많은 보살과 함께 오신다. 마치 높은 분이 오기 전 수많은 수행하는 분들이 먼저 와 길을 닦고 살핀 연후에야 오시듯 부처님은 결코 혼자 오시지 않는다. 수많은 중생 속에 오신다. 수많은 중생의 아픔, 중생의 고통 속에 그 아픔, 그 고통을 차마 견디지 못하는 수많은 보살들의 비원(悲願)과 함께 부처님은 마침내 우리에게 오시는 것이다. 그러므로 부처님을 우리에게 오시게 하려면 우리가 먼저 밝아져야 한다. 문수 보현을 오시라 할 게 아니라 우리가 먼저 문수 보현이 되어야 한다. 그리하여 더 밝은 지혜로 이웃을 섬기고 더 큰 서원으로 이웃에게 나아갈 때 비로소 부처님은 환한 미소를 머금으시고 우리에게 오시는 것이다.

부처님의 국토는 꼭 눈에 보이는 곳이 아니다. 우리의 밝은 마음, 밝은 행 모두가 부처님의 국토요 부처님이 머무르시는 곳이다. 그러므로 부처님의 주세를 간곡히 바라는 그 마음은, 거칠기만 하던 우리 마음을 정화시키며 부처님이 오시게 한다. 바깥의 부처님만 아니라 내 안의 부처님도 함께 눈을 뜨시게 된다. 그리하여 '밤마다 부처님과 함께 잠을 자고, 아침마다 부처님과 함께 잠을 깨'게 된다.[123] 그러할 때 부처님은 모든 보살님과 함께 오신다. 수많은 중생, 수많은 보살과 함께 부처님이 오시는 것이다.

③ 호법의 굳은 서원이 청불주세

청불주세에서 우리가 잊지 말아야 할 또 하나는 '호법'에 대한 의지다. 부처님이 오래 계시기 위해서는 그러기 위한 여건을 조성해야 한다. 그 중 하나가 호법이다. 법을 보호하고 모함이나 위해를 미리 방지해야 하는 것이다. 호법에 관한 가르침은 「광명각품」, 「십회향품」, 그리고 『법화경』에도 나오지만 아마 『열반경』이 가장 강력할 것이다. 『열반경』 「금강신품」은 가섭에게 부처님이 정법을 보호, 유지한 인연으로 금강신을 이루었다며 각덕비구를 보호한 유덕왕의 이야기를 한다. 덧붙여 부처님은 호법을 위해서는 우바새(남자 불자)들이 무인(武人)과 친구가 되어도 파계가 아니며 칼과 병장기를 들어서라도 법을 지니는 비구를 옹호하라고 이른다(다만 생명을 끊지는 말라고 한다). 심지어 계를 받지 않아도 정법을 수호하는 이는 대승인(大乘人)이며 법을 수호한 과보는 한량없이 크고 넓다고 말씀한다.

---

123 양나라 무제 시절 부대사(傅大士, 497~569)가 남긴 게송이다: 夜夜抱佛面 朝朝還共起 起坐鎮相隨 語默同居止 纖毫不相離 如身影相似 欲識佛去處 只遮語聲是.

④ 청불주세는 그리움

끝으로 청불주세의 마음을 한 마디로 하면 부처님에 대한 그리움[渴
仰心]이다. 부처님이 이 세상에 더 오래 머무르셨으면! 하는 마음은
부처님을 향한 끝없는 그리움을 말하는 것이다. 그리움은 우리 마음
을 맑게 하며 우리를 끝없는 세계로 확대시킨다. 더욱이 그런 그리움
이 부처님에 대한 것일 때, 우리는 그 자체만으로도 중생성을 벗어나
부처의 세계로 나아가게 된다. 염불이 중요한 이유도, 그리고 화엄이
끝없는 염불[止觀念佛]을 강조하는 것도 이런 연유에서이다.

2. 행원에서의 청불주세

① 모든 선지식에게 청한다

행원의 청불주세 대상은 이 세상의 스승님 모두이다. 경에서는 처음
엔 열반에 들려는 부처님께 오래 계시기를 청하며, 이는 나아가 성
문·연각과 일체 유학·무학의 모든 스승님들께 열반에 들지 마시기
를 청하라고 한다. 꼭 불교 수행자나 불교 전문가만이 스승님은 아니
다. 「입법계품」의 선지식들이 세간에서 갖은 일을 하는 분들이듯, 우
리 주위에서 볼 수 있는 나를 일깨워주시는 모든 분들이 스승님이요
그분들께 오래오래 우리를 위해 계셔 주기를 청하는 것이 경에서 말
하는 청불주세의 첫째 가르침이다.

② 영원히 열반에 들지 말기를 청한다

청불주세의 두 번째 가르침은 오직 중생을 이익되고 즐겁게 하기 위해 부처님께 무량겁을 머물기를 청하는 것이다. 부처님이 열반하실 때 대중들은 어미 잃은 송아지처럼 슬퍼한다. 순타는 부처님께 "제가 가진 지혜는 보잘것없기에 부처님이 열반하시는 깊은 이치를 알 수 없습니다. 오래도록 이 세상에 계시고 열반에 들지 마옵소서"라며 열반에 들지 마시기를 간곡히 청한다. 그리고 순타는 하염없이 눈물을 흘린다. 세존은 순타에게 너무 울어 마음을 어지럽게 하지 말고, 이 몸이 파초와 같고 아지랑이 같고 물거품, 요술, 번갯불 같고 물 속 그림자 같은 것임을 관하라고 한다. 순타가 "여래께서 이 세상에 오래 계시지 않으려 하시니 제가 어찌 울지 않겠습니까?" 하자 부처님은 그런 말 하지 말라, 나는 너와 중생들을 가엾이 여겨서 오늘 열반에 들려 하는 것이라고 말씀한다. 이에 순타는 여래께서 방편으로 열반에 드심을 보이는 줄 알고 드디어 공양을 준비한다.

사실 부처님은 열반에 들지 않으실 수 있었다. 실지로 부처님이 열반에 드시기 몇 달 전 아난에게 넌지시 이런 말씀을 세 번이나 던지신다.

"아난아, 내가 얼마 후 열반에 들려 하는데, 네가 들지 말라면 안 들겠다."

그런데 문제는 아난이 이 말씀을 못 알아들은 것이었다. 부처님이 이 말씀을 은밀하게 말씀하신 탓도 있겠지만 어찌된 일인지 아난은 세 번이나 거듭하신 이 말씀을 못 듣고 청불주세의 요청 기회를 놓치고 만다. 이후 석 달 뒤에 열반에 드시겠다는 부처님의 말씀에 그제서야 눈물을 흘리고 애원하지만 부처님은 '그때 네가 말을 했어야 했다'며 결국 열반에 드시고 만다. 모든 일은 때가 있다. 때를 놓치면 이렇듯 돌이킬 수 없는 회한을 남기게 된다.

상수불학
부처님께 돌아가기

1. 왜 부처님의 모든 것을 배워야 하는가

방글방글 웃는 아기가 말을 배우는 것은 엄마의 입을 통해서이다. 한없는 사랑을 말하고 보이는 엄마 입의 움직임을 아가는 배우고 또 배워 마침내 말문이 터진다. 모방은 모든 학습의 기초다. 모방을 통해 기본을 배우고, 거기서 자신만의 독특한 경계가 꽃피워져 나간다. 우리가 부처님의 행을 남김없이 따라 배우는 것도 이와 같은 이유에서다. 우리가 비록 서툴고 모자라더라도 부처님의 마음, 부처님의 행, 부처님의 삶 그대로를 따라 배움으로써 우리도 부처님처럼 살 수 있게 된다.

2. 행원에서의 상수불학

① 구도에 대한 부처님의 정진을 배운다

상수불학에서 우리는 먼저 부처님의 용맹 정진을 배워야 한다. 우리는 알 수 없는 오랜 세월 동안 수 없는 습을 지어왔다. 그것도 한없이 어두운 습을 어두운지 모르고 그렇게 지어왔다. 그리고 그러한 습으로 인해 우리는 말할 수 없는 어려움과 고통을 겪고 있다. 이제는 그런 습을 바꿀 때가 되었다. 그런데 이 습을 이기려면 자그마한 공덕으로는 되지 않는다. 누대를 이어 온 습을 끊기 위해서는 그야말로 굳은 결심, 그리고 물러서지 않는 마음으로 다가서야 한다. 그것을 부처님에게서 배우는 것이다. 정진 불퇴, 그리고 법을 위해서라면 신명을 돌보지 않는 굳은 구도의 열정을 우리는 부처님으로부터 배운다. 공부할 때는 용기를 내야 한다. 공부란 삶의 물결을 거슬러 올라가는 일이기에 결코 쉽지가 않다. 나의 습을 고치고 잘못된 삶의 방향을 바로잡는 것이기에 힘든 것이 사실이다. 사람이란 편하고 쉬운 것을 좋아하기에 평소대로 살고 싶어 하지 삶의 방식을 좀처럼 바꾸려 하지 않는다. 새로운 직업을 택하고 낯선 곳에 가면 힘든 것도 이런 이유에서이다. 따라서 공부를 할 땐 하기 싫고 힘든 마음이 수시로 올라온다. 그리고 그것은 결코 나쁜 것이 아니다. 당연한 것이다. 그러나 그럴 때 물러나면 삶의 물결을 따라 그대로 흘러가게 된다. 마치 홍수에 떠내려가는 것처럼 나의 삶도 그냥 삶의 물결에 흘러가고 만다.

공부는 용기가 필요하다. 하기 싫고 쉬고 싶어도 쉬지 않고 하루 일과를 빠뜨리지 않는 것이 필요하다. 그렇게 하루하루 쉬고 싶고 하기 싫은 마음을 항복 받고 부처님께 공부를 공양 올리는 것이 바로 또한 공부다. 그러니까 오늘 공부를 쉰다면 공부 그 자체를 못하는 것은 물론, 부처님 공양도 빠뜨리는 것이다. 그러므로 두 번 패배한 것이 된다. 오늘 쉰다고 내일이 안 오느냐? 오늘은 쉰다 해도 내일은 또 어떡할 것인가? 내일 또한 쉰다고 다른 내일이 오지 않겠는가? 그렇게 생각하면 오늘 힘들다고 쉬는 것은 대책이 되지 못한다. 다만 내가 나의 게으른 마음에 항복하는 것뿐이다. 오늘이 내일 되고 내일이 영원이 되는 것. 한 걸음 내디디면 한 걸음만큼은 간다. 힘들고 쉬고 싶은 마음이 일 때마다, 용기를 내어 헤쳐갈 일이다.

이렇게 공부할 때는 용기(용맹심)가 필요하다. 처음엔 불같은 열정을 내지만, 조금만 힘들어도 물러서는 마음(퇴굴심)이 이는 것이 중생이다. 우리는 그러한 나약한 모습을 부처님의 용맹 정진에서 물리친다. 몸을 벗겨 종이로 만들고 피로 사경을 하며, 법을 배우기 위해 호랑이에게 몸을 던지고 세간의 모든 행복을 버리는 그런 위대한 용기를 부처님에게서 배우는 것이다. 부처님께서도 "아나율아, 여래-부처님의 용맹 정진을 본받아라. 여래가 삼세제불과 계를 같이 하고 혜를 같이 하고 해탈을 같이 하고 해탈지견을 같이 해 계행을 받든다. 다만 한 가지 용맹 정진에 있어서는 그렇지 않다. 용맹 정진은 석가모니 부처님이 최고다. 삼세제불 가운데서 석가모니 부처님이 최고다. 아나율아, 여래의 용맹 정진을 본받아라."라고 말씀한다. 부처님이 선혜비구였을 때 연등불로부터 100겁 후에 부처가 될 것이라는 수기를 받으셨지만 예상과 달리 9겁을 앞당겨 91겁만에 성불하신 것도 용맹 정진 때문이라고 한다.

② 곳곳에 나아간다

두 번째는 전법이다. 그렇게 정진하여 이룬 깨달음과 각종 신통 변화로 중생들에게 나아가는 것이다. 밝은 공부를 이루면 반드시 전법에 대한 의지가 일어난다. 따라서 전법의 의지가 없다면 밝은 공부를 하

고 있는 것이 아님을 알아야 한다.[124]

③ 부처님의 모든 것을 배운다

부처님을 따라 배울 때 중요한 것은, 부처님의 모든 것[圓滿]을 따라 배워야 한다. 무슨 일이라도 대충 배우면 문제가 되듯 부처님도 일부분만 따라 배우면 안 된다. 모든 것을 따라 배워야 한다. 부처님의 모든 것을 배운다 함은 부처님을 떠나지 않는 것을 뜻한다. 우리는 언제 어느 때나 부처님을 떠나지 말아야 한다. 부귀와 영화를 수미산처럼 준다 해도, 설사 하늘같은 깨달음을 준다 해도 부처님을 떠나서는 안 된다. 산더미같은 진수성찬도 무량한 즐거움도 부처님을 떠나서는 아무런 의미가 없다. 깨닫지 못해 무량겁을 번뇌 중생으로 떠돌더라도 부처님을 떠나서는 안 된다. 아무리 돈이 많고 명예, 권력이 하늘을 찌르더라도 행복하지 못하면 아무 소용없듯, 부처님 나라로 가지 못하면 깨달음도 다 소용없다.

---

124 금하광덕은 불자들에게 특히 전법을 강조했다. 금하광덕은 포교라는 말 대신 전법이란 말을 선호했는데, 부처님 가르침에 대한 수행자의 강한 자부심과 원력을 볼 수 있는 대목이다. 금하광덕은 불자들에게 일심정진 하길 권하고(일심으로 마하반야바라밀 염송하고 일심으로 반야심경 독송하면 부처님 법을 몰라도 마음이 비워져 내 허물도 알게 되고 감사한 생각도 우러나고 복받쳐 눈물도 나오고 기쁨이 넘친다고 가르쳤다), 일심정진으로 얻어지는 힘으로 모든 일을 성취하고 온 이웃에게 부처님의 공덕세계를 알려주는 전법행을 하라고 했다. 그리고 전법이 잘 되지 않는 것은 내가 일심정진을 하지 않아서 내 마음에서 기쁨이 넘쳐나지 않기 때문이라고 하였다(『메아리 없는 골짜기』, 24쪽). 불광에는 전법오서가 있고 내용은 다음과 같다. 법등오서(法燈五誓): 전법으로 바른 믿음을 삼겠습니다. 전법으로 정정진을 삼겠습니다. 전법으로 무상공덕을 삼겠습니다. 전법으로 최상의 보은을 삼겠습니다. 전법으로 정토를 성취하겠습니다.

부처님을 떠나지 않으면 참 행복하다. 부처님을 떠나지 않으면 번뇌도 갈등도 언젠가는 없어진다. 또한 부처님만 떠나지 않으면 영원한 진리, 영원한 행복은 반드시 온다. 그러므로 우리는 부처님을 떠나지 않아 한사코 부처님 나라로 가야 한다. 상락아정(常樂我淨)이 물결치고 온 중생이 성불하는 그 부처님 나라! 우리는 부처님을 떠나지 않음으로써 마침내 가는 것이다. 부처님의 정진에서 부처님을 보고 배워 부처님을 떠나지 않고, 갖은 방편, 원만음(圓滿音), 그리고 찰나에 소멸하는 그 념념마다에 부처님을 보고 부처님을 따라 배우며 부처님을 떠나지 않는 것이다.

상수불학은 끝없는 공부, 배움의 장이기도 하다. 이는 아는 마음을 내지 않는 것으로, 청전법륜, 청불주세, 상수불학은 아는 마음 내지 않는 것을 배우는 장이기도 하다. 아는 마음에는 모르는 마음이 없다. 따라서 배우는 마음이 사라진다. 교만이 싹트는 것이다. 아는 마음은 내 마음의 문을 닫는 것이며, 아는 마음에 배울 마음이 들어설 자리는 없다.

수순중생
꽃피워지는 중생의 불성

수순이라 함은 그의 뜻을 거스르지 않으며 그의 뜻을 받들고 필경 그의 참된 이익을 도모하는 일이다. 받들어 섬기고 공양하고 이롭게 하는 그 모두가 수순이다.[125] 수순분은 '보현행원의 꽃'이다. 모든 보현행원이 수승하지만 수순분은 그야말로 그간의 행원이 결실을 맺는 부분이다. 그래서 경전 중에서도 내용이 가장 풍부하다. 앞서 행원품의 구성에서도 말했듯 보현행원의 열 가지 행원 순서는 함부로 정해진 것이 아니다. 가장 정묘하게, 가장 지혜롭게 배치된 것이 행원의 순서다. 행원의 초반은 주로 지혜의 증장에 맞춰진다. 공경할 줄 모르는 분들을 공경하게 하여 이 세상의 모두가 존엄한 존재임을 눈을 뜨게 하고, 찬탄할 줄 모르는 분을 찬탄하게 하며, 공양할 줄 모르는 분을 공양하게 하고, 참회할 줄 모르는 분들을 참회하게 함으로써 우리는 무시겁의 어둠[無明]에서 눈을 뜨게 된다. 나만 잘난 줄 알고 나만 귀한 줄로만 알고 살아오던 우리는 이러한 기본 행원에서 비로소 자신의 모습을 똑똑히 보고 큰 깨우침을 얻게 되는 것이다. 그리고 그러한 대(大)자각은, 어둠 가득하던 나의 본성에 찬란한 불성, 부처님의 빛이 스며들게 한다. 그러므로 보현행을 하면 나도 모르게 밝아

---

125   『보현행원품 강의』, 119쪽.

지는 것이다. 이러한 밝음은 행원이 깊어질수록 더해져, 마침내 아홉 번째인 수순에까지 이른다.[126]

1. 왜 중생의 뜻을 따라야 하는가?

① 어리고 어리석으며 업장이 두텁기 때문

수순중생! 말로는 중생의 뜻에 따르는 것이 쉬울지 모르나 실로 중생의 뜻을 따르는 것은 보통 수준(경계, 법력)으로는 되지 않는다. 중생이 어리석은 곳을 갈 때 그것을 따라 주는 것은 수순중생이 아니다. 어리석은 곳을 향할 땐 밝은 곳으로 인도하는 것이 올바른 수순중생이다. 그러니 지혜가 동반되지 않으면 진정한 수순은 나올 수 없다. 또한 인욕이 되지 않으면, 이 세상을 대긍정의 세계로 보지 않으면, 내

---

126 금하광덕 역시 아홉 번째 행원인 수순중생원이 행원품의 모든 가르침을 하나로 묶어놓은 것과 같다고 한다. 그리고 중생을 따르는 수순은 법공양을 더 조리있고 자세하게 말한 것으로, 이 가르침은 이론보다는 실천이기에 대하기가 어렵다고 하며 최고의 보살도라 찬탄한다. 금하광덕이 밝히는 수순의 의미는 다음과 같다. 첫째, 무대립. 더불어 한 몸이 되는 것이니 남을 따르고 그 사람을 위하고 그 사람의 편이 되어 주고 받들어 주고 공경해 줌으로써 저와 내가 하나가 되는 것이다. 둘째, 자기확대. 조그마한 자기가 더 큰 자기로 성장하는 것이 수순이다. 셋째, 가장 진실한 공양(예: 법공양). 넷째, 내 참 성품의 실현. 본래 청정하고 대립이 없는 자기 성품을 실현하는 것이다. 중생을 보는 것은 망상, 중생에게서 중생을 보지 않고 모두가 부처다 하고 공경하는 마음을 갖는 것은 망상을 없앤 상태. 망상이 없으니 청정한 자성이요 이것이 곧 부처. 중생을 부처님과 같이 대접하고 한 몸과 같이 느끼는 이런 자세는 바로 내 마음 가운데의 청정한 마음을 내어 쓰는 것이다. 다섯째, 참된 지혜행. 지혜로 중생을 이끌어 드리는 것이다. (『만법과 짝하지 않는 자』, 112-120쪽)

마음에 이는 대립을 막을 수가 없다. 그러니 그런 경지가 되어야 비로소 올바른 수순중생이 나오는 것이다. 수순중생의 가르침이 행원의 거의 끝인 아홉 번째에 나오는 것은 이런 이유 때문이다.

수순을 해야 하는 이유는 중생이 어리고 업장이 두텁기 때문이다. 그러기에 가르쳐 줘도 알아듣지 못하고 말을 하면 오해만 쌓여간다. 못 알아듣는 분은 어쩔 수가 없다. 때가 될 때까지 기다려 줘야한다. 시간이 걸려서 그렇지, 누구나 잠에서 깨게 되어 있다. 그때까지 별다른 일이 생기지 않도록 보호하며 기다려 주는 수밖에 없다.

② 기다려 주지 않으면 열매를 맺지 못한다

또한 생명은 한 번에 다 자라지 못한다. 성숙하려면 시간이 걸린다. 그러므로 일정 기간을 기다려 줘야 한다. 기다려 주는 것, 그것이 수순이다.

③ 내가 지지 않으면 남이 이기지 못한다

사람은 누구나 남을 이기고 싶어 한다. 뭇사람들이 고집을 꺾지 못하는 것도 그런 이유에서다. 내가 지지 않으면 남이 이기지 못한다. 그러니까 내가 져 주는 것이다.

행원에서의 수순은 부처님께 항복하는 것이다. 내 모든 욕망, 나의 모든 교만이 부처님 앞에 그대로 무너지는 것이다. 그렇게 무너진 나는 부처님 가피로 다시 태어나게 된다. 그리하여 부처님의 지혜와 자비를 안고 중생 공양으로 나아가게 된다.

2. 행원에서의 수순중생

① 평등하게 수순

먼저 평등하게 수순한다. 앞서 보았듯 평등은 우주 성장의 끝이다. 끝없는 윤회, 끝없는 성주괴공은 온 만유가 평등해지기 위해 일어나는 일이다. 그러므로 우리는 수순을 할 때 조금이라도 차별의 마음, 분별하는 마음이 없어야 한다. 내가 아는 분, 나에게 이익을 줄 분에게는 더 잘 수순하고, 별 볼 일 없는 낮고 비천한 분들에게는 함부로 대하는 그런 수순이 아니다. 또 어느 때는 잘 수순하고 어느 장소에서는 덜 수순하는 그런 것도 아니다. 일체중생에게 똑같은 마음, 똑같은 공경, 똑같은 자세로 수순하는 것이다. 『화엄경』에서도 부처님이 정각을 이루시고 하신 일이 일체중생에 대한 등심수순(等心隨順)이다. 그래서 경은 먼저 이 세상에 존재하는 수많은 중생의 차별상을 이야기하며 수순중생을 시작한다. 태어나는 곳, 사는 곳, 사는 방식이 달라도 모두를 부모님처럼, 부처님처럼 수순하는 것이다.

경에서는 중생을 수순하는 것이 바로 부처님을 수순하는 것이며, 중생을 기쁘게 하는 것이 바로 부처님을 기쁘게 하는 것이라고 이야기한다. 중생 수순! 이것은 중생 공양을 뜻한다. 그러므로 우리는 부처님을 수순하기 위해 멀리 갈 것이 없다. 내 눈앞의 일체중생이 부처님이요 나를 핍박하는 모든 이가 바로 나의 거친 마음을 바로잡기 위해 오신 화신 부처님인 것이다. 우리가 이렇게 만나는 일체의 분들을 부처님으로 모시고 공양할 때 진정한 수순이 이루어지는 것이다. 이런 가르침은 기독교에서도 볼 수 있으니, 마태복음은 다음과 같이 말한다.

"내 아버지의 축복을 받은 사람들아, 와서 창세 때부터 너희를 위해 마련해 둔 나라를 상속받아라. 너희는 내가 굶주렸을 때 먹을 것을 주었고, 목말랐을 때 마실 것을 주었으며, 나그네가 되었을 때 나를 맞아들였다. 헐벗었을 때 입혀 주었고, 병들었을 때 돌보아 주었으며, 감옥에 갇혔을 때 찾아와 주었다. 그러면 의인들이 대답할 것이다. '주님, 저희가 언제 주님이 굶주린 것을 보고 잡수시게 해 드렸으며, 목마르신 것을 보고 마시게 해 드렸습니까? 저희가 언제 주님이 나그네 되신 것을 보고 맞아들였으며, 헐벗으신 것을 보고 입혀 드렸습니까? 저희가 언제 주님이 병들거나 감옥에 갇히신 것을 보고 주님을 찾아갔습니까?' 이에 임금이 말할 것이다. '진실히 말하거니와, 너희가 내 형제 가운데 지극히 작은 자 하나에게 한 것이 곧 나에게 해 준 것이다.'"[127]

② 현실로 수순

두 번째 수순 방법은 현실로 수순하는 것이다. 행원은 현실로 중생을 수순하라고 가르친다. 꿈같은 이론으로, 장밋빛 미래의 약속으로 중생을 수순하는 것이 아니라, 지금 당장 현실을 행복하게 만들어 드리

---

127 마태복음 25:34~40. 필자는 수순중생을 공부하며 이 대목에서 예수 말씀과 똑같은 것을 보고 매우 놀랐던 기억이 있다

라는 것이다. 가령 아픈 이들에게는 의사가 되어 주며, 길 잃은 자에게는 길을 가르쳐 드리고 어두운 밤에는 밝은 등불이 되며 가난한 이들에겐 무한한 재물을 가져다주는 것이다. 이런 행원품의 현실 수순은 문명과 경제 규모가 지금보다 열악했을 그 시절에 무엇보다 간절했을 현실적인 일들로 보인다.

불교는 이처럼 현실적인 가르침이다. 먼 미래의 행복을 담보로 지금의 고통을 감내하라는 것이 아니고, 지금 당장 행복하게 살라는 것이다. 구원과 해탈은 먼 미래의 일이 아니요 지금 이곳 이 자리, 바로 나의 소식이다. 미래에 일어날 구원이 왜 현재엔 못 일어나겠는가? 우리는 그런 각오로 기필코 중생을 현실로 수순하고 공양해 나가야 하겠다.

③ 자비로 수순

끝으로 행원의 수순은 자비의 수순이다.[128] 수순 이후의 행원품은 모두 자비 실천 이야기로 끝난다. 자비 실천이 그만큼 중요하며, 자비의 완성이 바로 화엄의 완성이요 깨달음의 끝인 것이다. 그러므로 진정으로 깨달았다면 반드시 자비심이 나와야 하고 반드시 자비행으로 나가야 한다. 이것은 의심의 여지, 논란의 여지가 없다. 『법화경』

---

128 보현행원을 하면 저절로 밝아지고, 밝아지고 나면 자비가 아니 나올래야 아니 나올 수가 없다. 그런데 자비의 실천에서 중요한 점이 하나 있다. 그것은 이웃을 '불쌍히' 여겨서는 안 된다는 것이다. 불쌍히 여기는 것은 상대방의 존엄성, 불성을 부정하는 것이다. 자비는 불쌍히 여기는 것이 아니라 상처받은 중생 부처님들을 모시는 마음이요 모시는 일이다.

에서 수기를 받은 사리불은 아라한이 수행의 끝인 줄 알았던 자신의 착각을 그제서야 깨닫는다. 아라한이 끝이 아니라 중생 공양이 끝이며, 깨달음이 끝이 아니라 자비의 완성이 끝인 것을 몰랐던 것이다. 『열반경』에는 '모든 보살과 여래는 자비심이 근본이다. … 진실한 생각은 곧 자비심이며, 자비심은 곧 여래다(「범행품」)'라고 말한다.[129]

자비란 무엇인가? 생명을 살리는 마음이다. 깨달음이란 무엇인가? 일체 만물이 생명 자리임을 아는 것이다. 따라서 진정한 깨달음은 자비행으로 나갈 수밖에 없다. 그러므로 지혜의 완성은 자비행으로 끝난다고 모든 부처님이 설하시는 것이다. 『금강경』에서 보리심을 낸 이는 어디에 마음을 머물러야 하느냐는 수보리의 질문에 부처님이 '일체중생을 제도하리라!'라는 마음을 내라고 말씀하신 것도 그런 이유에서이다.

또한 반야바라밀은 바로 보현행이다. 관자재보살은 일체중생을 섬기고 공양하는 보현행을 통해 깊은 반야바라밀을 행하게 되고, 그리하여 모든 것이 허망하고 공함을 알아 일체의 고액을 벗어나게 된다. 생명의 본래 자리가 불생불멸이요 불구부증임을 깨닫게 된 것이다. 「십지품」 제6현전지에는 "공하고 모양 없는 데 들어가면 원하는 것이 없고 오직 대비만 남는다[如是入空無相已 無有願求 唯除大悲爲首] … 그리하여 대비를 일으키어 중생을 버리지 않으면 반야바라밀이

---

129 우리에게서 필요 없는 것을 하나씩 덜어낸다면 최후에 남는 것은 무엇일까? 필자는 그것은 사랑과 연민, 즉 자비라 생각한다. 자비가 우리들의 덜어낼 수 없는 본래의 모습이요 최초, 최후의 모습이다.

나온다[而恒起大悲不捨衆生 卽得般若波羅蜜現前]"라고 말한다. 자비에서 반야가 나오고 자비가 바로 반야바라밀인 것이다.[130]

보리는 속어중생이라, 진정한 공부는 중생 속에서 이루어진다. 중생을 떠난 공부, 깨달음은 향기도 없고 힘도 없다. 중생을 떠난 공부는 신기루 같은 것이라, 평소에 도인 행세하기는 좋아도 중생의 고난을 물리치고 바른 길로 이끌어 줄 수 있는 힘이 없다. 어려울 때 남을 도와줄 수도 없을 뿐 아니라 스스로도 헤쳐 나갈 힘이 없다. 따라서 중생의 물결 속에 사바의 물결 속에 뛰어들어 그 속에서 이루어진 공부가 진짜 공부다. 학교 선생님이 참된 선생님으로 태어나는 것도 교육현장에서 학생들과 부대끼면서이고, 풋내기 의대 졸업생은 고통 받는 환자, 죽어가는 환자 옆에서 밤을 지새우며 같이 아파하면서 비로소 진정한 한 명의 의사로 성장해 나가는 것이다. 학생이 없으면

---

130 "자비는 인간이 가지는 본래 생명의 체온이다. 본래 생명은 육체에 갇힌 생명이 아니다. 육체 한 사람 한 사람 모든 사람의 육체, 마음을 창구로 하고 있어도 그 본체, 본 생명은 무한성이며 영원성이며 절대적인 존재다. 그가 가지는 그런 본래 생명의 체온, 이 체온은 버릴 수가 없다. 생명이 가지고 있는 그 체온은 버릴 수가 없다. 조건이 있어서 주어진 것도 아니다. 무한대로, 무진장으로 그냥 주기만 하는, 그것이 불교의 자비다. 자비를 행해서 성불을 바란다거나, 자비를 통해서 복되기를 바란다거나 그런 것은 복이 오고 성불을 하지마는 바라는 것이 아니다. 자비의 본질은 그와 같은 본체 생명, 진실 생명이 지니는 따뜻한 체온, 그것은 만인이 가지고 있는 것이다. 그것은 인간의 본성(佛性)이 만인의 가슴에 피어나고 있는 모습이다. 누구든 자기를 통해 진리의 꽃이 피고 있는 것이다. 그것은 서로가 아끼고 키워줘야겠다."(금하광덕의 1986년 1월 6일 KBS 방송 '11시에 만납시다'에서 발췌) 금하광덕은 반야를 굉장히 강조한 선지식인데, 그는 반야행을 보현행원이라고 말한다. "반야대행은 보현행원이다. 서로 존경하고 찬탄하고 감사하고 기뻐하고 공양하는 것이 바로 반야행이다." (『메아리 없는 골짜기』, 200쪽)

참된 스승도 없고 환자가 없으면 진정한 명의가 탄생할 수 없듯, 중생이 없으면 그 어떤 보살도 보리를 이룰 수 없다. 그러므로 '깨달음은 중생에게 속한 것[菩提屬於衆生]'이다.

『화엄경』과 보현행원은 불교의 진수가 어디 있는지, 또 불교가 어떤 방향으로 나아가야 하는지 명확히 보여준다. 불교는 잡다한 이론이나 깊은 수행이 반드시 필요한 가르침은 아니다. 대신 '중생공양'이 불교의 알파요 오메가이다. 중생공양은 조건이 없다. 현란한 이론[覺]으로 할 수도 있고 수행[證]으로 할 수도 있다. 그런 것 없는 사람은 단지 뜨거운 가슴으로도 할 수 있는 것이 중생공양이다. 뜨거운 가슴, 그것은 곧 '사랑'이다. 무연자비(無緣慈悲), 무조건적 사랑이 그것이다. 우리에게 참으로 중요한 것은 사랑과 연민이지 무슨 호흡법이나 깊은 선정, 또는 공(空), 중도연기, 유식 이런 것이 아닐지도 모른다. 그런 것은 사랑이 기반이 될 때 의미가 있지 사랑 없이 홀로 있는 것은 별 의미가 없다고 할 수도 있겠다. 그래서 동서고금의 모든 밝은 가르침은 사랑을 말씀하는 것으로 보인다.

화엄과 보현행원은 사랑을 노래하고 있다. 사랑의 노래가 화엄 그리고 보현행원이다. 화엄과 보현행원을 공부한다면서 사랑이 없고 연민이 없다면 그건 화엄도 아니고 보현행원도 아니다. 『화엄경』을 제대로 공부하고 보현행원을 실천하면 무엇보다 사랑이 찾아오고 내 마음에 슬픔이 솟구친다. 이 두 가지가 찾아오지 않으면 화엄과 보현행원을 제대로 공부하는 것도 아니고 나아가 불교를 제대로 아는 것도 아닐 것이다. 자비가 없으면 단연코 불교가 아니다. 불교 공부의 그 엄청난 공덕과 성과도 오직 자비가 뒷받침될 때 의미를 가진다. 자비가 있어야 보리수, 즉 지혜와 깨달음의 나무에 꽃이 핀다. 그리고 그것이 바로 '화엄'이다. 자비의 눈물이 흘러야 메마른 지혜[乾慧]가 비로소 꽃을 피우는 생명력을 가지는 것이니, 그래서 수순중생에는 대비수로 보리의 꽃을 피우는 이야기가 나온다[若諸菩薩 以大悲水 饒益衆生 則能成就阿耨多羅三藐三菩提故]. 깨달음보다, 하늘을 덮는 수행보다 더 중요한 것이 자비다. 자비가 없으면, 또 자비를 잃으면 불교가 아니다.

보현행원 자비의 특징 세 가지
1. 주는 자비, 능동적 자비: 내가 보현이 된다
2. 지혜의 자비[普賢慧行, 以智慧力 隨衆生心]
3. 슬픔의 자비[以大悲心 隨衆生]: 보살의 원은 비원(悲願)

행원의 자비는 주는 자비다. 고난에 빠져 가피를 구하고 가엾게 남의 도움을 기다리는 그런 피동적 자비가 아니라, 내가 보현이 되고 자비의 보살이 되어 일체중생을 해탈케 하고 행복하게 만들어 주는 능동적 자비인 것이다. 이것이 관음신앙과 보현행원의 차이이기도 하다. 관음신앙에서는 우리가 한없는 가피를 구하는 입장이 되나, 보현행원에서는 우리가 스스로 보현이 되어 사바의 거친 물결로 뛰어드는 것이다. 그러므로 내가 보현이 되지 못하면 보현행원을 제대로 하고 있지 못한 것을 알아야 한다.

두 번째, 행원의 자비는 지혜의 자비이다. 지혜 없는 자비는 뜻만 높지 실익을 주지 못한다. 또한 지혜 없는 자비만큼 위험한 것도 없다. 따라서 자비에는 반드시 지혜가 따라야 한다. 그런데 보현의 자비는 지혜의 자비다. 참된 지혜는 자비에서 나오고, 또 그렇게 지혜가 동반된 자비가 완전한 자비이다. 보현의 자비는 지혜가 동반된 자비이므로 완벽한 중생 제도가 이루어진다. 거기에서 지혜 없는 무모함은 볼 수 없다. 언제나 밝은 지혜가 무한 자비와 동반한다. 보현혜행(普賢慧行)이라, 보현행을 하면 밝아질 수밖에 없다. 우리는 예경제불부터 상수불학까지의 원행으로 한껏 밝아진 지혜와 함께 자비행으로 나아가는 것이다.[131]

끝으로 보현의 자비는 슬픔의 자비다. 밤새 쏟아진 빗물이 가뭄 끝의 모든 대지에 스며들어 만물을 다시 꽃피우듯, 보살은 슬픔의 눈물로 모든 가엾고 어린 중생들의 아픔과 상처를 덮고 아물게 하여 마침내 다시 찬란한 생명으로 태어나게 한다. 그러므로 경은 '대비의 물로 중생을 따를 때 무상의 깨달음을 얻는다.'라고 말하는 것이다. 찬란한 태양이 지혜라면, 온 대지를 적셔 주는 빗물은 자비다.[132]

---

131 자비에 대한 『화엄경』 경구 일부를 소개한다: 爲度衆生修彼行 本願所護慈悲首 (제4지); 一切佛法依慈悲 慈悲復依方便立(「여래출현품」); 寂靜大悲海 出生三世佛 (「입법계품」).

132 보살은 늘 슬프다. 고통받는 중생들의 모습이 슬프고, 중생들의 아픔을 없애줄 수 있는 능력이 내게 없어 또 슬프다. 그러나 보살의 슬픔은 슬픔으로 끝나지 않으니, 저 중생을 구하리라는 대 서원(悲願)을 일으켜 마침내 깨달음을 얻어 일체중생을 고해에서 모두 건져낸다.

보개회향
깨달음을 중생 속으로

1. 왜 회향하는가?

『화엄경』 본문은 부처님에 대한 감사, 찬탄으로 끝나고 「보현행원품」은 중생 제도에 대한 굳은 서원으로 끝난다. 『화엄경』 본문이 부처님에 대한 감사, 찬탄으로 끝난다는 것은 모든 공부의 끝이 부처님이란 뜻이고, 「보현행원품」의 끝이 중생제도의 서원으로 끝난다는 것은 부처님으로 귀결된 공부가 다시 중생의 품으로 되돌아가는 것을 의미한다. 중생의 품으로 되돌아감으로써 다시 화엄의 장엄한 세계가 전개되는 것이니, 참으로 『화엄경』과 「보현행원품」은 불가사의한 조화를 이룬다 하겠다. 『화엄경』 본문과 「보현행원품」의 길이는 비교할 수조차 없을 정도인데, 그러함에도 불구하고 『화엄경』 본문에 설해진 모든 가르침이 「보현행원품」 하나에 모두 담겨진다는 것은, 그리고 나아가 그 작은 품에서 다시 화엄의 세계가 전개된다는 것은 참으로 상상조차 하기 힘든 구성이 아닐 수 없다. 마치 끝없는 이야기(endless story)를 보는 것 같다.

① 회향은 일체중생을 평등하게 만든다

평등은 모든 생명, 모든 존재의 본질이다. 인간사에서 견디기 제일 힘든 것이 고독이라 하는데, 이런 고독도 평등하지 않기 때문에 온다. 더운 바람과 찬 바람이 섞이는 것도 우주의 본성이 평등을 지향하기 때문이다. 상대적 빈곤이 고통스러운 이유도 평등이 아니기 때문이다. 우주는 끝없는 성장과 성주괴공을 되풀이한다. 그 이유는 평등이다. 우주에 떠 있는 수많은 별, 그리고 그 많은 성간 물질에 이르기까지 모두가 평등해지기 위해 우주는 끝없는 성주괴공을 되풀이하는 것이다. 그것은 보이는 세계의 평등은 무한 시공간에서 비로소 평등해지기 때문이다. 평등이 이 우주의 본질이고, 평등이 이 우주의 시작이요 끝이다.

『화엄경』은 평등으로 시작해서 평등 선언으로 끝난다. 부처님이 깨닫고 보시니 이 세상은 본래 평등했고, 선재동자는 이 법계가 본래 평등한 것을 알기 위해 그토록 오랜 기간 동안 구도 여행을 떠났던 것이다. 53 선지식을 모두 만난 선재는 비로소 알게 된다. 선재와 보현이 평등하고, 선재와 삼세제불이 평등하다는 것을! 서원이 평등하고 법계가 평등하고 자비가 평등하다는 것을! 그리고 일체 만물이 평등한 것을 선재는 종국에야 뼈저리게 깨닫는다. 그때 이 국토는 화엄 국토가 되어버린다.

회향은 일체중생을 평등하게 만들기 때문에 중요하다. 불평등하기 그지없는 이 세상은 회향함으로써 즉각 대평등 속으로 들어간다.[133]

---

133 평등하게 되는 방법은 크게 세 가지가 있다. 첫째, 시공간이 커지는 것. 둘째, 나누는 것. 셋째, 이 세상 자체가 본래 평등임을 깨닫는 것이다. 보현행원의 회향은 이 모두에 해당한다.

② 깨달음을 중생 속으로

행원에서의 회향은 깨달음을 일체중생에게 되돌려드리는 것이다. 그리고 그 회향의 도구는 바로 보현의 원과 행이다. 공양으로 회향하며 서원으로 회향하고 찬탄으로 회향하며 선근으로 회향하는 것이다. 그런데 그냥 회향하는 것이 아니라 보현의 원력으로 회향한다. 우리는 보현행원으로 깨달음에 이르고 보현행원으로 그 깨달음을 중생에게 되돌린다. 그리하여 일체중생을 보현의 원해에 들게 하고 깨달음으로 이끈다.

2. 행원에서의 회향

행원에서의 회향은 첫째, 수행의 모든 공덕을 중생에게 돌린다. 둘째, 회향의 종점은 일체중생의 해탈과 성불이다. 셋째, 회향의 도구는 보현행 자체이다.

보현의 원력은 회향에서 비로소 분명해지니 그것은 한 마디로 이익중생이다. 광대한 행원 속에 '나'라는 것은 모두 사라지고, 오직 일체중생에 대한 비원(悲願)만이 솟구치는 것이다. 「십정품」은 보현보살이 중생을 위해 보현행을 닦는다고 한다[此菩薩摩訶薩 爲欲度脫一切衆生 修普賢行 生普賢智 滿足普賢所有行願].[134] 그런 비원의 내용이 회향

---

134 이런 비원은 『금강삼매경』에서도 볼 수 있다. "나 이제 깨달은 곳에서 두루 제중생을 돕는 일, 부처님 大悲와 같이 本願을 버리지 않고 한 아들 있는 곳에서 번뇌에 머물리라[我今於了處 普化諸衆生 如佛之大悲 不捨於本願 故於一子地 而住於煩惱]."(『원효사상 70강』, 310쪽)

에 나오니, 모든 공덕을 내가 아닌 일체중생에게 돌리며, 일체중생은 행복하고 병은 낫고 악업은 소멸하고 일체의 선은 비록 작은 것이라도 닦는 대로 성취하며, 악취의 문은 닫고 열반의 바른길을 보여드리고, 한 생각의 어리석음으로 누대에 걸쳐 받을 중생의 고통을 내가 대신 다 받으며 마침내 그들을 해탈시키고 깨달음에 이르게 하는 것이며 그것이 바로 보현의 원이다.

　우리는 보현의 원력을 빌어 보현행원을 시작했다. 믿어지지 않고 열리지 않는 마음을 보현의 원력으로 믿고 열어서 비로소 부처님을 뵙고 공덕을 찬탄하며 공양을 했던 것이다. 이런 보현의 원력은 우리를 깨달음으로 향하게 했으며, 이제 다시 우리의 깨달음을 중생에게 되돌려 주는 원동력이 된다. 보현의 원은 우리를 서원의 바다에 이르게 하고, 우리는 다시 보현의 원을 안고 중생에게 되돌아가는 것이다. 원력 속에 행원으로 돌아간 깨달음은 다시 회향에 이르고, 회향에 이른 깨달음은 다시 행원으로 돌아가 일체중생이 해탈하고 성불할 때까지 중중무진 수없이 되풀이된다. 이렇듯 보현행원에 의해 세상은 밝아져 가며 예토는 정토로 바뀌어 가고, 보현행원에 의해 고통 가득한 이 사바세계는 장엄한 화엄법계로 바뀌어 간다. 「십회향품」은 "회향에 머문 불자를 보현이라 이름한다"고 말한다[若欲成就佛所說 菩薩廣大殊勝行 宜應善住此廻向 是諸佛子號普賢(등법계무량회향)]. 『금강삼매경』의 게송으로 열 가지 행원에 대한 설명을 마친다.

　반야의 바다를 구족하고 열반의 성에 머물지 않음은
　마치 저 연꽃이 고원에서 피어나지 않는 것과 같다

262

제불은 무량겁을 갖가지 번뇌를 버리지 않고
세상을 제도한 후에야 부처가 되시니
연꽃이 진흙 속에 피는 것과 같다

저 육행의 땅이 보살이 닦는 곳인 것처럼
저 삼공의 덩어리들이 보리를 얻는 바로 그 길이다

나 이제 적지(寂地)에 주하지 않을 마음 간직함이
부처님 설하신 바와 같다

유전하여 왔던 이 세상으로 다시 되돌아왔다가
보살도 다 마친 후에야 다시 나아가리라

그리하여 모든 중생이 나와 조금도 다를 바 없이
하나가 되게 하고
앞서 온 사람, 뒤에 올 사람
모두가 다 정각을 얻게 하리라[135]

---

135 具足般若海 不住涅槃城 如彼妙蓮華 高原非所出 諸佛無量劫 不捨諸煩惱 度
世然後得 如泥華所出 如彼六行地 菩薩之所修 如彼三空聚 菩提之直道 我今
住不住 如佛之小說 來所還復來 具足然後出 復令諸衆生 如我一無二 來前後
來者 悉令登正覺. (앞의 책, 194-195쪽)

제6장

보현행원의 공덕

행원은 처음부터 밝은 수행이다. 어느 정도 경지에 오르고 수행이 익어야 공덕을 체험하고 공덕이 나오는 수행이 아니라, 행원을 하는 순간부터 우리가 부처님 공덕 속에 그냥 들어가 버리는 수행인 것이다. 행원을 하면 누구나 가슴에 어두운 기운이 없어지고 밝은 기운이 가득 차오름을 처음부터 느낄 수 있다. 가령 집에서 아내나 남편에게 여보 고맙소, 참 잘 했소, 아이들에게 미안하다, 이런 말을 하면 집안은 그대로 부처님 국토가 되어 버린다. 이처럼 밝은 기운이 가득해지는 것은 화엄의 소식이 본래 그렇기 때문이다. 화엄은 부처님이 중생을 중생으로 보고 설하신 경이 아니라 중생을 똑같이 부처님으로 보고 설하신 경전이다. 반야부, 아함, 방등, 법화 등은 모두 중생을 아직 미혹하고 미망에 잠긴 어린 중생으로 보고 어떻게든 그 미망을 깨어주려고 설하신 경들이지만 화엄만은 그렇지 않다. 부처님이 부처님을 보고 설하신 경이다. 그러니 밝을 수밖에 없다. 온 경전이 부처님으로 가득 차 있는 경이 화엄이요, 그 가득 찬 부처님을 보는 것이 화엄 수행이며, 그 구체적인 방법이 보현행원이다.

그러므로 우리는 행원에서 화엄을 보아야 한다. 행원은 단순한 실천 몇 가지를 하는 그런 것이 아니다. 행원이 바로 화엄이요 방대한 화엄의 이론과 실제다. 따라서 우리가 화엄을 들을 때는 부처님 자리에서 들어야 한다. 못난 중생, 아직 미혹을 못 벗어난 중생이 아니라 삼세의 모든 부처님과 똑같은 자리, 똑같은 자격으로 듣는 것이다. 행원을 할 때도 중생의 자리에서가 아니라 부처의 자리에서 해야 한다. 행원을 할 때, 나는 비록 작고 미약하지만 부처님이 되어 있는 것이다. 그렇게 해야 원만한 보현행원이 이루어진다. 행원이 부처님 생명이며 행원이 부처님 삶이다.

경에 설해진 보현행원의 공덕

행원의 공덕은 한량이 없어서, 행원을 실천하면 모든 불보살이 칭찬하고 일체중생이 공경하며 공양하나니, 행원 실천자는 마치 달이 구름을 벗어난 것처럼 세간의 일체 번뇌와 고뇌에서 벗어난다고 한다. 경에 나오는 여러 가지 행원의 공덕을 열 가지로 정리해 보면 대략 다음과 같다.

첫째, 업장이 사라진다. 둘째, 질병이 없어진다(행원 수행 시 모든 병이 낫게 된다). 셋째, 세상사에 어려움과 장애가 없어지고 모든 사람이 칭찬하고 공경한다. 넷째, 악한 기운이 범접하지 못하고 항상 선신(善神)이 옹호한다. 다섯째, 모든 고뇌가 사라진다. 여섯째, 좋은 집안에 태어나며 잘 생기고 건강한 몸, 좋은 직업을 얻게 된다. 일곱째, 원만한 인간관계와 사회관계를 이룩하며 이웃에 도움이 된다. 여덟째, 중생이 성숙되고 사회가 성숙된다. 아홉째, 깨달음을 얻어 남의 고뇌와 고통도 없애 주고 보리심을 발하게 한다. 열째, 나와 이웃 모두를 극락정토에 왕생하게 한다.

이렇게 뛰어난 복을 가져오는 것이 행원이므로, 경에서는 행원의 공덕을 결코 의심하지 말며 늘 경을 지니고 읽으며 언제나 남에게 전법하라고 말한다. 그래서 지혜로써 일체중생을 구하고 이익되게 하여 마침내 일체중생을 극락정토에 왕생하게 하라고 한다. 그런데 이런 행원의 공덕은 행원이 원숙하거나 어느 정도 경지에 이르러야 비로소 오는 것이 아니다. 공덕 성취는 매 순간마다 이뤄지는 것으로, 행원을 하는 순간부터 우리는 달라지기 시작한다. 실지로 행원을 해 보면 그다지 오래 되지 않더라도 마음이 밝아지며 몸은 가벼워지고 주위의 고난, 장애가 조금씩 사라져 가는 것을 느낄 수 있다. 물론 가야 할 길은 아득하고 이제 겨우 첫걸음을 내딛은 초보자에 불과하나, 첫발을 내딛은 그 순간부터 행원의 공덕이 밝아오는 아침 햇살처럼 이미 우리를 비추기 시작하는 것이다. 그만큼 행원의 공덕은 뛰어나다. 경에서 설해지는 숱한 행원의 공덕은 먼 미래의 일이 아니라 바로 지금 눈앞의 일이며, 수행과 공덕은 둘이 아니다.

필자가 경험한 보현행원의 공덕

이렇게 밝아오는 공덕 속에 우리는 행원을 지속하게 된다. 이 말은 곧 행원은 부처님 공덕 속에서 수많은 부처님과 함께 이루어지는 수행이라는 것이다. 『화엄경』은 선재동자가 부처님을 만나고 선지식을 만나게 되는 이유를 언제나 세 가지로 말하는데, 하나는 부처님의 본래 서원, 둘은 보현보살의 서원, 셋은 선재 자신의 서원으로 그렇게 된다고 한다. 즉 행원을 할 때 우리는 이미 혼자가 아닌 것이다. 우리가 원을 세우는 순간부터 삼세의 불보살이 우리 편이 되어 주시고 우리에게 오시어 우리와 함께 행원을 하는 것이다. 따라서 공부 자체가 밝고 환희로우며 지혜의 성취도 빠르다. 경에 설해진 이러한 공덕을 필자의 경험을 토대로 정리하면 다음 다섯 가지가 된다.

행원을 하면 첫째, 부처님이 출현하시게 된다. 행원은 '이 세상에는 수많은 부처님이 계신다.'는 것으로 시작하는데, 이러한 경의 내용이 조금도 틀리지 않음을 알게 된다. 견불 편에서 말씀드렸듯, 행원은 부처님을 뵙는 가르침이라 행원을 하면 일체가 부처님으로 다가온다. 내게 잘 대해주시는 분만 아니라 나를 힘들게 하는 분마저 나를 성숙시키려는 지극한 자비심에서 거친 모습으로 출현하신 부처님인 것을 알게 된다. 날마다 출현하시는 부처님이 많아지며, 우리 또한 그렇게 출현하시는 부처님을 따라 부처님이 되어 간다. 그리하여 일체의 대립, 갈등이 사라지며 모두가 부처님뿐인 세상이 되어 간

다.[136]

둘째, 업장이 소멸된다. 나를 괴롭히는 일들이 신기할 정도로 줄어드니, 그것은 우리의 마음이 점점 열리기 때문이다. 지난날 지은 잘못으로 설령 어려운 일이 닥치더라도, 마음에는 일체의 원망이 없고 한없는 감사로 맞이하게 된다. 업장 또한 내 진리 생명의 일부가 되어버리는 것이다. 그러다 보니 무서운 겨울바람으로 다가오던 업장이 어느새 따스하고 부드러운 봄바람이 된다. 언제나 그런 마음, 그런 자세이니 병 또한 사라진다. 보현보살의 다른 이름이 생명을 연장하는 '연명(延命)보살'인 것도 이런 이유에서이다(개인적으로는 병이나 우환이 있는 분들을 위해 「보현행원품」 독송만한 것도 없다고 생각한다).

셋째, 수행이 쉬워진다. 어떤 수행이든 몸과 마음이 가벼워 어려움이 한결 적어진다. 수행을 구하는 마음이 사라지고[無修而修] 수

---

136 다른 분들도 마찬가지였겠지만 행원품을 공부하며 제일 이해되지 않았던 부분이 이 세상엔 수많은 부처님이 계신다는 경의 말씀이었다. 그런데 행원 공부를 한 지 그리 오래되지 않아 이 말씀을 실감하게 됐다. 도시 밤하늘에서는 보이지 않던 별들이 맑은 시골에서는 쏟아지듯, 어느 날인가부터 모든 분들이 부처님으로 다가오는 것이었다. 정말 환희로웠다. 보현행원을 한다는 것은 늘 부처님을 만나는 것이다. 이처럼 부처님을 만나는 가르침이 보현행원이며, 보현행원을 하면 언제나 곳곳에서 부처님을 만나게 된다. 그런데 상대를 부처님으로 모시는 것 못지않게 내가 상대에게 부처님이 되어 주는 것도 중요하다. 대개 보현행원을 말할 때 상대방을 부처님으로 보는 것만 강조하는데, 그 반대도 매우 중요하다. 이 두 가지가 원만히 다 되어야 비로소 올바른 보현행원이라 할 수 있다. 나만 상대방에게서 부처를 보는 게 아니라 상대방도 나에게서 부처를 보게 해야 하는 것이다. 그래야 그 분이 진짜 부처님이 된다. 그러니까 상대방을 부처로 보기 위해서도 보현행원을 잘해야 하고 내가 상대방에게 부처님이 되어 드리기 위해서도 보현행원을 더욱더 잘해야 한다.

행을 짓는 마음이 사라지고[無作而作], 일상 삶과 수행이 분리되지 않는다. 삶을 살면 삶이 수행, 수행을 지으면 또 그 짓는 수행 역시 수행이다. 일상이 수행, 수행이 또한 일상이다. 언제나 삼매 중에 있고 언제나 수행 중에 있다. 이 말이 다소 의아한 분도 많겠지만, 삼매가 가능한 것은 늘 원이 빛나고 있기 때문이다. 보현행원 수행자는 어디를 가든 보현의 원이 늘 따라다니며 지지 않는 태양처럼 보현행을 비춰준다. 그래서 늘 자비롭고 깨어있다. 먹고 마시고 말하고 일하는, 그리고 좌복에 앉고 부처님을 그리워하는, 이 모든 것이 수행이요 모두가 내 뜨거운 진리 생명의 삶이다. 그러니 수행이 쉬워지지 않을 수가 없다.

넷째, 깨달음이 온다. 큰 깨달음은 아니더라도 작은 일의 소중함을 알게 되고 일상을 감사와 환희로 맞게 되니, 삶 자체가 지혜로워지고 영적인 성장 또한 찾아온다. 밝은 소망[願]과 함께 하루를 맞으므로 하루하루 밝아진다. 세상이 어떻게 보이고 어떻게 다가오더라도 분노와 시비와 원망으로 보지 않고, 현실에 속지 않고 허기지지 않으며, 늘 감사와 찬탄을 잊지 않기에 하루하루 밝아진다. 어떤 조건, 어떤 환경 속에서도 희망을 잊지 않고 용기를 잃지 않으며, 감당할 수 없는 하루하루를 은혜와 축복으로 맞이하기에 또 하루하루 밝아진다. 언제나 현실 너머의 세계, 내 눈에 보이는 세계 너머의 세계를 보며, 오지 않는 날을 반드시 오는 날로 알고, 세상을 늘 부정이 아니라 긍정으로 짓고, 밝은 내일을 믿고 어둠에 젖지 않으며, 어떤 일에도 환희 속에 삶을 짓기에 하루하루 밝아진다. 부족함이 있어도 부족한 그 자체로 완전함을 믿으며, 때때로 밀려오는 불안에도 우주의 완벽한 은총과 자비를 믿으므로 밝아진다. 그렇게 믿고 지어 가는 그 밝은 마음 앞에 고통과 아픔의 하루하루는 밝은 아침 햇살 물안개처럼 걷히며. 환희와 끝없는 밝음으로 충만해진다. 화엄, 보현행원의 큰 특징 중 하나가 이처럼 마음을 열게 한다는 것이다. 닫힌 마음이 열리니 세상이 있는 그대로 보이기 시작한다. 전도망상이 사라지고 여실지견[般若]이 열린다.

다섯째, 밝고 원만한 삶을 살게 되니, 좋은 인연들을 만나고 반가운 분들이 나를 찾아온다. 행원이 가는 곳은 대립, 어둠이 사라지고 모두가 광명, 환희로 변한다. 따라서 행원의 걸음마다 기쁨이 피어나고 행원의 마디마다 웃음이 피어난다. 아무것도 아닌 것처럼 보이는 보현행원은 그런 공덕을 가져온다.

이런 일들이 일어나는 것은 행원을 통해 우리의 마음, 일심이 정화되고 전환이 일어났기 때문이다. 불교를 비롯하여 무릇 모든 수행의 핵심은 '일심의 전환'이다. 일심의 전환이 일어나지 않은 수행은 업장만 더할 뿐이다. 보현행원은 깊은 아뢰야식의 숙업을 전환시킨다. 우리의 의식에는 표면 의식과 심층 의식이 있다. 사람이 쉽게 바뀌지 않는 것은 우리의 결심이 표면 의식의 결심이기 때문이다. 드러난 의식의 결심으로는 드러나지 않은 저 깊은 의식이 조금도 달라지지 않는다. 그러므로 아무리 개과천선을 부르짖어도 사람은 습(習)을 이기기 힘들고 결심은 쉽게 무너진다.

심층 의식은 신구의 삼업이 몸과 의식에 굳어진 것이다. 가령 병이 왔을 때 아무리 별것 아닌 것처럼 마음먹어도 불안한 것은, 세포 수준에서 불안을 느끼기 때문이다. 세포도 각각 하나의 생명으로 습과 의식(예: 면역학에는 기억세포라는 것이 있음)이 있다. 특히 깊은 의식은 누대로 쌓여온 업의 결과이다. 그래서 쉽게 바뀌지 않는다. 깊은 선정(예:滅盡定)에 가서야 업식을 녹일 수 있는데, 그런 선정을 우리가 이루기는 거의 불가능에 가깝다. 그런데 보현행원은 그 깊은 의식을 움직인다. 누대로 쌓인 깊은 업식이 보현행원으로 녹기 시작하는 것이다.

무공덕이 보현행원의 공덕
보현행원에는 아무 공덕이 없다

그러나 지금까지 말씀드린 보현행원의 공덕은 사실 군더더기다. 엄밀히 말하면 아무 공덕이 없는 것이 보현행원의 공덕이라 할 수 있다. 실지로 보현행원을 해도 아무 일도 일어나지 않는다. 다른 수행이나 종교에서 흔히 보는 엄청난 업장의 소멸도, 불가사의한 이적도 일어나지 않는다. 하늘은 여전히 푸르고 물은 흘러가며, 새는 지저귀고 꽃이 피며 사람들은 오늘도 분주히 어디론가 바삐 오간다. 그런데 그렇게 아무 일 없는 가운데 우리도 모르게 모든 것이 변해간다. 모든 존재, 모든 일이 그저 고맙고 대견스럽게 다가오는 가운데, 나를 그렇게 어렵고 힘들게 하던 고통, 슬픔마저도 감사하며 나를 일깨우러 오시는 수많은 부처님으로 현현한다. 그동안 그치지 않았던 대립이 사라지고 갈등이 사라지며, 모든 우환, 걱정거리가 우리도 모르게 점점 소멸해 가며, 모든 아픔은 축복으로 변해 간다. 그리고 그런 우리들을 보고 사람들은 밝아졌다, 건강해졌다고 말한다. 마치 소설 『큰바위 얼굴』에서 아무 일 없는 가운데 어니스트가 큰바위 얼굴로 변해가듯, 우리도 아무 일 없는 가운데 점점 부처님으로 변해가는 것이다. 이것이 진실한 보현행원의 공덕이다.

　수학에는 항등원(恒等元, identity)이라는 개념이 있다. 어떠한 연산(演算, operation)을 가해도 상대방에게 영향을 주지 않는 수학적 원소를 말한다. 가령 덧셈의 경우에는 '0'이 항등원이다. 0은 어떤 숫자에 더해도 그 숫자에 아무런 영향을 주지 못한다. 또 곱셈에서는 숫자 '1'이 항등원이다. 1은 아무리 곱해도 숫자에 영향을 주지 못한다. 이렇게 아무리 조작해도 상대에게 아무런 영향을 주지 못하는 수학적 원소를 '항등원'이라 부른다. 그런데 이 '아무런 영향을 주지 못하는 자리'에서 엄청난 일들이 일어난다는 것이다. 현대 수학과 물리학에는 '군론(群論, Group Theory)'이란 것이 있는데, 군론이 없었다면 현대의 입자물리학은 발달할 수 없었을 것이라 할 정도로 물리학에서 중요한 이론이다. 그런데 이 군론이 성립하기 위해서는 항등원의 존재가 필수라고 한다. 항등원이란 개념을 알 수 있었기에 현대수학, 또 현대물리학은 군론을 만들 수가 있었던 것이다.

항등원은 불교적으로 말하면 '아무 것도 일어나지 않는 세계', 즉 '무위(無爲)의 세계'다. (불교적 관점에서 이 세계에는 '무엇이 일어나는 세계'가 있고 '아무 것도 일어나지 않는 세계'가 있는데, 전자를 유위법의 세계, 후자를 무위법의 세계라 부른다. 항등원은 '무위의 세계'에 해당한다.) 유위의 세계는 생사거래, 생멸, 흥망성쇠가 물결치는 세계로 행복도 불행도 슬픔도 기쁨도 함께 난무한다. 반면 무위의 세계는 그러한 것이 없는 세계로, 인위적인 그 모든 것이 없는 세계다. 그리고 그러한 것이 없기 때문에 사실은 모든 것이 가능한 세계이기도 하다. 알고 보면 '아무 것도 일어나지 않는 세계'는 '모든 것이 일어나는 세계'이다. 단지 우리가 이 사실을 모르고 지금까지 무심히 지내왔을 뿐이다. 그러나 이제 이러한 무위의 세계 소식이 현대에 와서 '항등원'으로 그 일부분을 드러내고 있다.

유마힐은 출가의 공덕을 이야기하는 라홀라에게 다가가 이익과 공덕이 없는 것이 출가라고 말한다. 유위법은 이익도 있고 공덕도 있지만 출가는 무위법이기에 그렇다는 것이다. 그리고 보리심을 발하는 것이 곧 출가라고 일러준다[唯羅睺羅 不應說出家功德之利 所以者何 無利 無功德 是爲出家 有爲法者 可說有利 有功德 夫 出家者 爲無爲法 無爲法中 無利 無功德(제자품)]. 보현행원도 종국에는 무위법이기에 아무 공덕이 없다. 보현행원의 공덕이 있는 경우는 유위법의 행원에 한해서 그렇다.

제7장

보현행원 수행법

보현행원에는 특별한 수행상이 없다. 따라서 참선, 절, 염불, 독경, 주력 등과 같은 일정한 틀도 없다. 이것이 보현행원을 공부할 때 우리가 부딪치는 가장 당혹스런 일인데, 그러나 수행상이 없기에 어떤 특정 수행에 사로잡히지 않는다. 보현행원은 원을 가지고 공경, 찬탄, 공양의 마음으로 모든 삶을 지어가는 것을 말한다. 따라서 일상 삶을 살 때처럼 수행을 할 때도 그러한 보현의 마음으로 수행을 지어가면 된다. 어떤 특정한 수행만이 보현행원이 아니라, 모든 수행이 보현행원이 되는 것이다. 그러므로 보현행원은 불교를 떠나지도, 떠나지 않지도 않는다. 보현의 원행으로 수행을 하면 그 수행이 보현행원이 되는 것이요, 삶을 살면 그 삶이 보현행원이 된다.

보현행원은 이렇듯 삶이든 수행이든 있는 그 자리에서 그대로 보현의 원과 행으로 '리모델링'한다. 보현의 마음으로 맞이하면 삶과 수행을 조금도 건드리지 않으면서 보현의 공덕으로 재정립해 준다. 보현의 원과 행을 가미하면 평범했던 삶과 수행이 그 즉시 최상으로 변한다. 농부가 먼저 밭을 비옥하고 기름지게 만든 후 씨를 뿌리듯, 보현행원은 우리 마음밭[心行, 心地]을 비옥하고 풍유롭게 만든다. 그 마음밭에 삶 또는 수행의 씨를 뿌리면 삶도 넉넉하고 수행도 더 밝아진다. 보현행원은 이렇게 저 멀리 있지 않고 현실 속에서 삶을 관통하는 수행법이다.

과거 화엄 수행자의 화엄 수행 고찰

화엄 수행은 여러 가지가 있겠으나 핵심은 보현행원의 실천이다. 그러나 앞서 여러 번 말했듯 과연 어떻게 해야 보현행원을 수행하는 것인지 구체적으로 정립이 되지 않아 혼돈스럽다. 여기서 우리가 참고할 수 있는 대표적 방법으로 화엄종 초조 두순(杜順, 557~690)과 이통현의 화엄 수행을 살펴본다.

1. 두순의 화엄 수행

보현행자로 알려진 두순은 평생 『화엄경』을 독송하고 보현행을 실천했다고 한다. 그리고 임종 시 제자들에게 '생래(生來)의 행(行)을 하라'고 일러주며 입적했다고 한다. 여기서 우리는 두 가지를 알 수 있다. 하나는 화엄 수행으로 『화엄경』 독경을 하는 것이고 둘은 평상시에 생래의 행을 하는 것인데, 생래의 행이 무엇인지는 기술되어 있지 않으나 글자 그대로 해석한다면 우리가 태어나면서 지니고 있는 행이라 할 수 있다. 생래의 행은 우리 모두의 본래 행이므로 무얼 배우거나 닦을 게 없다. 오직 실행·실천의 문제다. 보현행원을 공부하며 자주 느꼈던 난제 하나는 보현행원은 '닦을 게 없다'는 것과 그것을 과연 '어디서 어떻게 닦을 것인가?' 하는 것이었다. 필자의 결론은 결국 일상 삶 속에서 닦는 수밖에 없다는 것, 그리고 수행 속에서 생래의 행을 닦아야 한다는 것이다. 즉 보현의 마음으로 일상을 살고 보현의 마음으로 수행을 하는 것이다. 따라서 두순의 수행법을 참고한다면 『화엄경』 독송과 우리 본래의 소식 실천인 보현행을 하는 것이 화엄 수행법이 된다.

2. 이통현의 화엄 수행

이통현은 기존 화엄종의 가르침이 너무 이론적임을 지적하고 실천 화엄을 고민한 분이다. 이통현은 화엄 수행으로 크게 세 가지를 권한다. 첫째 선정, 둘째 독경, 셋째 행원의 실천이다. 이통현은 지혜(이때의 지혜는 반야, 공)를 일으키는 것을 매우 중요시했고, 이것을 선정을 통해 일으키려고 했으며 그 방법으로 부처님의 빛을 이용하는 불광관을 제시한다. 불광관의 핵심은 자기의 심경(心境)이 광대·무진·무애임을 확실히 알고, 그때의 자기가 궁극적 주체임을 명확히 하고, 빛에 비추어진 깨달음의 신심을 갖고 수행에 매진한다는 것이다. 이통현에 따르면 바른 선정을 빼면 지혜는 현실에서 존재할 수 없다. 그러나 선정 외에도 수행자는 정혜의 관행과 함께 경을 봐서 경에 나오는 보살의 광대한 행원을 참고하여 길을 잘못 들지 않아야 한다. 즉 선정으로 밝아진 지혜가 현실에서 잘못 적용되지 않도록 『화엄경』에 의지해 현실에서 화엄적 삶을 실지로 살아야 한다는 말이다. 그렇게 되면 믿음 종자는 반드시 싹이 트고 꽃피어 수행이 자연히 완성돼 간다는 것으로, 이통현은 모두가 불광관을 실천하여 지혜의 세계로 들어가고, 거기서 나오는 무한한 지혜와 자비의 작용을 스스로의 것으로 만들기를 간절히 바랐다고 한다.

　이통현은 또한 자비를 중시했다. 지혜에는 반드시 자비가 수반되며, 그러므로 불광관의 둘째 의미로 '지혜에 따라 자비를 행한다'는 것을 들어 지혜의 경지 그 자체와 똑같이 무한한 자비 활동이 동시에 생겨난다고 한다. 그에 의하면 자비의 실천은 결코 부처라고 하는 높은 경위에 올라야만 될 수 있는 것은 아니며, 실은 부처 자신의 근원적 진실을 향한 일념의 상응에 의해 실현된다. 그러므로 자비도 불광관에 의한 지혜의 발현과 동시에 필연적으로 발생하는 것이어야 했다. 이통현은 모든 사람들이 불광관을 실천함으로써 지혜의 세계에 들어가고, 거기에서 무한한 지혜와 자비의 작용을 스스로의 것으로 만든다고 말한다. 이통현의 불광관을 통합해 보면, 지혜는 반야를 뜻하고 자비의 삶은 보현행의 실천으로 볼 수 있다. 반야에 기반한 자비의 무한 실현이 이통현의 화엄수행이었던 셈이다.

　『결의론』을 통한 이통현의 불광관을 좀더 살펴보면, 신심이 있는 자는 우선 이 빛의 성격을 관상(觀想)한다. 요컨대 그 빛이 처음에 부처의 미간으로부터 나와 발 아래로 들어가는, 일체보살지염명조요시방장(一切菩薩智焰明照요耀十方藏)이라 부르는 아름답게 빛나는 보배 구름 같은 빛임을 관한다. 이 관찰을 이룰 때 '희고 깨끗한 보배의 광명'이라는 생각이 있게 된다. 이 생각이 성립되면 다음에는 이 광명이 비추는 세계를 경전에 따라 순차적으로 관하여 간다. 그리고 마침내 존재하는 모든 세계가 빛으로 충만되어 있는 것을 관상한다. 이때 신심 있는 자의 마음은 이미 광명과 함께 시방에 널리 미친다.

　다음으로 일전하여 이 광명을 관하는 마음을 관찰한다. 그러면

이 마음 자체가 곧 공이라는 것이 드러난다. 이를 가리켜 법신이라 한다. 이 법신의 본성의 바다에는 지혜가 무한히 비추고 있을 뿐이다. 이것은 근본지라 이름하고 지신(智身)이라고도 한다. 광명의 관찰, 이른바 불광관이 올바른 지혜의 발현, 곧 공혜(空慧)의 현전을 가능하게 하는 것이다. 이통현은 이 지혜에 반드시 자비가 수반한다고 생각하기에 불광관의 둘째 의미로 '지혜에 따라 자비를 행한다'는 것을 들어 지혜의 경지 바로 그 자체와 똑같이 무한한 자비 활동이 동시에 생겨남을 「광명각품」에서 보인 동방십억세계에 있어서의 문수게송을 인용하여 강조하고 있다.[137]

　이상으로 보면 이통현은 불광관을 하면 지혜의 발현은 물론 자비도 저절로 발현하는 것으로 본 듯하다. 자비를 중시한 이통현이었기에 불광관과 자비를 연관지으려 했던 것 같은데, 그렇다면 불교는 반야경으로 충분했을지 모른다. 부처의 지혜는 몰라도 범부의 지혜 발현은 저절로 자비를 이끌어낼 것 같지는 않다. 대승에서 숱한 바라밀행과 화엄의 보현행원 강조는 이런 한계를 극복하기 위한 결과가 아닐까? 지혜가 저절로 자비행을 이끌어낸다면 그토록 많은 대승 경전이 굳이 자비를 설하지는 않았을 것이다.

　그런데 이통현의 불광관은 금하광덕의 마하반야바라밀염송법과 대단히 비슷하다. 차이점은, 이통현은 선정적인 관법을 통해 지혜의 빛을 보는 반면 금하광덕은 마하반야의 염송을 통해 선정과 관을 이끌어내며, 이통현은 자비의 실천이 지혜와 함께 저절로 일어나는

137　『중국화엄사상사』, 203-206쪽.

것으로 생각했으나 금하광덕은 마하반야에 체(體)를 둔 용(用)으로 써의 보현행원을 통해 현실적으로 실천하려 한 점이다. 필자는 이 두 스승님이 시공을 초월하여 놀랍도록 비슷한 화엄 수행법을 제시한 것을 보고 굉장히 놀란 기억이 있다. 더구나 금하광덕의 새 불교운동 이름이 '불광(佛光)'인 것도 충격이었다.

보현행원 수행법

두순과 이통현의 화엄 수행을 보면 우리가 어떻게 화엄 수행을 해야할지 대체적 윤곽을 잡을 수 있다. 첫째, 『화엄경』의 독송인데 이것은 「보현행원품」 독송으로 대표할 수 있다. 둘째로 선정을 이룩하며 셋째, 지혜와 자비가 무한히 뿜어나오는 지혜의 삶, 자비의 삶을 일상이나 수행에서 지어나가는 것이다. 화엄, 보현행원은 종교를 뛰어넘는 가르침이라 당연히 일반인, 그리고 일상에서의 화엄 및 보현행원 수행과 불교 수행으로서의 보현행원, 이렇게 두 부분으로 나눠 살펴본다.

1. 일반인과 일상에서의 보현행원 수행: 고잘미섬모의 실천

① 일마다 맹세(서원)를 한다

언제 어디서나 늘 원(일반인들은 맹세, 다짐)을 세운다. 하루 일과 중 만나는 사람, 만나는 사물 하나하나에 마음 속으로 다짐한다. 가령 가족을 위해서는 '반드시 내가 우리 가족을 행복하게 하겠다', '반드시 남편(또는 부인)을 행복하게 하겠다', '반드시 우리 회사를 번성하게 하겠다', '반드시 내 사업을 성공시키겠다' 등등, 일상에서 흔히 만나는 일들에 그렇게 마음 속으로 다짐을 하는 것이다. 남이 안 볼 때 살짝 두 손을 모아 속삭여도 되고, 아니면 그냥 일이 닥칠 때 그 일을 향해 마음 속으로 다짐해도 된다. 아무것도 아닌 일 같지만, 또 쑥스럽기도 하겠지만 이런 다짐을 하는 것과 안 하는 것은 엄청난 차이를 가져온다.[138]

② 고잘미섬모의 실천

불교를 모르는 분, 또는 타 종교인, 초보 불자들을 위한 보현행원 수행은 '고잘미섬모(고잘미섬공의 일반인 버전)'의 실천이다. 이 다섯 자만 충실하면 충분하다. 고잘미섬모는 '고맙습니다, 잘했습니다, 미안합니다, 섬기고 모시겠습니다.'의 약자로 이 네 가지 마음만으로도 우리는 저 무량한 부처님 공덕의 세계로 들어갈 수 있게 된다. 그것은 고잘미섬모가 보현행원 중 기본행원을 실생활에 맞게 만든 것으로, 여기엔 공경, 찬탄, 참회뿐 아니라 서원(섬기고 모시겠다)까지 함께 있으므로 우리가 일상 속에서 자연스럽게 바로 행원을 실천할 수 있게 되기 때문이다. 잊지 말아야 할 것은, 이때 우리가 짓는 고잘미섬모는 고맙고 잘한 일에만 짓는 것이 아니다. 고맙지 아니한 일에도 고맙고, 잘하지 못한 일에도 잘했다는 찬탄이 나오고, 미안하지 않은 일에도 미안한 마음이 나오며, 섬길 수 없는 일에조차 섬기겠다는 서원이 나와야 진정한 고잘미섬모를 한다고 할 것이다.

---

138 밝은 원은 삶에서 굉장히 중요하니, 밝은 원을 세우고 정성을 바치고 기다리면 시기의 문제일 뿐 반드시 이루어진다.

2. 불교 수행으로서의 보현행원

수행의 측면으로 들어가면 반드시 명심해야 할 것은, 보현행원 수행의 본질은 공경, 찬탄, 공양, 참회, 수희, 청법, 청불, 불학(佛學), 수순, 회향이라는 사실이다. 세상의 모든 것을 (수행이든 삶이든) 보현의 마음, 즉 공경·찬탄·수희로 지어가는 것이다. 이것이 보현행원 수행의 핵심 중 핵심으로, 따라서 불교의 무슨 수행을 하더라도 이 열 가지 마음으로 수행을 지어가면 전부 그 즉시 보현행원 수행이 된다. 그러나 이 마음을 떠나 따로 수행을 지으면, 그러니까 내 마음에 공경이 없고 찬탄, 참회가 없이 참선하고 절하고 염불 및 기도를 하면, 비록 일상이나 다른 곳에서 보현행원을 실천하더라도 보현행원 수행은 되지 못한다. 그냥 '따로 보현행원'을 하고 있을 뿐이다. 아무리 경을 읽고 절을 수천 번 하고 수없이 화두를 들어도 그것은 보현행원 참선, 보현행원 염불, 보현행원 절이 아니다. 그냥 절 수행, 참선 수행, 염불 수행일 뿐이다. 그 결과 염불하고 따로 보현행원, 절하고 따로 보현행원, 참선, 기도하고 따로 보현행원을 구하는 따로국밥을 하게 된다.[139]

보현행원은 실체가 없어 이것이 보현행원 수행이다, 라고 할 만한 것은 전혀 없다. 따라서 그 어떤 수행도 배척하지 않고 대립하지도 않는다. 열 가지 마음만 있으면 내가 하는 행이 그 즉시 보현행원

---

139 또 강조하지만 기존의 삶과 수행에 보현행원을 덧씌우는 것이 보현행원 수행이다. 명상을 하더라도 원을 세우고 공경 찬탄의 마음으로 명상을 하면 그것이 명상 보현행원 수행이며 참선, 절, 염불 등도 마찬가지다. 모든 게 그러하다. 지금까지 무의하게 살던 삶을 보현행원의 마음으로 살면 그것이 바로 삶의 보현행원 수행이다.

수행이 된다. 불교에서 흔히 하는 수행을 떠나 따로 어떤 획기적인 보현행원만의 수행이 따로 있는 것이 아니다. 바로 지금 이 자리에서 내가 하고 있는 삶, 내가 하고 있는 수행이 보현의 마음만 있으면 바로 보현행원 수행이 되는 것이다. 그래서 보현이 무엇이다, 보현보살이 어떤 분이시다, 하는 것을 아는 것이 중요하다. 그리고 그래서 「보현행원품」을 매일 독송하는 것이며 「보현행원품」 독송을 보현행원 수행법의 제일 첫째 단계로 말하는 것이다.[140]

　　행원에서 중요한 사항은 특별한 수행 방법과 수행처를 따로 구하지 않는 것이다. 내 일터, 내 집안, 그리고 공부 안 되고 번뇌 끊이지 않는 그곳이 바로 수행할 곳이요, 지금이 바로 수행할 시간이며, 지금 내가 하고 있는 일이 수행이다. 그러므로 나중에 따로 특별한 수행법을 배워 특별한 곳에서, 특별한 시간에 보현행원을 공부하겠다고 하면 안 된다.[141] 행원은 늘 내가 하던 일상 일과를 그대로 수행으로 연결시키는 수행법이다. 따라서 어찌 보면 내 삶 자체가 바로 그 어떤 수행에도 뒤지지 않는 가장 수승한 수행법이다. 생각이 날 때

140　보현행원 수행에 있어서 「보현행원품」 독경은 매우 중요하다. 우리가 단순한 윤리적 삶(출전의 보현)을 살리면 고잘미로도 충분하지만 진리의 삶, 깨달음의 삶(입전. 과후의 보현)을 살리면 단순 고잘미로는 안 된다. 반드시 부처님 가르침에 근거한 길을 가야 한다. 부처님에 근거한 길, 그것은 경전을 읽는 것이다. 따라서 독경은 매우 중요하다. 백성욱 박사께서도 그래서 『금강경』을 독경할 것을 부촉하였고, 금하광덕도 『금강경』, 『반야심경』, 「보현행원품」 독송을 매우 중시하였다.

141　물론 특별한 불교 수행법 중 하나를 선택해서 따로 수행해도 된다. 그러나 그때 닦는 수행 역시 보현행원의 수행 버전이다. 삶은 보현행원의 삶의 버전, 불교 수행은 보현행원의 수행 버전인 것이다.

즉각 하는 것이다. 내 삶이 바로 수행이요, 이 자리가 보리를 이룰 곳이고 성불할 곳이며 이 자리에서 지금 수행하는 것이 행원이다. 이 사실을 먼저 꼭 명심하고 다음과 같이 한다.[142]

① 원을 세운다

원을 세우는 것은 보현행원 수행에 아주 중요하다. 원이 나의 수행을 결정짓고 원이 나의 일상을 결정짓기 때문이다. 따라서 언제 어디에서나 원을 세운다. 아침에 경을 읽을 때도 이 경이 시방 삼세 모든 부처님 보살님, 그리고 일체중생에게 울려퍼져 모두 큰 보리심 내기를 발원하며 경을 읽는다.

하루 일과 도중에도 그러하다. 일마다 행마다 모든 중생들이 편안하고 행복하며 부처님 공양, 부처님 공경을 잘하기를 바라는 원을 세운다. 업무상 만나는 사람들에게는 마음속으로 저분이 부디 일을 잘하고 열심히 일해서 많은 분들에게 이익을 주고 본인도 행복하기를 발원하며, 일터 직원들에게는 직원들이 모두 편안하고 행복하며 모두가 보리심 내어 서로 공경하며 서로 잘 섬겼으면 하는 발원을

---

142 보현행원 수행은 아무 것도 원하는 게 없다는 것을 잊지 말아야 한다. 깨달음도 복 짓기도 아무 것도 원하지 않는 것이 보현행원이다. 오직 부처님 공경, 공양, 찬탄이 목적이다. 내 생명이 부처님 무량공덕으로 꽉 차 있기에 뭘 원할 필요가 없다. 오직 부처님 공경, 찬탄할 뿐 그 외에 아무것도 할 게 없다. 저 무한한 부처님 공덕 속으로 들어갈 뿐이다. 이런 점이 일반 수행과의 차이인데, 보현행원은 구하는 마음이 없으니 처음부터 내 진실 생명의 노래다. 따라서 수행을 일부러 짓지 않는다. 또 우리 불성의 무한성에 한계(예: 업보중생, 무명중생 등)를 두지 않으니, 처음부터 열린 자리[佛地]에서 출발하며 수행상 등 특별한 것에 집착하지 않는다. 그리고 배타적이지 않으니 모든 수행과 모든 가르침에 열려 있다.

한다.

　서비스업에 종사하시는 분들은 오시는 분들이 모두 공양 잘 받으시고 모두들 편안하게 일터로 집으로 가서 직장에 이익되고 가정도 편안하게 이끌기를 발원하며, 주부들이 식탁을 차릴 때도 당신이 차린 이 식탁으로 가족 모두가 맛있는 식사를 하고 건강하기를 발원한다. 시장에서 고기나 생선을 사고 팔 때는 부디 좋은 분들의 먹이(또는 음식)가 되어 그 공덕으로 다음 생에는 꼭 사람 몸 받고 태어나기를 발원하니, 이때 합장하거나 속으로 합장하는 마음을 내면 더욱 좋다.[143] 합장이 좋은 것은 마음을 하나로 모으고 산란심을 없애기 때문이다. 또 합장은 내게 오는 업을 없애 준다. 비난으로 마음이 상할 때, 누군가와 시비가 붙을 때 등등에 합장을 하면 내게 오는 비난, 시비가 모두 사라진다.

②「보현행원품」 독송

「보현행원품」을 매일 읽는다. 하루 한 번도 좋고 열 번도 좋다. 노는 입에 염불이라고, 시간 날 때 틈날 때마다 읽는다. 다만「보현행원품」은 게송을 포함할 경우 독송에 적지 않은 시간이 소요되므로, 게송

---

143 "불자여 보살은 축생에게 한 술의 밥과 한 톨의 곡식을 주더라도 이런 서원을 세운다. 마땅히 이들로 하여금 축생을 버리고, 이익하고 안락하여 마침내는 해탈케 하라. 고통 바다를 영원히 건너며 괴로움[苦愛]을 영원히 멸하라."(「십회향품」) 축생에게 음식 하나 줄 때에도 일체 고통을 벗어나기를 바라는 원을 세우며 주는 것, 이런 것이 바로 보현행원이다. 그래서 필자는 『화엄경』에서 보현행원을 보라고 말씀드리는 것이다.

시작 전까지만 읽어도 무방하다. 그런 후 시간 날 때 게송도 읽으면 된다.[144] 「보현행원품」의 독송은 보현행원 수행법의 핵심이다. 매일 행원품을 읽으면 그 자체로 보현행원 수행이 된다. 그것은 앞에 말한 대로 행원품 자체가 신해행증을 성취하는 구조로 되어있기 때문이다. 「보현행원품」을 매일 독송하고, 시간이 되면 금하광덕의 〈보현행자의 서원〉과 〈보현행원송〉을 읽도록 한다.[145]

보현행원은 간단한 열 가지이지만, 천차만별의 모습으로 나툰다. 중중무진의 법계가 무한법계를 만들어가는 것처럼 보현의 원행 하나하나가 모두 중중무진으로 서로 얽혀 무한 보현행을 만들어간다. 공양이 찬탄이 되고 회향이 공경이 되며 무한의 보현행이 만들어진다. 이것을 알아야 보현행원을 조금이나마 본 것인데, 다들 열 가지 행원이 전부인 줄만 알고 그것만 가지고 보현을 말한다. 그래서 보현행원이 뭐 그리 대단한가? 하고 의심하거나 비난하기도 한다.

---

144 필자는 우선 게송 전까지 읽는 것을 권한다. 이 현상계에서 정말 중요한 것은 공도 무아도 연기도 아니다. 그것은 조화이다. 모든 현상계가 서로 대립하지 않고 각기 있는 곳에서 자기 능력과 자기 할 일을 조화롭게 이행할 때 이 현상계는 아무 문제 없이 굴러간다. 우리 건강도 그러하다. 인체의 각 세포도 서로 조화를 이룰 때 건강하게 되는 것이다. 그래서 보현행원이 중요하고 보현행원품을 읽는 게 중요하다. 공경, 찬탄, 섬김은 현상계의 조화를 가져오기 때문이다.

145 금하광덕의 〈보현행자의 서원〉은 보현행원의 핵심을 한눈에 볼 수 있다. 또 〈보현행원송〉은 우리나라 최초의 국악 교성곡 가사로, 「보현행원품」 내용을 읽기 쉽게 전체 핵심만 요약한 것이다. 「보현행원품」 독송이 부담스러운 분들은 이 중 하나를 우선 읽어도 되리라 본다. 물론 궁극적으로는 경전 자체를 읽어야 할 것이다. 1960년대 초반 뚝섬 봉은사에 대학생수도원(학교 공부와 수행을 같이 하자는 취지)이 설립되었을 때, 당시 봉은사 주지였던 금하광덕은 대학생들에게 「보현행원품」을 모두 암송할 것을 권유했다 한다.

보현은 실천의 세계다. 그러니 반드시 행원품을 매일 읽고 보현의 서원을 세우고 일상에서 보현행을 실천해 나가야 한다. 일상에서의 보현행원이 되는 근간이 「보현행원품」의 독송이다.

제일 좋은 것은, 「보현행원품」을 몽땅 외우는 것이다. 그래서 염불하듯이 염념이 일상에서 행원품을 독송하는 것이다. 거기에 덧붙여 '내 생명 부처님 무량공덕 생명'을 외우고 마하반야 염송을 한다. 박성배는 「보현행원품」을 제대로 읽으려면 보현의 바다 속으로 뛰어들어가야 한다고 말한다. 그리고 보현의 길은 사람마다 다양하게 전개되지만 중요한 것은 항상 자기를 속이지 않고 최선을 다하는 것이라고 하며, 「보현행원품」 중 가장 중요한 예경제불원 읽기를 숙제로 낸다. 그는 「보현행원품」이 원래 독송하는 글이며, 독송을 계속하면 새 맛이 끝없이 우러나온다고 한다.[146]

③ 적절한 수행법 선택

불교 수행법(참선, 염불, 절, 독경, 사경, 진언 등) 중 하나를 택한다. 이때 중요한 것은 수행을 할 때 보현의 원을 잊지 않는 것이다. 좌복에 앉을 때도 중생의 아픔을 생각하고 화두를 들 때도 중생의 고통을 안고 화두를 든다. 염불을 해도 정토왕생만 바라고 고난 사라지기를 바라며 하는 게 아니라 부처님에 대한 간절한 공경, 찬탄, 섬김의 맹세를 바치며 염불한다. 절도 마찬가지다. 횟수를 채우기 위해 급하게 굽혔다 일어났다 하는 게 아니라 절 하나하나 지극한 공경과 참회, 찬탄을

---

146 『광덕스님 시봉일기』 권9, 72 ; 90쪽.

담는다.

　수행의 힘을 무시하면 안 된다. 고난 극복 같은 것은 수행의 힘이 아니면 어렵다. 보현행원을 하라는 것은 다른 불교 수행은 하지 마라는 얘기가 아니다. 삶을 보현행원적으로 지어가고 수행을 보현행원적으로 지어가라는 얘기일 뿐 다른 수행은 할 필요가 없다거나 배척하라는 얘기는 아닌 것이다. 보현행원은 배척, 대립하는 가르침이 아니다. 모든 것을 섭수하고 각각의 수행을 더 빛나게 해주는 가르침이다. 빛이 서로 섞여 더 밝은 빛이 되는 것처럼 보현행원은 다른 수행과 하나 되어 더 밝은 수행이 되게 하는 가르침이다. 어떤 가르침 어떤 수행과도 대립하거나 배척하지 않고 서로 흡수 융화가 된다. 결코 보현행원만이 제일이고 최고로 수승한 가르침이니 다른 수행은 하지 말라거나 배척하는 것이 아니다. 또한 지금까지 보아왔다시피 다른 일반 수행을 떠나 따로 보현행원 수행이 있는 것도 아니다. 이런 보현행원의 실체를 잘 알아야 한다.

　참된 보현행은 일체의 수행을 함께 닦는 것이다. 똑같은 절이라도 수행하기 위해 하는 것과 부처님께 공양 올리기 위해 하는 것에는 많은 차이가 난다. 수행은 어찌 보면 나를 위해 하는 것이지만, 공양은 부처님을 위해 하는 것이기 때문이다. 그러니 절을 수행으로 짓지 말고 부처님 공양거리로 지으면 공부 자체가 달라진다. 왜 공부를, 그리고 삶을 보현의 서원으로 지어야 하는지, 이런 데서 확연히 나타난다.

　절 수행자는 '절로 보현행원을 수행하는 수행자'가 되시라. 나를 위해 절하는 게 아니라 부처님을 위해서 하는 것이다. 그래서 절 하나하나마다 부처님 공양을 이루라. 그렇게 수행의 달인 중에 수행 그 자체를 위해서가 아니라, 부처님 공양하고 찬탄하기 위해 수행을 하는 분들이 많이 나와야 한다. 보현행원을 한다고 일반 수행을 안 하는 것이 아니라, 불교 수행을 해 본 적도 없는 단순한 보현행자가 아니라, 불교 수행도 깊은 보현행자들이 많이 나와야 한다. 그래야 불교가 살아난다. 불교 수행이라고는 별로 해 본 적이 없으면서 보현행원만 강조하는 것은 올바른 불자, 올바른 보현행자의 모습이 아님을 알아야 한다.

참된 보현행자는 모든 불교 수행을 닦을 수 있는 한 다 닦는다. 그 이유는 나를 위해서가 아니라 중생을 위해서이다. 나를 위해서는 먼지 하나 더할 것도 없지만, 남을 위해서는 온 우주를 가져오는 것이 보현행원이다.

보현은 참으로 깊은 가르침이라, 불자들 중에는 불교 수행도 않으면서 보현행원만 강조하는 모습을 한심해 하는 분들도 있다. 또 섬기고 공양하는 일에는 관심이 없고, 그저 수행의 달인이 되기를 원하는 분들도 많다. 이런 분들은 보현을 아무리 설명해도 못 알아듣는다. 관심이 나에 집중되어 있기 때문이다. 사람이 모자라거나 어리석어서가 아니라, 마치 화엄이 설해질 때 못 알아들었던 소승의 수행자들처럼, 관심이 나에 있기에 이미 내가 없는 저 무한 가르침을 이해하지를 못하는 것이다. 이런 분들을 위해서는 수행으로 일단 이끌어야 한다. 그러기 위해서는 내가 불교 수행을 아니할 수가 없다. 불교적 수행의 고수가 되어서, 결국 수행 너머의 세계를 보여드려야 한다. 이는 마치 돈이 꼭 필요해서 돈을 버는 것이 아니라, 돈이 필요없다는 것을 알게 하기 위해 돈을 버는 모습을 보여드리는 것과 같다. 그러니 참된 보현행자는 보현만 아는 반쪽 보현행자가 아니다. 참된 보현행은 일체의 수행을 함께 닦는다. 『화엄경』은 이를 '닦을 필요가 없지만 닦는다'는 말로 표현한다.

보현행원적으로 한다는 것은 첫째로 원을 세우고, 둘째로 공경· 찬탄하고 섬긴다는 얘기다. 삶을 섬기고 수행을 섬기는 것이다. 참선의 경우는 참선을 공경, 찬탄, 섬기는 마음으로 하는 것이다. 깨닫기 위해 욕심으로 하는 게 아니다. 이미 깨달은 그 자리를 확인하는 마음, 그리고 일체법계 일체중생에게 공경·공양·찬탄하는 마음으로 좌복에 앉고 화두를 드는 것이 참선 보현행원(또는 보현행원 참선)이다.

사실 수행은 드러난 겉모습에 있는 것이 아니라 어떤 마음으로 행하느냐에 있다고 하겠다. 명상, 참선이 아무리 뛰어난 수행법이라 하더라도 그저 건강이나 지키고 마음의 평화나 얻으려는 마음으로 하면 그것은 생사를 뛰어넘는 수행법이 될 수 없다. 무늬만 수행이다. 마찬가지로 절의 경우, 사무친 마음 없이 그저 절하는 자체에 의의를 두면 아무리 많은 절을 하더라도 굴신운동에 지나지 않을 것이다. 이와 같이 수행은 드러난 모습보다 내실이 중요하다. 고맙고 칭찬하고 미안하고 섬기는 마음으로 공부를 하고 수행을 하고 삶을 살면, 하루 24시간 수행하는 셈이 된다. 수행을 할 땐 수행으로 고마움, 찬탄, 공양, 참회를 실천하고, 삶을 살 땐 삶으로 또한 공경, 찬탄, 공양을 실천하는 것이다.

수행의 핵심은 일심의 전환이다. 우리도 인지 못하는 저 깊은 의식, 그리고 우주에 가득한 일심을 전환·정화하지 못하면 수행이 되지 못하는 것이다.[147] 일심의 전환, 변환 없이 짓는 수행은 그저 '수행 기술자'만 만들 뿐이다. 절만 잘하는 절 기술자, 앉기만 잘하는 참선 기술자 등등, 그런 기술만으로는 무한 공덕이 나오지를 못한다. 일심의 전환은 서원과 자비심이 있을 때 이루어진다. 지혜만 가지고는 되지 못한다. 서원과 자비로 일체중생을 섬기고 공양하는 보현행원으로 공부를 지으면 모든 공부가 일심의 전환을 가져온다. 삶으로 공부를 지으면 삶이, 수행으로 공부를 지으면 수행이 일심의 대전환을 가져오는 것이다.

④ 불광관과 마하반야바라밀 염송

보현행원 수행에 있어 관법도 선정 및 지혜와 자비의 함양에 큰 도움이 된다. 여기서는 마하반야바라밀염송을 통한 이통현의 불광관 수행과 일상에서의 마하반야 염송 수행, 이렇게 두 가지로 나눠서 살펴본다.

– 마하반야바라밀 염송을 통한 불광관 수행

마하반야바라밀 염송은 이통현의 불광관과 굉장히 비슷하다.

---

147 유식에서 오직 마음이라 하는 것은 외부 현실에 대한 인식은 마음에 의존한다, 즉 마음을 통해서만 외부 세계와 연결될 수 있다는 뜻이다. 중관파에서는 공성을 강조하지만, 유식론자들은 마음을 강조한다. 이들의 말에 따르면 외부 세계에 대한 인식이 마음과 어떤 관계가 있는지를 앎으로써 공성을 이해할 수 있다는 것이다. 실재(實在)의 세 가지 관점은 변계소집성, 의타기성, 원성실성이며, 망상에는 세 종류의 의식(제6식, 마나식, 아라야식)이 있는데, 명상의 목적은 아뢰야식을 변화시키는 것이라 한다. (탈렉 캅괸 림포체 지음, 유기천 옮김, 『티베트 불교입문』, 청년사, 2006, 126-129쪽)

불광관은 선정으로 공과 자비를 보는 것인데, 마하반야바라밀 염송을 통해 이통현이 말한 그런 수행 경계를 얻을 수 있다.

금하광덕의 마하반야바라밀 염송은 일반 아미타불 염불이나 다라니 염송과는 다르다. 일반 염불은 부처님, 또는 부처님 정토를 생각하고 왕생발원을 하거나 가피를 염하는 것이지만 마하반야 염송은 그렇지 않다. 또 일반 다라니 염송은 다라니를 열심히 염송하지만 뜻을 생각하거나 관을 하지는 않는다. 마하반야는 우리에게 깃든 무한 지혜, 무한 자비를 관하며 그 무한 지혜와 자비가 파도처럼 우리에게 밀려오는 것을 생각하며 염송한다. 그 지혜와 자비는 눈부시다. 그리고 온 세상을 빛으로 덮는다. 마치 『화엄경』에서 비로자나불의 광명이 시방세계를 덮듯, 무한 반야의 무한 지혜와 무한 자비가 우리를 그렇게 빛으로 덮어오는 것이다. 그 빛을 관하며 마하반야를 염송한다. 이때 우리가 『반야심경』에서 배운 반야를 생각해도 좋다(생각해도 좋다는 것은 해도 되고 안 해도 된다는 뜻이다. 마하반야 염송을 많이 하다 보면 지금 억지로 안 해도 저절로 그렇게 된다). 공하구나! 일체가 없구나! 모든 것이 내 집착이요 착각이었구나! 본래가 불생불멸 불구부정 부증불감이었구나! 이런 것을 마하반야 염송 속에 떠올리는 것이다. 그렇게 부처님의 무한 지혜, 무한 자비가 반야의 밝은 물결로 바닷가에 파도가 밀려오고 나가듯, 또 초신성이 폭발할 때 온 우주를 빛으로 모두 밝히듯, 그렇게 나의 온 몸, 온 마음에 밀려오고 나가는 것을 염송하며 관한다.

– 보현행원 수행으로서의 마하반야 염송 수행
마하반야바라밀 염송은 불교적인 기본 보현행원 수행으로 매우 적합하다. 그것은 마하반야가 비로자나불의 무량광명과 맞닿아 있어 보광명지를 현현하게 하기 때문에 그렇다. 마하반야는 굉장히 밝은 경계다. 그 밝은 마하반야가 우리 앞에 밀려오는 것을 관(觀)하는 것이 마하반야바라밀 염송의 핵심이다. 그런데 '관한다'는 것은 전문 수행 용어이고 초보자 또는 일반인은 '상상(想像)한다'로 생각하면 이해하기 쉬울 것이다.[148]

　　마하반야를 염송하며 눈부신 빛이 쏟아져 들어오는 것을 상상한다. 마치 암막 커튼을 치웠을 때 쏟아져 들어오는 눈부신 초여름 햇살처럼, 마하반야를 염하며 온 누리가 마하반야 진리 광명으로 꽉 차오는 걸 보는 것을 본(또는 상상한)다. 그와 함께 부처님 무량 은혜, 무량 자비, 무량 축복이 무한으로 쏟아져 우리에게 들어오는 것을 또한 관(또는 상상)한다. 무한한 감사, 무한한 기쁨, 무한한 찬탄이 내 안에서 울려 나오는 것도 상상한다. 축복, 광명, 은혜 앞에 내 안에 있던 감사와 기쁨이 밖으로 쏟아져 나오는 것이다. 그렇게 상상하며 마하

148　필자는 개인적으로 마하반야바라밀 염송이 누구에게나 쉽고 또 생각지도 못한 공덕을 가져오는, 현대인에게 매우 적합한 가르침이라고 본다. 종교를 떠나 신비한 주문으로 보편성을 갖고 누구에게나 다가갈 수 있는, 나이 든 분들뿐 아니라 젊은 이들도 거부감이 없는 현대화된 수행법이다. 불교를 믿는 것이 아니라 해리 포터가 주문으로 마법을 걸어 원하는 것 일체를 나오게 하듯. 우리 삶에 마하반야의 주문을 걸어 일체 성취를 이루어 내는 것이다. 마하반야 염송은 내 삶에 주문을 거는 것이다. 정(定)에 들겠다, 정토에 나겠다, 염불 수행한다, 아니면 뭘 얻겠다 등등, 이런 생각은 일체 없다. 그냥 내 삶에 주문을 거는 것이다. 일체를 잊고 일체를 놓아 버리고 '없는[空, 般若] 세계'로 주문을 외우며 뛰어드니, 거기엔 무엇이 있을지 모른다. 희망이 있을지 더 큰 절망이 있을지 아무도 모른다. 그래서 뭘 구하고 얻겠다는 게 아니라 그냥 부처님 무량공덕 속으로 뛰어드는 것이다. 부처님 무량공덕, 마하반야의 큰 위신력의 주문을 내 삶에 거는 것이다.

반야를 힘차게 외친다.[149] 반야의 물결, 대지혜 대자비의 물결이 밀려오며, 진리가 온 대지를 적시며 쏟아지는 것이다. 마하반야가 쏟아지고 마하반야가 밀려온다.

거기에 안 되는 것은 없다. 불가능이 없다. 일체가 이루어지며 일체가 성취된다. 병이 있는 분은 병이 낫고, 사업이 안 되는 분은 사업이 번성한다. 나를 가로막고 나를 어둡게 하는 그 모든 것이 없다. 오로지 만사형통, 무한 영광뿐이다. 무명은 타파되고 반야 지혜만 빛난다. 내 마음 속에 나를 열등하게 하고, 나를 한계 짓고, 나를 초라하게 빠뜨리는 일체의 것이 없다. 오직 무한 희망, 무한 성취뿐이다.

반야는 '모든 것이 없다(空)'는 뜻이다. 우리가 있다고 생각하는 그 모든 것, 가령 낙담, 실망, 어둠, 미움, 원망, 성공, 질투, 실패, 잘못 등등… 이런 것들이 모두 반야 속에는 없다. 나의 헛된 망상과 집착[顚倒妄想]이 그걸 붙들고 있었다. 그래서 나를 얽메고 옥죄이고 가두고 있는 현실은 실지로는 없는 것이다. 그리고 반야의 밝은 광명, 밝은 물결이 지금 그걸 깨뜨리고 있다. 마하반야바라밀이 울려퍼질 때마다 나의 망상이 깨어져 나간다. 그리고 참된 우리의 모습이 우리

---

149 이때 현대인들은 '마하반야'의 자리에 무한희망, 무한축복, 무한은혜, 무한기쁨, 무한성취, 무한번성, 무한가능, 무한영광, 무한건강 등을 외쳐도 좋을 것이다. 가령 마하반야바라밀 염송하다가 간간히 마하반야 대신 무한희망바라밀, 무한축복바라밀, 무한은혜바라밀, 무한기쁨바라밀, 무한성취바라밀, 무한번성바라밀, 무한가능바라밀, 무한용기바라밀 등등 이렇게 염송하는 것이다. 이런 말들이 복잡하다면 당장 내게 필요한 하나만 골라서 해도 된다. 무한성취바라밀을 마하반야 대신 여러 번 단순 반복하는 것이다. 마하반야바라밀에 섞어 이런 말을 넣어 같이 염송한다면 더욱더 마하반야의 뜻이 구구절절히 와 닿을 것이다. 그리고 그런 마하반야 염송이 현대인들에겐 더욱 맞는 마하반야 염송이 될지 모른다.

앞에 나타난다. 무한 희망, 무한 축복, 무한 은혜, 무한 창조, 그것이 우리의 본 모습이다.[150]

반야 앞엔 아무 것도 없다. 있는 것은 반야뿐이다. 우리가 있다고 생각하던 것은 일체가 없고, 오직 있는 것은 찬란히 빛나는 반야뿐이다. 반야가 생명으로, 무한 희망, 무한 축복, 무한 은혜로 빛나고 있다. 그 반야 앞에 그동안 우리를 억누르고 옭죄이던 일체의 어둠은 어디 갔는지 흔적도 없다. 오로지 찬란한 진리의 빛뿐이다. 그 빛 속으로 우리는 희망을 찾고 다시 몸을 일으켜 나간다.

미움, 원망, 후회, 절망 같은 것이 있거든 마하반야에 녹여 버린다. 마하반야 속으로 던져 버리고 우리도 마하반야 속으로 들어간다. 마하반야는 거대한 용광로요 모든 걸 삼키는 블랙홀이다. 나의 희망도 나의 절망도 모두 모두 마하반야의 용광로에 모두 집어던지고 용광로 속으로, 블랙홀로 뛰어든다. 모든 것이 용광로에서 녹아 새롭게 창조되며, 모든 것이 블랙홀에서 사라지고 화이트홀에서 부활한다.

---

150 반야관에서는 무엇이 없는가? 우리가 있다고 생각하는 그 모든 것이 없다. 심지어 뭐가 없느냐 하면 초기불교가 그렇게 애지중지하는 사성제·오온·십이처·십팔계는 물론 무명도, 무명이 다함도 없고, 아무 것도 얻을 바가 없다. 그러면 뭐가 남는가? 있다고 생각하는 모든 것을 제거하고 나면 도대체 있는 것은 무엇인가? 그렇게 우리가 있다고 생각하는 모든 걸 제거하면 없는 그 자리에 반야가 빛난다. 아무 것도 없는 줄 알았던 그 자리에 반야가 홀로 빛나고 있는 것이다. 그런데 그 반야는 모든 것을 비추고 있고 모든 것의 창조자다. 그래서 그냥 반야가 아니라 '마하(大)' 반야. 진실로 진실한 모든 것은 반야로부터 나온다. 있다고 생각했지만 실은 없는, 그것들이 사라진 자리에 진짜로 있는 것들이 나오니, 그것이 불생불멸 불구부정 부증불감 하는 세계인 것이다. 반야가 구르는 곳은 일체가 없어진다. 그리고 새로 태어난다. 그런데 그렇게 새로 태어나는 것은 전부 진실한 것이니 모두가 기쁨, 찬탄, 축복, 성취다.

이것이 마하반야바라밀의 위대한 힘으로, 그래서 마하반야바라밀은 크게 밝은 주문이요 비할 바 없는 주문이요 능히 일체의 고뇌를 제멸하는 주문이다. 마하반야는 세상의 온갖 것들을 빨아들여 다시 무한 진리를 뿜어낸다. 무한 진리와 무한 진리의 힘, 그것이 마하반야의 정체다.[151]

　　마하반야바라밀을 염송할 때 주의할 것은 '일심염불'이다. 염송을 무슨 이유로 시작했던, 간절한 나의 소망을 간절히 발하고 나서 염송에 일단 들어가면 염송만 일심으로 하는 것이다. 거기에는 병을 낫게 하겠다, 사업이 안 된다, 걱정이 있다… 이런 것조차 있을 수가 없다. 오직 마하반야바라밀, 그것만 있다. 모든 것을 잊어버리고 마하반야바라밀만 외친다. 그리고 부처님의 무한 은혜, 무한 축복, 무한 위신력이 물밀듯 현실로 내게 밀려오는 것을 상상하고 느낀다. 모든 고난은 사라지고 내 온 몸, 온 마음에 부처님의 위대한 위신력이 물밀듯이 나를 향해 오고 있는 것이다. 오직 그것만 바라보며 마하반야바라밀을 염한다. 나를 붙잡는 일체를 모두 잊어버리고 오직 마하반야바라밀, 부처님 무량공덕 속으로 뛰어드는 것이다. 사방에는 온

151　마하반야바라밀을 염하는 사람은 일심으로 염해서 아무 생각도 없고 맑고 맑아서 아무 것도 없는 상태에 있는 것이 아니라, 일체와 더불어 화합하고 일체와 더불어 함께 있으며 모두의 공덕을 찬양하고 나 자신에게 가득히 넘쳐 있는 부처님 은혜에 감사하는 그런 믿음에서 오직 일심으로 염송한다. 그것은 바로 나와 같이 있는 나의 부모, 나의 형제, 나의 아내, 나의 남편에게 감사하고 그 모두를 부처님의 은혜가 감싸고 있다는 것뿐만 아니라 이 세계 이 국토가 모두 그렇다는 것을 믿고 그렇게 보는 것이다. (『메아리 없는 골짜기』, 145쪽) 부처님의 무한공덕, 그것이 내 생명 현존재임을 굳게 믿고 반야바라밀을 끊임없이 염하며 확인하는 것이 바라밀 염송이다. (『만법과 짝하지 않는 자』, 197쪽)

통 반야뿐이다. 그 반야와 함께 우리는 세상 속 무량 부처님께 나아
간다. 이것은 반야의 자리[體]에 우리를 두고 일상에서 보현행을 실
천[用]함을 말한다. 금하광덕은 마하반야를 체로 삼고 행원을 용으로
지어나가라고 했다. 이는 부처님이 보리좌에 늘 앉아 계시면서 시방
법계를 두루 나투시는 화엄의 가르침과 일치한다. 반야화엄, 화엄반
야인 것이다. 반야에 체를 둔다 함은 우리 마음 자리를 불생불멸, 불
구부정, 부증불감의 자리에 둔다는 말이다. 그렇게 마음을 두고 생멸
의 세계로 들어가는 것이 반야에 체를 두고 보현행원을 실천하는 용
이다.

⑤ 보현행원의 실천

우리가 숱한 어려움에도 불구하고 힘들게 수행을 하는 이유는 다른
것이 없다. 고마운 일에 고맙다, 잘한 일에 잘 했다, 미안한 일에 미안
하다는 이 세 마디 말을 하기 위해서다. 온 천지가 고마운 일뿐이고
온 중생이 잘한 일뿐이며 온 세상이 은혜 투성이인 것을 알기 위해
수행하는 것이다. 그런데 수행하는데 이 말이 나오지 않는다면 수행
을 제대로 한 것이 아니다. 진정한 수행자라면 이 세 마디가 아니 나
오지 않을 수가 없다.

　　불교의 핵심인 연기(緣起)도 바로 이 내용이다. 이것이 있으므
로 저것이 있고[因此有彼 無此無彼], 이것이 생기므로 저것이 생긴다[此
生彼生 此滅彼滅]는 것이 부처님이 깨달으신 연기의 실상이다. 그런데
이 세상에 홀로 존재하는 것 없이 모든 존재가 서로 이 세상을 받치
려 온갖 노력을 다하고 있으니 고마운 일[恭敬]이 아닐 수 없고, 또 그

런 노력으로 이 법계가 장엄하게 되니 모두가 잘한 일[讚嘆]일 수밖에 없으며, 그런 은혜 속에 내가 존재하니 미안한 일[懺悔]이 아닐 수 없는 것이다. 우리는 이러한 연기법을 흔히 부처님이 깨달으신 내용이라고 한다. 그래서 연기에 관한 설명은 숱하게 이루어지며 웬만한 불자라면 이러한 연기법을 모르는 분이 없을 것이다. 그런데 놀랍게도 연기법은 알지만 연기의 실천까지 나아가는 분은 별로 없는 것 같다. 다만 이론으로서 연기를 알고 있을 뿐이다. 연기를 알았다면 연기 너머의 세계까지 가야 한다.

고맙다, 잘 했다, 미안하다! 평범하게 보이는 이 세 마디는, 우리로 하여금 이론으로서의 연기를 넘어 현실 속에서 직접 연기를 실천하게 한다. 지금까지 불교의 가르침은 이론은 아주 훌륭한데 실천은 그에 비해 빈약한 면이 있다. 가령 공이라 할 때 공을 알 뿐만 아니라 공이 현실에서 현전, 실천되어야 한다[行深般若]. 연기도 마찬가지다. 아무리 연기가 훌륭하더라도 현실에서 연기적 삶을 살지 못하면 허무하다 하겠다. 보현행원은 그러한 공, 연기를 현실에 나투게 한다. 우리가 보현행원을 하면 공, 연기가 현실에서 현현한다. 특히 인이 과가 되고 과가 인이 되는 중중무진의 법계연기가 실현되는데, 공경, 찬탄, 섬김 등의 속성이 그러하기 때문이다.

우리 마음엔 본디 고마운 마음, 찬탄하는 마음, 참회하는 마음이 다 들어 있다. 그럼에도 우리가 일상에서 그런 말을 좀처럼 하지 못하고 지내는 것은 교만심, 자만심이 본래 밝은 내 마음을 덮고 있기 때문이다. 알량한 자존심, 내 잘난 마음이 고마운 일을 보고도 고맙다 한 마디 못 하게 하며, 잘한 일을 보고도 잘했다 칭찬 한 마디 못하게 하고, 미안한 일에도 미안하다 소리 한 번 못 하게 하는 것이다. 그리하여 그런 일이 자꾸 쌓여갈 때, 선량한 우리들 가슴에도 어느새 오해가 생기고 서로의 가슴에 피멍이 맺히게 된다. 수행이란 특별한 일이 아니라 이런 어리석은 마음, 전도된 마음을 거두는 것이다. 고마움을 모르는 나의 자존심을 수행의 불길로 녹이고, 잘난 마음으로 뒤덮인 내 마음을 수행의 밝은 힘으로 제거하는 것이다. 그러함에도 그런 말, 그런 행을 할 수 없다면 아무리 남이 넘볼 수 없는 깊은 수행을 하고 아무리 높은 선정에 든다 하더라도 도무지 보람이 없다. 모두가 헛된 일이 되고 만다.

고맙다, 잘 했다, 미안하다! 이 세 마디는 수행의 결과 및 수행의 공덕일 뿐 아니라, 무량겁 동안 나의 본성을 덮어 온 무명의 구름을 걷어내는 작업도 된다. 고맙다, 잘 했다, 미안하다란 말을 끊임없이 외칠 때, 무량겁 동안 숨어있던 내 마음의 고마움, 내 마음의 찬탄, 내 마음의 참회가 밖으로 나오게 된다.

고마운 마음에는 내 잘난 마음이 없다. 내 잘난 마음이 있을 때는 고맙다는 말이 나오지 않는다. 오직 상대에 대한 공경이 꽉 차 있을 때 고맙다! 하는 말이 나도 모르게 나온다. 잘했다는 말에도 나라는 아상은 어느 곳에도 없다. 미안한 마음도 마찬가지다. 미안하다! 할 때는 나도 모르게 나라는 아상은 어디로 가고 없다. 감사를 하면 감사할 일이, 찬탄하면 찬탄할 일이 생긴다. 다만 미안해하면 미안한 일이 생기는 것이 아니라, 축복이 오게 된다. 그러므로 아무것도 아닌 것처럼 보이는 이 말들은, 그 어떤 수행 못지않은 훌륭한 수행이 될 수 있다.

306

고잘미 운동(고맙다, 잘했다, 미안하다라는 말을 수시로 하는 운동)을 해 보면 의외로 이 말들이 하기 어렵다는 분들을 꽤 만난다. 고잘미, 그 단순한 세 마디가 그렇게 어렵다는 것이다. 그 이유는 우리 마음이 닫혀 있기 때문이다. 마음이 이웃과 세상에 닫혀 있기에 고맙다는 말이, 잘했다는 말이, 미안하다는 말이 나오지 않는 것이다(거칠고 삭막한 사회일수록 고맙고 잘했고 미안하다는 말을 듣기가 힘들어진다). 이 말은 '고잘미'를 열심히 하면 마음이 열리게 된다는 의미이기도 하다.

또 고잘미가 어려운 이유는 우리가 고집이 세고 그만큼 아집(我執)과 상(相, 내 잘난 마음)이 강하기 때문이다. 불교에서는 이런 내 잘난 마음을 아상(我相)이라고 하는데, 아상이 강할수록 고잘미를 하기 어려워진다. 이 말은 다시, 고잘미를 잘할수록 아상이 저절로 사라진다는 말이기도 하다.

고맙다, 잘했다, 미안하다. 이 세 마디는 나의 아집과 상(相)을 없애고 닫힌 우리 마음을 활짝 열어 주는 보배와 같은 말들이다. 고맙고 잘했고 미안한 마음이 내 마음에 넘칠 때, 닫혀 있던 나의 마음은 세상을 향해 점점 열려간다. 그리하여 세상을 등지던 내 마음은 세상의 은혜를 알게 되고, 원망과 절망으로 가득 찼던 내 마음은 나의 잘못과 참회로 밝아오게 된다. 또한 깊고 높았던 나의 교만이 무너지고 온 세상을 향한 넉넉한 마음이 일어나니, 이것이 '고잘미'가 우리의 어둠을 없애고 밝고 찬란한 현실을 가져오는 원리 중의 하나이다.

감사하지 못할 일에도 고잘미, 칭찬하지 못할 일에도 고잘미, 미안하지 않은 일에도 고잘미가 내 입에서 나올 때, 세상의 우환과 고뇌는 물러가고 새로운 세계가 내 앞에 전개된다.[152] 정녕 우리가 그동안 보지도 못하고 생각도 못했던 상상 너머의 세계가 이 단순한 세 마디로 인해 우리 눈앞에 찾아온다. 그러므로 『화엄경』은 불가사의한 경전이요, 불가사의한 화엄세계로 들어가는 「보현행원품」의 이름이 또한 '입부사의해탈경계보현행원품'이다.

　그런데 '고맙다, 잘했다, 미안하다'를 '고맙다, 잘했다, 사랑한다' 또는 '고맙다, 미안하다, 사랑한다'로 바꾸면 어떨지에 대해 말씀하는 분들이 있다. 아마 사랑이란 말이 더 와 닿아서 그런 듯하다. 그러나 이런 말들은 같은 듯하지만 실상은 많이 다르다. 필자는 다음과 같은 이유로 회의적이다. 석영중은 소설가 도스토옙스키의 사랑을 '공상적 사랑(love in dreams)'과 '실천적 사랑(love in action)'의 두 가지로 말한다.[153] 공상적 사랑은 말로 하는 사랑이요, 느낌·감정으로 하는 사랑으로 쉽게 할 수 있고 또 칭찬받고 자랑하기 위해 하는 방대하고 추상적인 개념이다. 그리고 나의 상황에 따라 언제든 멈출 수 있는 사랑이다. 한편 실천적 사랑은 행동으로 하는 사랑, 존재를 다

---

152 그런데 필자가 고잘미 운동을 하면서 크게 하나 느낀 것이 있다. 그것은, 우리 사회에서는 '미안하다'는 말을 쉽게 하면 안 된다는 것이다. 필자 역시 보현행원에 취한 나머지 어찌 보면 내 잘못도 아닐 수 있는데 미안하다는 말을 남발한 적이 꽤 있다. 그 경우 상대방이 더 미안해하고 미처 못 알아차린 당신 잘못을 비로소 인지하게 되기도 했으나, 꽤 적지 않은 경우 오히려 그것을 빌미로 역공을 하는 일을 겪기도 했다. 이런 일을 적지 않게 겪고 나니, 우리 사회에서 고맙고 잘한 것은 몰라도 미안하다는 말은 함부로 해서는 안되겠구나 하는 생각을 갖게 되었다. 상대를 깨우치게 하는 게 아니라 오히려 더 미혹하게 만들 수도 있기 때문이다.

153 석영중, 「인류애 같은 공상적 사랑 말고 '너와 나' 실천적 사랑을」, 『중앙일보』, 2018-12-15, https://www.joongang.co.kr/article/23211231

하는 사랑, 평생 동안 책임과 의무를 다하는 사랑으로 배워야 하는 사랑이다. 그리고 감정·감각으로 하는 공상적 사랑보다 실천적 사랑이 중요하다며, 실천적 사랑은 중노동이요 불굴의 용기며 견뎌내는 것이라 말한다. 우리가 말하는 사랑은 어디에 속할까? 대부분이 말로만 하는 '공상적 사랑'은 아닐까?

실천적 사랑은 말로 하는 사랑이 아니다. 행으로 하는 사랑이니, 그 내용은 바로 감사, 찬탄, 참회이다. 상대방에게 고마운 것이 사랑이고 상대방을 찬탄하는 것이 사랑이며 상대에게 늘 미안한 것이 바로 실천적 사랑인 것이다. 사랑이 참으로 넘친다면 어찌 나를 위한 그분에게 고맙지 않을 수 있으며, 내 사랑이 참된 것이라면 어찌 나에게서 찬탄하는 말이 나오지 않을 것이며(동서양의 모든 사랑 노래를 상기해 보라!), 내 사랑이 하늘을 덮고도 남는다면 어찌 사랑하는 분을 제대로 행복하게 못해주는 나 자신이 미안하지 않을 수가 있겠는가. 그러니 고맙고 잘했고 미안한 마음은 그 자체가 바로 지극한 사랑, 그것도 참된 사랑의 표현이다. 또 그런 마음에 나란 이미 없다. 오직 사랑하는 이에 대한 지극한 마음, 지극한 정성만이 있을 뿐이다. 그러므로 그 자체가 사랑이다. 필자는 감히 주장하건대, 사랑이란 말을 달고 사는 분은 결단코 사랑을 알지도 못하고 하지도 않는 분이다. 참으로 사랑한다면 사랑한다는 말을 하는 대신에 오직 감사하고 찬탄하고 미안해하며 섬길 뿐이다.

남수단에 가서 사랑이란 말 한 마디 않고 전쟁과 굶주림, 질병에 지친 그곳 사람들을 묵묵히 공경, 찬탄, 섬김의 삶을 산 이태석 신부의 사랑이 그 예이다. 신부께서 하신 일은 사랑이라는 말 대신 오직 지친 이웃들을 공경하고 찬탄하고 섬긴 것이다. 공경하고 감사하고 칭찬하고 섬기고 모시는 것이 바로 사랑이다. 잘못한 일에 참회하고 함께 기뻐하며 상대의 뜻을 따르는 것이 바로 사랑이다. 그러니 사랑이란 말을 굳이 할 필요가 없다. 고잘미를 할 때 우리는 이미 사랑이 가득한 세계로 가고 있다. 고맙고 잘했고 미안한 마음이 '따로' 있고 다시 사랑이 '새로' 있는 것이 아니라, 고마워하고 잘했다고 칭찬하고 미안해하고 늘 섬기는 그것이 바로 사랑이다. 사랑의 속성이 고맙고 잘했고 미안하고 섬기는 것이다. 고마워하고 찬탄하고 미안해할 때, 사랑은 굳이 표현하지 않아도 거기 있다. 그래서 사랑이란 말을 쓸 필요도 없고 쓰지도 않는다.

　　이상의 수행을 종합하면 (보현행원 수행법은) 불교식 수행법을 못 하는 분들은 일상에서 기본행원, 즉 공경, 찬탄, 공양, 참회를 열심히 하면 된다. 이것은 그냥 일종의 선업을 짓는 것이지만[有爲法], 유위의 선업이 무위의 도업으로 바뀌는 건 순식간이다. 유위법이 있어야 무위법이 가능하고, 유위법과 무위법이 따로 있는 것도 아니다. 영명연수의 『만선동귀집(萬善同歸集)』이 만 가지 선을 강조하는 이유도 이것이다. 그러므로 일상에서 기본행원을 충실히 하면 나중에 도업 전환은 순식간에 가능하다. 비유로, 충분히 마련한 땔감에 불씨만 붙이면 순식간에 큰 불이 타오르는 것과 같다. 그렇게 공경, 찬탄, 감사로 열심히 선업을 짓고(유위의 보현행), 훗날 인연이 되어 불교와 만났을 때 지금까지 지어놓은 선업에 부처님 가르침을 덧씌우면 바로 즉시 무위의 보현행으로 쉽게 들어가게 된다.

기본 마음가짐

1. 부처님을 그리워하라

모든 공부는 그리워하는 데서 시작된다. 그리움은 세상사에 거칠어진 우리 마음을 맑게 하고, 잃어버렸던 어릴 때의 너그럽고 순수한 마음을 찾게 하며, 마음을 열게 하고, 언제나 본래 생명, 우리의 근원으로 돌아가게 한다. 명곡으로 남아 있는 노래들은 대다수가 그리움을 불러 일으키는 노래들이며, 명화나 명작 역시 그리움이 진하게 스며 있는 작품들이 주를 이룬다.

부처님 공부도 마찬가지다. 부처님을 사무치게 그리워하고 보고 싶어 하는 그 마음이, 우리에게 보리심을 일으키고 정진을 일으킨다. 그리하여 우리는 그리움으로 보리를 이루고 그리움으로 부처님 곁에 간다(염불도 갈앙심에서 시작된다). 그리움이 수행에서 중요한 이유는, 그리워하면 그리운 대상을 닮아가기 때문이다. 부처님을 그리워하면 우리도 부처님처럼 되어간다. 필자 생각엔 불자가 세상에 나와 할 일은 부처님 사모(思慕)밖에 없는 것 같다. 이것저것 다 해 봐도 부처님 사모가 제일인 것 같다.

그런데 평상시 그리워하는 마음이 전혀 없던 분들이 그리움을 일으키는 것 자체가 쉽지 않을 것이다. 그럴 때는 그냥 "부처님, 보고 싶습니다! 부처님, 그립습니다!"라는 말을 매일 하도록 한다. 말에는 창조적 능력이 있어, 말을 자꾸 하다 보면 언제부터인가 잊어버렸던 그리움이 내 마음에 살며시 찾아오게 된다. 우리는 그렇게 그리움을 찾게 되고, 잊어버렸던 우리의 불성도 다시 살리게 되며, 그리움을 통해 어리석음에서 벗어나 한없는 님의 사랑에 눈뜨게 된다.

2. 부처님과 대화하라

늘 부처님과 대화한다. 좋은 일, 궂은 일을 모두 부처님께 일러바친다. 내 마음에 있는 기쁨, 걱정, 어두운 생각을 모두 부처님께 말씀드리는 것이다. 이렇게 대화를 하는 것은 언제나 부처님을 떠나지 않고 마음이 부처님을 향하게 하며 보리심을 잃지 않게 한다. 사랑하는 사람끼리 어디를 가나 서로의 마음을 잃지 않는 것은 마음이 늘 서로를 향하고 있기 때문이다. 그리고 가장 좋은 수단이 바로 대화다.

　　보고 싶고 그리운 마음에 연인들은 어디에 가 있어도 서로 대화를 나눈다. 요즘은 핸드폰이 있어 쉽게 대화를 나누지만, 그런 것이 없던 예전에도 연인들은 마음으로, 그리움으로 수없이 많은 대화를 나누었다. 하늘에 떠가는 흰 구름을 봐도 당신 생각, 이름 모를 들꽃을 보아도 당신 생각에 그리움이 사무친다. 그러므로 아무리 떨어져 있어도 서로의 마음이 떠날 날이 없다. 금슬 좋은 부부 역시 오순도순 대화가 끊일 날이 없다. 서로 안 보면 사이가 멀어진다 하지만 대화가 끊이지 않는 연인, 부부는 아무리 떨어져 있어도 아무 문제가 없다. 늘 같이 있는 것과 같다. 이렇게 대화는 서로를 이어준다(대화가 끊어지는 부부, 연인은 문제가 생길 여지가 많다. 청소년 문제도 부모, 자식 간의 대화 단절이 주된 이유 중의 하나다).

부처님도 마찬가지다. 좋은 일 궂은 일, 좋은 생각 궂은 생각 떠오를 때마다 낱낱이 부처님께 바치고 연인처럼 부부처럼 부처님과 오순도순 얘기를 나누는 것이다. 그렇게 부처님과 나누는 대화는 우리를 부처님으로부터 떠나지 않게 한다. 또한 대화란 우리 마음 속의 모든 것을 부처님께 쏟아 놓는 것을 뜻한다. 무엇이든 가지면 착(着)이 되고 병이 된다(소위 홧병도 마음속 아픔을 풀지 못해 일어난다). 따라서 우리는 마음속 모든 것을 가지고 있지 말고 털어놓아야 한다. 기쁨도 슬픔도 환희도 고뇌도, 일마다 모두 부처님께 낱낱이 말씀드리고 나누는 것이다.

대화가 중요한 이유는 소통이 되기 때문이다. 소통이 끊어진 관계는 소원해진다. 도움을 받기도 주기도 어려워진다. 아무리 부처님이 우리에게 가피를 주시려 해도 우리가 부처님과의 관계를 단절시켜 놓으면 가피가 오기 어렵다(우리가 어려울 때 흔히 드리는 기도는 근원자리, 진리와의 소통을 이루는 방법 중 하나다. 그렇게 소통을 이루면 진리와 공명을 이루게 되고, 이 공명으로 진리의 힘이 우리에게 전달된다. 그리고 불가사의한 일들이 일어난다). 이런 소통은 일상뿐 아니라 우리 건강에도 중요하다.

소통은 마음과 몸, 그리고 몸의 세포 사이에서도 이루어진다. 소통이 잘 이루어지면 우리 몸은 소화도 잘 되고 건강하다. 그러나 소통이 안 되면 체하기도 하고 답답하고 건강도 해치게 된다(암도 세포들 사이의 일종의 소통이 잘 안 되어 발생하는 일로 볼 수 있다). 명상 치유사인 호크스 박사는『힐링 에너지 공명』(불광출판사, 2012)에서 과학적으로 밝혀진 세포들의 소통 증거(생화학적 소통, 신경전달물질을 통한 소통, 직접 교신 등)를 들며 병의 치유에 있어 근원자리와의 소통을 강조한다. 근원자리와 소통함으로써 치유 에너지를 가져올 수 있다는 것이다.

　일반적으로 제일 답답한 일 중의 하나가 하고 싶은 말을 못하는 것이다. 그런 분들에게 말씀할 기회만 드려도 그 분들의 고통은 한결 가벼워진다(언론의 자유가 중요한 것도 그런 이유에서일 것이다). 그렇지만 우리는 말 많은 사람을 별로 탐탁하게 여기지 않는다. 여러 이유가 있겠지만, 근본적으로 남의 말을 듣기보다 내 말 하기를 더 좋아하기 때문일 것이다. 그래서 우리는 기회만 있으면 남의 말을 막고 자기 말만 하려 든다. 그러다 보니 다툼이 일어나고 불만은 쌓여 간다. 그런데 부처님은 이런 일이 없다. 한 말씀도 하지 않고, 오로지 중생의 말씀을 듣기만 하려는 분이 부처님이다. 따라서 우리는 부처님께 일방적으로 말씀만 올리면 된다. 우리가 무슨 말을 하든 부처님은 한마디 불평 없이 모든 것을 들어 주신다. 이런 부처님께 우리는 무슨 일이든 모두 말씀드리니, 기쁨도 슬픔도 모두 부처님과 함께 하는 것이다.

3. 부처님께 바쳐라

부처님을 그리워하고, 대화하며 모든 것을 부처님께 바친다. 나의 고뇌, 근심 걱정은 모두 부처님께 바치고, 우리는 오로지 부처님 원력 속에 고해의 물결을 헤쳐 가는 것이다.[154] 고뇌 있는 그 자리, 근심 걱

---

154 바친다는 것은 맡긴다는 말이기도 하다. "무거운 짐진 자들아 다 내게로 오라. 내가 너희를 쉬게 하리라."(마태복음, 11:28) 필자가 어릴 적 집 앞에 교회가 있었는데, 교회 앞 간판에 이 말이 크게 적혀 있었다. 어릴 때 학교를 오가며 그 글을 보고 얼마나 가슴이 뭉클했는지 모른다.

정 가득한 그 자리가 바로 공부할 자리요, 부처님 공양 올릴 자리다. 원을 공양 올리고, 번뇌를 바친다. 이러한 기본 마음 아래, 일상에서 는 고잘미섬모를 실천하고 일과 수행 역시 지어나간다.

마음은 부처님을 향하고 몸은 중생으로

보현행원을 한 마디로 요약하면, "마음은 부처님을 향하고 몸은 중생을 향해, 일상사를 성실히 살아가는 삶"이다. 마음은 깨달음을 향하고 몸은 온갖 사연 가득한 이 현실 속에서 중생의 상처를 안아주며 일체중생을 섬기고 공양하며 살아가는 것이다.

　마음이 향하는 곳은 대단히 중요하다. 그것은 마음이 향하는 곳이 우리가 마침내 이를 곳이기 때문이다. 마음이 희망을 버리지 않고 이상(理想)을 떠나지 않는 한, 우리는 결국엔 우리가 꿈꾸는 그곳에 이르게 된다. 복원력이 강한 배가 어떤 풍랑에도 다시 일어서는 것처럼, 세상의 어떤 험한 물결 속에서도 절망하지 않고 일어서며 바른 길을 간다. 행은 그렇지 못하고 현실은 내 뜻과 다르다 하더라도, 마음은 그렇게 짓고 꿈은 그렇게 꾸어야 하는 것이다.

　마음이 '성공'을 향하는 이는 마침내 그 성공을 이루게 된다. 재물이든 명예든 학문이든 권력이든, 아무리 힘들고 실패가 거듭되더라도 그 마음을 잊지 않으면 현생에서도 기어코 이루어지고야 만다. 그러나 거듭되는 실패에 좌절하여 마음 향하는 곳을 잊게 되면 성공은 그야말로 요원한 일이 된다. 콜럼버스가 아메리카 대륙을 발견하게 된 것도 그 힘든 항해에도 마음이 신대륙(콜럼버스에게는 인도였겠지만)을 끝끝내 떠나지 않았기 때문이요, 어니스트가 큰바위 얼굴이 된 것도 마음이 늘 큰바위 얼굴로 향해 있었기 때문이다. 마음이 삿된 욕심으로 향한 이는 아무리 나이가 들어도 제 버릇을 못 버리며, 마음이 어둠을 향하면 나도 어두워진다. 부처님은 우리 모두가 돌아가야 할 궁극의 님이요 고향일지니, 우리 마음은 언제나 부처님을 향해야 한다. 그리고 몸은 일상을 열심히 살아가는 것이다. 이것이 마음은 부처님을 향하고, 몸은 중생을 향하는 삶이다.

이것은 원효의 핵심 사상, '귀일심원 요익중생'과 정확히 일치한다. 일심의 근원으로 돌아가고, 일체중생을 이익하게 하고자 하던 원효는 보현행자였던 것이다. 그런 이유에서인지 원효는 교판에서 『화엄경』을 보현교라 하여 최고의 위치에 배치한다. 이를 보면 원효가 얼마나 보현행을 중시했는지를 알 수 있다. 그리고 그것이 화엄의 핵심이고 불교의 핵심이다. 「십회향품」에는 '몸으로 짓는 업이 모두 청정하고 여러 가지 말씀도 허물이 없어, 마음은 언제나 여래께 향해 부처님들 모두 환희케 한다[所有身業皆淸淨 一切語言無過失 心常歸向 於如來 能令諸佛悉歡喜(구호일체중생이중생상회향)].'는 게송이 있다. 몸은 중생 속에서 청정한 업을 짓고 마음은 부처님을 향하는 것인데, 바로 보현행원이다.

보현행자의 하루
언제나 고잘미섬공을 잊지 않는다

보현행자의 하루는 '고.잘.미.섬.공'으로 시작된다. 보현행자는 고맙고 잘하고 미안하고 섬기고 공양하는 마음으로 아침을 맞는다. 부처님께 감사하고 배우자에 감사하며, 아이들에 감사하며 이 밝은 하루를 맞은 것에 감사한다. 보현행자의 하루는 먹고 살기 위한 고단한 하루가 아니다. 부처님 찬탄하고 부처님 공양할 하루이다.

보현행자의 마음에는 온통 고맙고 대견스럽고 미안한 마음뿐이다. 변변찮은 자신을 만나 평생을 함께 하는 배우자에게 고맙고 대견스럽고 미안하며, 좋은 여건을 만들어 주지도 못하는 부모 아래 꿋꿋이 성장하는 아이들이 고맙고 대견스러우며 미안하다. 그리고 끝없이 밀려오는 눈부신 부처님 은혜에 감격하며, 오늘도 만나는 모든 부처님을 반드시 섬기고 공양하겠다는 다짐으로 하루를 맞는다. 그와 함께 내 마음에 이는 생각, 번뇌를 모두 부처님께 바친다.

길을 가는 자리에서도 고잘미섬공이며, 일터에서도 고잘미섬공, 하루 종일 감사와 찬탄과 참회의 마음으로 일을 맞고 사람들을 맞는다. 퇴근길에 끼어드는 차량에도, 만원인 전철 칸에서도 고잘미섬공의 마음을 잊지 않는다. 언제 어디서나 모든 분을 섬기고 공양하겠다는 다짐을 잊지 않으며, 거친 환경, 거친 사람들 속에서도 늘 감사와 찬탄을 멈추지 않는다. 엄청나고 거창한 일이나 어느 특정한 때, 가령 내가 필요할 때나 내게 이익이 될 때에만 그러는 것이 아니라, 작고 보잘것없는 일, 내 이익과 아무 관계없는 매 순간 매 찰나마다 끊이지 않고 이어진다. 먼 훗날이 아니라 바로 지금 이 작은 자리에 그러한 고잘미섬공이 일어나는 것이다.

주부 역시 집에 남아 고잘미섬공의 마음을 잊지 않는다. 집안 청소를 하고 세탁을 하며 온갖 궂은일을 할 때도, 자신을 위해 힘든 일터에서 오늘도 갖은 일을 마다하지 않고 있을 배우자를 생각하며 감사하고, 만만치 않은 교육 현실을 믿음직스럽게 헤쳐 나가는 아이들에 대해 감사한다. 저녁밥을 지을 때도 감사한 마음으로 쌀을 씻고 찬탄의 마음으로 밥을 안치며, 일터에서 돌아올 배우자와 아이들을 공양하는 마음으로 반갑게 맞는다.

평소에 불교식 일과 수행을 하는 분이라면 새벽이나 밤에 시간을 내어 부처님 앞에 앉아 본다. 그리고 모든 정성 다 바쳐 부처님께 나의 공부를 공양 올린다. 그러한 공부 공양은 언제나 한결같고[連續性] 간단이 없으며[無有間斷], 언제나 늘, 정한 때[定時]에 시계처럼 정확하게 올려진다.

보현행자의 마음에는 언제나 고잘미섬공뿐이다. 거기에는 아무런 조건이 없다. 깨닫지 못해도, 수행을 하지 못해도, 엄청난 공덕을 얻지 못해도 우리는 언제나 그 마음을 잊지 않는다. 또한 업이 깊고, 번뇌가 깊고, 죄가 태산같아도 보현행원의 길에는 아무런 장애가 되지 못한다. 그것은 내 본래생명이 감사요 공경이며, 찬탄이고 공양이기 때문이다. 우리의 마음자리, 내 일심(一心)자리가 감사와 찬탄, 참회와 공양으로 꽉 차 있기에 우리는 그런 내 마음을 노래하는 것뿐이다. 그리고 그런 마음자리는 우리가 죄업중생이든 밝은 이든 아무런 상관, 차별이 없다. 본래가 밝고 본래가 힘찬, 그 어떠한 조건에도 영향 받지 않는, 영원한 우리 모두의 본래 모습이다.

보현행자는 일상 삶을 살 때도 수행을 할 때도, 늘 고잘미섬공의 자리를 떠나지 않는다. 그러므로 어떤 사람, 어떤 환경, 어떤 가르침과도 대립하지 않는다. 모두와 화합하고, 모두가 아름다운 꽃을 피울 뿐이다. 겨울의 세찬 바람은 봄날의 따스한 미풍으로 변하고, 우리를 힘들게 하는 역경도 모두가 순경(順境), 축복으로 변한다.

아무리 삶이 힘들어도, 아무리 미래가 암담해도, 보현행자는 찬탄과 감사를 잊지 않는다. 밀려오는 고난 앞에도 감사하며, 그 어떤 아픔에도 감사하며, 심지어 절망 앞에도 감사하며, 끝없는 긍정의 물결, 희망의 물결을 아픔 속에서 어둠 속에서 스스로 일으킨다. 그것이 진정한 감사며 고잘미섬공이다. 오직 감사, 찬탄, 참회 서원뿐이다. 그처럼 눈물 속에서도 감사하며, 아픔 속에서도 찬탄을 그치지 않는, 한결같고 지극한 내 삶에 대한 끝없는 감사와 긍정! 이러한 밝은 마음, 밝은 행, 밝은 삶이 마침내 저 거대한 어둠의 물결을 밀려나게 한다.

그러한 자리는 한없이 밝은 자리, 한없는 번성과 성장이 밀려오는 자리다. 보현행자의 삶이 늘 밝고 힘차며 건강한 이유도 여기에 있다. 실로 보현행자의 삶, 보현행원의 길에는 그 어떤 대립도, 어둠도 없다. 오직 밝고 힘찬 미래, 끝없는 내 진실 생명의 노래, 끝없는 대긍정의 숨결이 환희로 뜨겁게 박동치는 삶이 보현행자가 가는 길이

요 보현행원의 삶이다.[155]

---

155 이렇게 밝음으로 어둠을 모시는 것이 보현행원의 큰 특징이다. 보현행원은 어둠을 탓하지 않는다. 내 본래 밝고 무한한 무한 진리, 생명으로 스스로 타올라 일체를 밝히는 것이 보현행원이다.

제8장

원융회통으로서의 보현행원

보현행원과 깨달음

보현행원을 말하다 보면 반드시 깨달음의 문제에 부딪친다. 보현행원은 참 좋은 것이다, 그런데 과연 보현행원으로 깨달을 수 있을까? 여기에 대해 대부분은 보현행원은 좋기는 하지만 깨달음과는 상관 없기에 깨달음을 얻기 위해서는 다른 수행을 하고, 그렇게 해서 깨달음을 얻은 후 그때서야 보현행으로 나아가겠다고 한다. 혹은 깨치면 보현행은 저절로 나오는 것이니까 굳이 지금 할 필요가 없다고 말하기도 한다. 지금 사람들만 그렇게 생각하는 것이 아니라 옛사람들도 그렇게 생각했다. 그래서『화엄경』의 처음부터 보현행이 펼쳐지는 것을 못 보고 화엄 따로 보현행 따로, 깨달음 따로 보살행 따로… 그렇게 알며 줄창 화엄만 붙잡고 있다가 화엄을 다 배운 뒤에 마지막으로 마무리하는 것이 보현행인줄로만 알아왔던 것이다.

　　이것이 먼저 비로법계를 깨닫고 그 후에야 보현행〔先悟毘盧法界後修普賢行願〕하는 전통적인 기존의 견해다. 이러한 오해는 40화엄이 나온 뒤에도 여전한 것 같다. 오히려 대본『화엄경』과 달리 40화엄에 마지막으로「보현행원품」이 따로 삽입되자 이제는 '정말로'『화엄경』의 '결론'이 보현행이라 생각하고, 보현행을 오직「보현행원품」강의 때만 언급하는 수준이 되어버린 듯하다. 결론이 보현행원이니까 그 전에는 보현행원을 공부할 필요가 없고, 화엄을 먼저 공부하고 결론 낼 때만 보현행원을 다시 살펴보는 것이다. 보현행을 언급하는

『화엄경』내용이 그렇게 많음에도 불구하고 화엄은 그저 중국 화엄종 사람들의 이야기만 정설이 되어 내려온다. 그리고 『화엄경』의 연구는 없고 화엄종의 화엄학 연구만 있다. 문제는 화엄종의 화엄학 강의에 보현행 강의는 거의 없다는 것이다. 화려한 '화엄학'만 있을 뿐이다.

많은 분들이 행원으로 깨달음을 얻을 수 있을까 의문을 가지는데, 행원에서의 깨달음은 이미 논란이 끝난 사건이다. 우리는 이미 깨달았으며 행원은 이미 깨달음을 뛰어넘은 가르침인 것이다. 행원을 할 때 우리는 이미 '깨달음 너머의 세계'를 살아가고 있다. 따라서 행원은 깨닫기 위해 쓰는 힘을 '부처로 살아가는 데 쓰라'고 가르친다.[156] 화엄의 관점은 번뇌가 변해 보리가 되는 것이 아니다. 또 중생이 수행을 해서 그 공덕으로 부처를 이루는 것도 아니다. 지금 이 자리가 부처자리 또는 부처 이룰 자리이며 깨달음은 먼 미래의 일이 아

---

156 잭 콘필드는 깨달음에 가는 두 가지 방법을 들려준다. 하나는 애쓰고 노력하는 길, 둘은 애쓰지 않는 길이다. 전자는 자신을 정화하고, 모든 장애물을 치우고, 지금 이곳에 있으려고 애쓰고, 자신을 깨달음에다 온전히 쏟아부음으로써 다른 모든 것들이 떨어져나가게 한다. 그러다가 결국에는 유일한 집착인 깨달으려는 욕망까지 내려놓아버림으로써 모든 것이 확연해진다. 후자는 어떤 몸부림도 없다. 오로지 지금의 현실에 자신을 열 뿐이며, 무위 자연의 느낌 속에 머무는 것이 요구되는 전부다. 이로부터 모든 이해와 자비가 따라온다. 명상하고 기도하고 가르침에 귀 기울이는 것은 마치 문을 열어놓은 것과 같다. 봄바람을 예약해 놓을 수는 없다. 스즈키 선사가 말하듯이 '깨달음과 시간 약속을 할 수는 없다.' 이와 비슷한 속담이 있다. '깨달음을 얻는 것은 하나의 사고(事故)다. 영적 수행은 사고가 잘 나게끔 만들 뿐이다.' 필자는 깨달음을 양자 역학의 확률 파동에 비유하곤 하는데, 이와 비슷하다 하겠다. 깨달음은 파동처럼 온 우주에 퍼져 있는데, 수행(또는 밝은 한 생각)이라는 관찰 행위를 하면 현실로 나타나는 것이다. (『깨달음 이후 빨랫감』, 139-140쪽)

니라 지금 이 자리 바로 '나의 소식'인 것이다. 따라서 부처 이룰 생각하지 말고 부처로 살아가라! 깨달음을 이루려 하지 말고 깨달은 자로 살아가라는 것이다.

지금 우리나라 불자들 사이에도 부처님처럼 살자는 운동이 물결치고 있다. 그런데 필자가 보기에 안타까운 것은, 어떻게 사는 것이 부처님처럼 사는 것인지, 그 방법의 설명이 없다는 것이다. 구체성의 부족인 셈인데, 과연 어떻게 사는 것이 부처로 사는 것인가? 필자는 그것이 바로 보현행원이라고 말하고 싶다. 그럼에도 보현행원의 언급은 아직 없는 듯하다. '부처님으로 살자, 그리고 그 길이 보현행원이다!' 이렇게 말씀해 주시면 정말 얼마나 좋을까? 보현행원은 하는 것만큼 부처가 된다. 한 번을 하면 한 번 부처님, 열 번을 하면 열 번 부처님이 되는 것이다.

실지로 보현행을 하면 평범하고 무의미하던 일상사가 새롭게 다가온다. 작은 일들이 소중하게 다가오기 시작하는 것이다. 그리고 그런 작은 깨달음은 곳곳에 들불처럼 일어나기 시작하여 마침내 온 산하를 태우는 거대한 불로 이어지게 된다. 또한 번뇌가 점점 적어지며 일상생활 그 자체가 선정의 상태로, 늘 깨어있는 상태가 되어 사물을 있는 그대로 보게 된다. 그리고 그 속에서 점차 수많은 부처님이 출현하시게 된다. 부처님의 출현! 그것은 그대로가 깨달음이다. 육조혜능은 "반야행을 하고 『금강경』을 독송하면 견성한다."고 말한다. 반야행은 자비행이며 보현행 역시 자비행이다. 따라서 보현행으로 반드시 깨달을 수 있다. 『화엄경』에도 '보현행원은 부처님행이며

보현행원으로 깨닫는다.'는 말이 여러 곳에서 나온다.[157]

　　보현행원은 나날이 내 생명을 성장시키는 가르침이다. 행원으로 우리는 진리의 삶을 살며 행원으로 우리의 진리 생명은 나날이 성장을 더해 간다. 보현행원으로 보리 이룬다[以普賢行悟菩提]는 말도 따로 이룩할 보리라는 게 있어서 그것을 보현행원으로 얻는다는 것이 아니라, 보현행원을 함으로써 순간순간 찰나찰나를 진리 생명으로 살고 진리 생명으로 성장한다는 말이다. 그리고 모두가 그렇게 찰나찰나 진리로 피어나는 꽃, 그런 진리 생명의 꽃들이 만발한 세계를 화엄[佛華嚴]이라 한다.

　　굳이 보현행원이 깨달을 수 있는 가르침이라는 근거를 경론에서 찾는다면 크게 두 가지를 들 수 있으니 하나는 『금강경』, 둘은 『대승기신론』이다. 『금강경』은 무아·무상의 자리에서 일체 선업을 지을 것을 가르치고, 그렇게 하면 바로 깨달음을 얻는다고 말한다. 『대승기신론』 역시 일체의 선업을 짓는 것이 자연히 진여법으로 가는 길이 된다고 이른다. 또한 『대승기신론』은 진여의 세계에 오입(悟入)하는 방법으로 주체와 객체, 혹은 주관과 객관의 분별을 떠나야 한다고 가르친다. 우리는 비록 대립과 투쟁의 세계에 살지만 이것을 극복해야 하며, 이는 분별을 떠나고 주객이 사라지면 가능하다는 것이다. 그런데 보현행원은 주객이 사라지는 가르침이다. 나와 너는 사라지

157　此諸菩薩獲善利 見佛一切神通力 修餘道者莫能知 普賢行人方得悟(「세계성취품」); 所有諸行願 所有諸境界 如是勤修行 於中成正覺. 菩薩如是知 住普賢行地 智慧悉明了 出生一切佛(「보현행품」); 入普賢流 自在能證一切智故(「십정품」).

고 부처님만 남는 게 보현행원이다. 온 세상에 부처님만 가득하다.

우리는 도업은 중시하면서 선업은 쉽게 생각하는(선업은 일반인들이나 짓는 것이고 도업이 더 중요하다고 여기는) 경향이 있는데, 영명연수의 『만선동귀집』을 보면 그렇지 않다. 칠불통계게[諸惡莫作 衆善奉行 自淨其意 是諸佛敎]에서도 강조하듯 선업은 단순히 일반인들이 복 짓는 차원에서 짓는 그런 것이 아니다. 어쩌면 불교의 모든 것이고, 깨달음에 가는 길이기도 하다. 다만 선업의 의미나 가치를 제대로 모르고 있을 뿐이다. 『만선동귀집』을 보면 선업은 굉장히 중요하다. 이치를 모르면 선업은 단순 유위법으로 끝나지만, 알고 보면 삶뿐 아니라 수행에서도 선업을 짓는 것이 얼마나 중요한지를 설명한다.[158] 『만선동귀집』 서(序)는 이렇게 시작한다.

"바다는 온갖 흐름이 모이지 않고선 가득해지질 못하듯이 십지의 지존에 오름도 만선(萬善)을 두루 쌓지 않고서는 이룰 수 없다 … 어찌 한 가지의 수행만으로 쉽사리 이루어지랴, 반드시 많이 듣고 두루 익혀야 하는 것이다 … 무릇 계행이나 선정을 의지하면 마땅히 복이 되고 경전이나 존상(尊像) 등을 짓거나 펴낸다면 반드시 뛰어난 공덕을 얻는 법, 자기에게 조그마한 현(賢)이 있는 것으로 짐짓 마음이 곧 부처라고 말하지 말라. 범부로부터

---

158 이기영은 원효가 율의보다는 선법을 더 중요시하고, 선법 중의 선법은 이익중생이라고 생각했다고 한다. 또 이익중생은 귀일심원 없이 이루어지지 않는다는 것이 원효의 근본 사상이라 말한다. (『원효사상 70강』, 62쪽)

성위에 오르는 것이니 수행하지 않은 석가는 없었고, 거짓으로부터 진실에 드는 것이라 닦아 증득하지 않은 달마는 없었다."[159]

한 가지 수행만으로 성불한다는 것은 어불성설이고, 숱한 행, 그 중에서도 만 가지 선을 닦아야만 증득할 수 있다는 것이다. 그리고 본문은 다시 이렇게 말한다.

"대저 지금부터 이야기하려 하는 온갖 선법(善法)은 모두가 실상(實相)을 그 바탕[宗旨]으로 하여 돌아가는 것이다 … 그러므로 오직 이 같은 이치에만 계합하면 그 나머지 만덕(萬德)은 저절로 갖춰지리니, 왜냐하면 (이 마음의 실상이란) 진제(眞際)를 움직이지 않은 채 항상 만행을 일으키고, 인연 생멸법을 어기지 않은 채 항상 법계의 참모습을 드러내기 때문이다."[160]

그러니까 영명연수에 의하면 선법이란 실상에서 나와 실상으로 돌아가는 것으로, 단순한 착한 일, 복 짓는 것이 선업이 아니라 선업은 진리의 나툼이요 또 진리로 귀결하는 것이다. 따라서 선업의 만행을 닦는 것이 중요하며, 그것도 한 가지가 아니라 두루 익혀야 하고 만선을 행하면 만덕은 저절로 갖춰진다는 것이다. 그것은 진리가 일으키는 것이기 때문인데 진리를 불교 용어로 말하면 실상이요 깨달

---

159   일장 옮김, 『만선동귀집』, 불광출판사, 1992, 3-4쪽.
160   앞의 책, 31쪽.

음이다. 따라서 만선의 대명사인 보현행원이 깨달음을 이끈다는 것은 자명하다. 이어서 영명연수는 말한다.

> "그러므로 수행하는 이들은 마땅히 육도와 만행을 널리 구해 원만히 행할 것이요 부디 어리석음만을 지키며 우두커니 앉아 참된 수행의 길을 막아서는 안 된다."[161]

만선을 행할 생각은 안 하고 가만히 앉아 염불, 독경, 좌선만 수행이라 생각하고 진짜 수행인 육바라밀과 만행을 게을리 하면 안 된다는 것인데, 이에 따르면 만 가지 선의 보고(寶庫)인 보현행원을 '깨달음과는 상관없다'며 부정하고, 수행처에 앉아서 수행만 고집하는 것은 참된 수행을 가로막는 일이 된다. 『만선동귀집』은 끝무렵에 이런 질문과 답을 한다.

> 문) "만행의 근원이 마음을 근본으로 삼는다면 조도문(助道門)은 어떤 법으로 근본을 삼는가?"
> 답) "진실과 정직으로 으뜸 삼고 자비와 섭화(攝化)로 행할 바의 도를 삼는다. 곧고 바르기 때문에 결과도 굽고 휘어짐이 없어서 행(行)이 진여를 수순하며, 자비로 소승의 편고(偏枯)에 떨어지지 않고 공(功)이 대각(大覺)과 가지런한 것이다. 이 두 문이야말

---

161 앞의 책, 31쪽.

로 실로 자타를 겸리(兼利)케 하는 첩경이 된다."[162]

진실, 정직, 자비, 섭화는 또한 보현행원의 속성들 중 하나다. 보
현행은 진실하고 정직하며 자비 그 자체다. 그러므로『만선동귀집』
은 보현행원이야말로 깨달음을 일으키는 만 가지 선업의 시작임과
동시에, 자타를 모두 성불케 하는 지름길이 되는 가르침임을 일러주
는 셈이다. 다만 애석하게도 만선동귀집 역시 그것을 '보현행원'이라
이름하지 않을 뿐이다.

이러한 경론적 근거에도 아직 깨달음에 대한 의문이 있는 분들
을 위해 지눌의 깨달음에 이르는 가르침을 살펴보자. 지눌은 깨달음
에 이르는 불교적 방법을 세 가지로 말한다. 첫째는 지적 해오(解悟)
다. 이 단계에서는 자기가 곧 부처라는 걸 깨닫고, 이런 지적 깨달음
이 수행자를 일시적으로 불도에 귀의하게 만든다. 둘째는 점수(漸修)
단계로, 올바른 믿음의 단계를 거쳐 과거 습기를 끊임없이 씻어 건
전한 마음을 유지한다. 셋째, 점수가 마침내 완전한 깨달음에 이르게
되는 단계.[163]

그런데 지눌이 생각한 이 세 가지 가르침은 바로 보현행원에 적
용할 수 있다. 보현행원은 내 생명이 바로 부처님과 똑같은 무량공덕
생명이라는 전제 하에 시작되는데, 이것이 첫째의 지적 해오이다. 다
음으로 행원의 실천은 둘째 점수 단계이고, 행원이 무르익어 나타나

---

162 앞의 책, 312쪽. 인용 부분은『만선동귀집』끝부분으로 결론에 해당한다.

163 『지눌연구』, 11쪽.

는 단계가 셋째 단계다. 보현행원을 실천하지 않으면 결코 경험하지 못할 세계가 보현행원을 실천하면 거짓말처럼 우리 앞에 나타나기 시작한다. 마치 여명에 새벽이 서서히 밝아오듯 그렇게 온 세상이 점점 밝아오기 시작하는 것이다. 그 세계가 얼마나 황홀하고 얼마나 도무지 알 수 없는 세계인가 하면, 『화엄경』 「입법계품」만 번역한 40화엄은 경 이름을 '입부사의해탈경계보현행원품'이라고 굳이 또 지었을 정도다. 지눌의 생각이 사실이라면 보현행원으로 우리는 완벽히 깨달음에 이를 수 있다. 즉 보현행원은 깨달음에 이르게 하는 '불교적 수행'인 것이다.

필자는 개인적으로 보조 지눌이 보현행원의 중요성을 언급했더라면 하는 아쉬움이 있다. 기존의 화엄 이해가 잘못되게 된 것은 먼저 비로법계를 깨치고 나서 그후에 보현행원을 닦겠다(즉 '따로국밥') 는 화엄교가의 흐름이 주류가 되었기 때문으로 생각한다. 특히 비로법계의 상(想)을 일으켜 비로법계를 깨달으려 했는데, 이를 두고 지눌은 그것은 망상이고 망상으로 비로법계를 볼 수는 없으며 부동지불을 믿는 마음을 내야 한다고 말한다. 그런데 이걸 '보현행원을 해야 한다'로 말했으면 보현행원이 지금까지 수행으로서 간과되는 일은 없었을 것이다. 실지로 지눌에 따르면 깨달음은 지적(theoria)인 것이어서 행, 즉 보살의 만행을 통해 증(證)으로 연결해야 한다고 했다 [契證]. 깨달음은 사실 시작일 뿐이어서 깨달음의 체험은 보살의 이상을 실천적으로 성취해 나감으로써 정점에 이르게 되며, 깨달음은 수행을 위한 전제를 이론적으로 파악하는 것일 뿐으로, 이 이해가 지속적인 보살만행의 실천을 통해 적용되지 않으면 그 깨달음은 진정한 것으로 인정될 수 없다는 것이다.

　깨달음이 행으로 '연결되어야 한다'는 지눌의 지적은 핵심을 말한 것이지만, 깨달음이 '행(목우행)에 의해 올 수 있는 것'이라는 데에 관한 언급이 없는 것이 못내 아쉽다. 목우행은 보현행으로서, 깨친 이후에만 할 수 있거나 깨친 이후에야 할 수 있는 행이 아니다. 그런데도 깨친 이후에야 목우행을 언급하는 것은 목우행의 깨달음에 대한 중요성을 조금 평가절하한 듯하다. 지눌이 보현행으로 저 미진권경을 깨뜨릴 수 있고 보현행으로 깨달을 수 있다고 한 말씀만 하셨다면, 보현행원이 깨달음과 무관하고 수행도 아니라는 오해가 오늘날까지 이어지지 않았을 것이고, 화엄학을 그렇게 발전시켰음에도 화엄의 실천 부분을 찾지 못해 전전긍긍하는 오늘날 일본 화엄 불교의 모습도 없었을 것이다.[164]

164　체(體)와 용(用)의 문제에서, 보통 체(깨달음)를 알면 용(행원, 자비행)은 저절로 된다고 생각한다. 그래서 체를 중시하고 체를 먼저 아는 데 주력하는 경향이 있다. 그런데 용을 하다 보면 체를 알게 되는 경우도 허다하다. 가령 사업을 할 때 어떻게 하면 성공하는지 알고 시작할 수도 있지만, 사업을 하다 보니 어떻게 해야 성공하는지 알게 되기도 하는 것과 비슷하다. 사실 체와 용은 둘이 아니다. 또한 어느 쪽이 먼저인 것도 아니다. 우리의 분별이 선후(先後)를 만든 것일 뿐 체와 용은 하나다. 『화엄경』은 부처님이 보리좌를 떠나지 않으시고 시방에 변만하신다는 말이 많이 나오는데, 『화엄경』에서는 보리좌가 체고 변만이 용이다. 보현행원의 경우는 원이 체이고 행이 용이다.

수행으로서의 보현행원
보현행원은 수행이 될 수 있을까?

보현행원을 이야기하다 보면 두 번째 부딪치는 질문이 있다. 보현행원이 수행이 될 수 있느냐는 질문이 그것이다. 이야긴즉슨, 보현행원은 수행이라고 볼 수 없으며 우리가 유치원 때부터 배우고 누구나 아는 삶의 윤리 정도에 불과할 뿐, 저 높은 깨달음을 이루는 수행이라고는 할 수 없다는 것이다.

이것은 화엄, 보현행원이 그렇게 금하는 이분법으로, 깨달음을 위한 수행은 저 높이 '따로' 있다는 '착각'이다. 일상 삶을 떠난 비법은 결코 따로 없다. 수행이란 보편을 떠나 따로 있는 것이 아니라 특수한 상황에만 적용되는 보편의 한 형태에 불과하다. 여기서 못하면 저기서도 못한다. 이기영은 수행은 있게끔 하는 것, 이게끔 하는 것, 되게끔 하는 것, 즉 진실한 나, 한결같은 나로 있게끔 하는 것, 이미 다 되어 있는 게 아니라 그렇게 되게 하는 것이라고 말한다.

원효는 수행의 두 측면을 이야기한다. 정적인 내관(內觀) 수행, 즉 여실수행(如實修行)과 동적인 현실 참여로 변수행(偏修行)이 그것이다. 여실수행은 지혜로워지고 변수행은 자비로워지는 것인데, 그렇다면 보현행원이 수행이 안 될 까닭이 없다. 공경·감사·찬탄이 바로 진실한 나, 한결같은 나로 있게끔 하고, 이게끔 하고, 또 그렇게 되게 하며, 우리를 지혜롭고 자비롭게 이끌기 때문이다.[165] 수행은 보편의 일상 행이 특수 목적으로 특별화된 데 불과하다. 따라서 일상의 모든 행은 본질적으로 수행이 될 수 있다. 이런 기본 사실을 잊고 꼭 특별한 것만 수행이라고 생각하면 본말이 전도되는 것이다. 수행은 일상을 떠나 있지 않다.

불교의 수행이라면 흔히 독경, 염불, 진언, 절, 사경, 그리고 참선 등을 꼽는다. 불경을 읽고 부처님을 부르고 절을 하고 주문을 외우고 사경을 하고 참선을 해야 수행인 것이다. 그런데 과연 반드시 그런지 한번 살펴볼 필요가 있다. 지금 예로 든 대표적 불교 수행도 가만히 보면 사실 별 게 없다. 독경은 책 읽는 것이고(그렇다면 유교에서 사서삼경을 읽는 것도 그 자체로 훌륭한 수행이다), 염불은 특별한 이름을 부르는 것이고(그렇다면 우리가 어려울 때 어머니를 부르는 것도 수행이 될 것이다), 절은 다 알다시피 우리가 늘 하는 일이고, 진언은 주문 골라 외우는 것이고(드라마에서 궁예가 하듯 옴마니 반메훔만 외워도 수행), 사경은 책이 귀한 시절 꼭 불경이 아니더라도 흔히 하던 책 복사 방법이며, 참선은 일종의 명상이다. 우리 삶과 다른 것이 하나도 없다. 다만 우리 삶을 불법에 맞게 다시 리모델링한 것이라 하겠다.

비만인이 살을 빼기 위해 비만 전문 치료 병원에 가면 약은 보조일 뿐 주된 치료는 식사와 운동이다. 다만 이때의 식사와 운동은 전문 의학 지식이 가미된 것이 다를 뿐(리모델링) 식사와 운동을 떠나 특별한 비만 치료법은 없다. 늘 하던 일이 치료법이란 이름으로 바뀌었

---

165 『원효사상 세계관』, 82-83쪽.

을 뿐이다. 따라서 굳이 병원에서 처방하는 운동과 식이가 아니라 내가 꾸준히 나름대로 잘할 수 있는 운동과 식이를 해도 비만은 치유된다. 우리는 그동안 특수라는 이름 아래 보편의 가치를 너무 잊고 있었던 듯하다. 보편이 특수화된 것이 수행일텐데, 수행이 보편을 떠나 따로 저 멀리 있는 것으로 간주되고 특별한 형태로 특별히 그것만 해야 수행이라고 생각한 것이다.

대표적 대승 수행법인 육바라밀도 그렇다. 육바라밀의 주요 항목이 모두 일상이다. 보시는 주는 것이고 인욕은 참는 것이고 정진은 열심히 하는 것이다. 다만 어떤 마음으로 주고 어떤 마음으로 참고 어떤 마음으로 열심히 하느냐에 따라 수행이 되느냐[無爲法] 아니면 그냥 일반행으로 끝나느냐[有爲法]가 갈린다. 아무 대가 없이 누구에게나 공경하면 그 공경이 보시바라밀이다.[166] 공경 못할 사람, 공경 못할 일에까지 공경하면 그것은 인욕바라밀이다. 이 거친 사바세계에서 공경하고 찬탄하고 섬기는 것이 결코 쉽다 할 수 없을 것이다. 도저히 공경할 수 없는 사람을 공경하고 도저히 찬탄할 수 없는 일에도 찬탄하는 것이 행원이고, 오직 언제 어디서나 섬기고 모시는 마음을

---

166 보시바라밀의 경우 행원의 '광수공양'이 바로 보시바라밀이다. 아니, 오히려 더 상위 개념이라고도 할 수 있다. 그것은 보시는 '베푸는 것(보시바라밀은 베푼다는 생각이 없는 것이라 구분)'이라 잘난 나[我]가 있음에 비해 공양은 섬기는 것이라 이미 나라는 아상(我相)이 없기 때문이다. 사실 베푼다 할 때 베푸는 사람 입장에서야 보시를 하고 싶을지 몰라도 받는 사람 입장에서는 사정만 허락한다면 받지 않고 싶다. 남이 베푸는 것을 받아야 할 정도로 못난 사람이 되니까. 그러나 공양은 그런 개념이 없다. 공양은 오히려 낮은 이가 높은 이에게 정성을 올리는 것이라, 공양을 받는 분이 높은 분이 된다. 그러니 받는 분이 편하다. 그럼에도 공양은 별 것 아닌 것 같고 보시는 뭔가 거룩하게 보인다. 내 잘난 마음이 있어서일까?

내는 것이 행원인데, 그렇다면 이 자체가 인욕바라밀이다. 따라서 보현행원을 하면 인욕바라밀을 따로 찾아 헤맬 필요가 없다. 그 자체가 인욕행이다.

그런 공경을 어떤 환경에서도 이어 나가면 그것이 곧 정진바라밀이다. 보현행원 자체가 '무진행(無盡行)'이요 '무유피염(無有疲厭)행'이다. 무진하고 무유피염한 것이 바로 정진 아니고 무엇일까. 따라서 정진바라밀도 보현행을 할 때는 따로 할 필요가 없다. 보현행원 자체가 정진바라밀이다. 거짓 없이 한결같이 공경 찬탄하면 그것이 또한 지계바라밀이다. 지계바라밀의 경우에는 '계를 지키는 행을 한다'는 개념이 있다. 그리고 지켜야 할 계가 무엇인지도 일일이 설명을 듣고 외워야 한다. 그러나 행원의 경우, 행원 자체가 계이다. 공경하고 찬탄하고 섬기는 행에는 이미 살생이나 거짓말, 사음 등의 악행이 없다. 섬기고 공경하는 자체가 불살생이요 불투도요 불망어이다. 원행을 하다 보면 저절로 사마타 위빠사나가 이뤄지니 그것이 곧 선정바라밀이다. 우리가 사무친 원(願)을 가지고 끝없이 보현행을 할 경우 우리도 모르게 마음은 맑아지고 또렷이 깨어 있는 상태(사띠)가 온다. 뭘 하든 깨어 있게 된다. 그리고 행원이 사무쳐 갈수록 일체 대상과 하나가 되어가는데, 이게 또한 바로 삼매요 선정이다. 그러므로 선정바라밀 또한 따로 할 필요가 없다.

반야바라밀은 참 묘하다. 많은 분들이 반야바라밀을 강조하는데, 사실 반야바라밀이 무엇인지는 물론, 과연 반야행이라 하는 것이 어떤 것인지 아시는 분들은 많지 않은 것 같다. 반야 자체도 일반인이 파악하기에 매우 어려운 개념이지만 반야바라밀행은 더욱 그렇다. 『반야심경』의 경우 관자재보살이 깊은 반야바라밀행을 통해 모든 괴로움을 벗어나게 되는데, 대다수의 『반야심경』 해설은 관자재보살이 행한 깊은 반야바라밀행에 대해 언급이 없다. 그 대신 반야행의 결과(색즉시공, 무고집멸도, 이무소득고 등등)에 대해 주로 설명한다. 그래서 많은 분들이 육바라밀을 이해할 때 반야바라밀에 가면 딱 막혀 버린다. 반야행이 무엇인지를 모르는 탓이다(반야행이 무엇인지에 대해서는 예로부터 많은 논란이 있어 왔다). 그런데 보현행원은 그렇지 않다. 무엇이 반야이며 무엇이 반야바라밀행인지 바로 알려준다. 보현행원을 하면 그렇게 실체가 드러나지 않던 반야가 눈앞에 나타난다. 그리고 반야바라밀행이 무엇인지 분명히 알게 해 준다. 그것은 보현행원 자체가 바로 반야요 반야바라밀행이기 때문이다.

이렇게 되면 보현행원이 곧 육바라밀이다. 육바라밀이 따로 있고 보현행원이 '또' 따로 있는 것이 아니라, 보현행원이 '바로' 육바라밀이 되어 버리고 육바라밀도 공경 찬탄으로 하면 육바라밀이 곧 바로 보현행원이 되어 버린다. 따라서 보현행원이 수행이 안 될 리가, 또 아닐 리가 없다. 드러난 행이 중요한 것이 아니라 어떤 마음으로 하느냐가 문제이다.[167] 보현행원도 단순히 공경 공양을 하면

---

[167] 『열반경』에는 일반 보시와 수행으로서의 보시바라밀다의 구분을 설하는 대목이 나온다. 경에 의하면 달라는 이가 있어야 주는 것은 단순한 보시이고, 달라는 이가 없는데도 스스로 주는 것은 보시바라밀이다. 또 때때로 주는 것은 보시이고, 항상 주는 것은 보시바라밀이다. 주고 나서 후회하는 것은 보시이며, 후회가 없는 것은 보시바라밀이다. 과보를 바라는 것은 단순한 보시이며, 과보를 바라지 않는 것은 보시바라밀이다(「광명변조고귀덕왕품」). 『열반경』의 보시와 보시바라밀의 설명을 보면 단순 보시는 유위행·맹행인데 비해 바라밀의 보시는 바로 반야바라밀의 다른

수행이 될 수 없지만(마치 단순히 설날에 세배하는 것이 수행이 될 수 없는 것처럼), 지극한 마음으로 부처님을 사모하며 공경, 공양을 하면 그 즉시 훌륭한 수행이 된다. 더구나 이세간법의 십종수행법을 보면 더욱 그렇다.

「이세간품」에 나오는 열 가지 수행법(십종수행법)을 보면 보현행원은 어느 수행 못지않은 훌륭한 수행이 될 수 있음을 알 수 있다.[168] 십종수행법에서는 선지식을 공경·존중하는 것도 수행이 되고, 부처님 처소에서 늘 부끄러운 마음을 갖는 것, 중생을 연민하여 생사를 버리지 않는 것, 일을 끝까지 이루고 마음에 변동이 없는 것, 대승심을 낸 보살 대중을 전심으로 따라다니며 부지런히 배우는 것, 삿된 소견을 멀리 떠나고 바른 길을 부지런히 구하는 것, 마와 번뇌업을 꺾어 버리는 것, 중생의 근기를 알아 설법하여 부처님 지위에 머물게 하는 것, 끝없는 법계에 편히 머물러 번뇌를 멸하고 몸을 청정케 하는 것도 훌륭한 수행이다. 수행은 겉모습보다 그 마음이 중요하며, 드러나는 뛰어난 차별행, 특수행뿐 아니라 단순하고 소박한 우리 숨결 행 하나하나가 모두 훌륭한 수행이 될 수 있는 것이다.[169]

모습임을 알 수 있다. 즉 반야의 지혜에 의해 보시가 전개되는 것이다.

168 佛子菩薩摩訶薩有十種修行法 何等爲十. 所謂恭敬尊重諸善知識修行法. 常爲諸天之所覺悟修行法. 於諸佛所 常懷慚愧修行法. 哀愍衆生 不捨生死修行法. 事必究竟 心無變動修行法. 專念隨逐發大乘心諸菩薩衆 精勤修學修行法. 遠離邪見 勤求正道修行法. 摧破諸魔 及煩惱業修行法. 知諸衆生 根性勝劣 而爲說法 令住佛地修行法. 安住無邊廣大法界 除滅煩惱 令身淸淨修行法. 是爲十 若諸菩薩 安住其中 則得如來無上修行法.

169 중생에 대한 연민 없이 내 깨달음을 위해 앉는 좌복, 내 참회를 위해 하는 절, 정토

이렇게 밝은 마음이 일어날 때 이 세상 무엇 하나 수행 아닌 것이 없다는 것이 「이세간품」의 십종수행이 일러주는 소식이다. 이 기준을 적용하면 보현행원이 수행이 되지 않을 수 없다. 수행이 아니라며 경시하니까 수행이 안 되는 것이지 공경하고 찬탄하는 것이 수행이 아닐 수가 없다. 보현행원은 공경 수행, 찬탄 수행, 공양 수행, 참회 수행이다. 더구나 공경하며 절하고, 공경하며 염불하고, 공경하며 독경·참선하면 똑같은 수행이 더 큰 수승한 수행으로 변해 버린다. 수행이 순풍에 돛단 듯, 그 즉시 날개를 다는 것이다. 화엄은 이렇듯 평범한 일들을 귀한 일들로 바꾸는 묘한 재주가 있다. 우리가 그냥 지나칠, 아무것도 아닐 일들이 화엄의 눈을 가지면 별안간 모두가 귀하고 빛나는 보석이 된다. 진흙 덩어리 속에서 진주를 찾는 것이 아니라 진흙 덩어리 자체가 모두 그대로 통째로 진주가 되어 버린다. 마음 하나가 그렇게 바꾼다. 그래서 일체유심조(一切唯心造)인가 보다.

수행과 삶은 사실 구분이 없는 것이다. 따라서 언제나 삶이 수행이 되어야 하고, 수행 또한 우리의 삶이 되어야 한다. 이 둘은 구분이 없다. 실지로 우리 몸엔 수십조의 세포가 있는데, 이 모든 세포를 일일이 공경·공양하는 마음으로 숨을 쉬면 '숨 쉬는 것이 바로 수행'이다(실지로 호흡은 훌륭한 수행의 한 방법이다). 또 그런 마음으로 잠을 자

에 태어가기 위해 하는 염불… 이런 것들은 내 복은 지을지 몰라도 사실은 어쩌면 전부 맹행이다. 화두를 수없이 타파하고 수만 번 정토에 태어나더라도 선인선과의 유위법은 될망정 무위법은 되지 못한다.

면 '잠자는 것이 바로 수행'이다. 참선, 염불만이 수행이 아니다. 수행이란 마치 비만인에게 다이어트 프로그램이 있는 것처럼 특수한 경우 특수한 이들을 위해 특수한 형태로 있는 게 수행이다. 그러나 다이어트를 한때만 하고 일상이 다이어트가 되지 못하면 곧바로 요요 현상이 나타난다. 수행 또한 어려운 이, 힘든 이, 어리석은 이, 진리를 구하는 이들을 밝은 세계로 이끌기 위한 특수 요법이라 잠깐만 잘하고 특수가 평상으로 이어지지 못하면 공부에서도 요요 현상이 일어난다. 따라서 일상이 바로 수행이 되어야 한다. 24시간 보현행을 한다는 것은 24시간 수행을 한다는 것이다. 일상에서 보현의 마음을 잃지 않고, 일상에서 보현행을 한다는 것은 '일상 전체가 거대한 수행처가 되는 것'을 뜻한다. 수행처, 공부처와 일상 삶에 구분이 없는 것이다. 늘 여여하다[一心]. 보현 수행은 그렇게 짓는다. 특정 장소, 특정 시간대에만 머무르지 않고, 우리 삶 전체가 보현의 수련장이 된다. 일상이 특화된 것이 수행이니 그렇다.

가끔 보현행원은 깨달으면 저절로 나오는데, 또는 누구나 아는 것인데 굳이 공부할 필요가 있느냐는 말씀을 듣는다. 우리가 부처님처럼 완전하고 원만하게 깨달을 수 있다면 공부하지 않아도 될지 모른다. 그러나 그렇지 못하다면 보현행원도 '공부'해야 한다. 또 보현행원을 공부하지 않으면 내가 이룬 경계가 보현의 경계인 줄도 모른다. 보현과 연계짓지 못하고 내 경계에만 '홀로' 머무는 것이다. 그런 이유로 많은 분들이 (잭 콘필드처럼) 당신의 경계, 또는 당신이 찾는 경계가 이미 부처님이 설하신 가르침에 있는 것을 알지 못하고 따로 놀거나 오랫동안 방황한다. 무슨 공부를 하든 마지막에는 부처님에게 가야 하는데, 내 경계가 이미 부처님 가르침에 설해져 있는 줄 모르면 그것이 안 되는 것이다. 따라서 보현행원 역시 공부해야 한다. 그래서 내가 이룬 경계가 부처님 가르침 어디에 있는지를 알고, 내 경계를 떠나 부처님 품에 안겨야 한다. 그래야 고생도 덜하고 더 원만하고 더 큰 세계로 갈 수 있다.

다른 수행과의 관계

1. 염불

염불은 보현행원과 닮은 점이 많다. '입'으로 하는 염불이 일반 염불이라면 '행'으로 하는 염불이 보현행원이다. 『화엄경』에는 염불에 관한 이야기가 여러 곳에서 나온다. 가령 환희지에 이르는 길이 바로 염불, 염법, 염승이다. 또 「입법계품」에서 덕운비구는 염불의 공덕에 관해 설명한다. 그리고 도솔천에 오르신 부처님을 찬탄하는 노래 중에는 부처님이 '염불삼매를 닦아 법계에 충만하시다'란 말씀도 나온다. 다만 이러한 화엄의 염불은 칭명(稱名)보다는 '억념(憶念)'의 측면이 강하다.

염불의 중요한 요소로 무주당 청화(無住堂 淸華, 1923~2003) 대종사는 갈앙심(渴仰心), 불리심(不離心), 불이심(不二心)을 든다. 염불행자는 부처님에 대한 사무치는 그리움을 가지고, 언제나 부처님을 떠나지 않고, 나와 부처님이 둘이 아니라는 생각을 잊지 않는 것이다. 그 마음, 그 생각이 간절해져 언제 어디서나 부처님 명호를 잊지 않을 때 참다운 염불이 되는 것이라 하겠다. 그런데 보현행원 역시 바로 그러한 마음가짐에서 출발한다.

화엄은 부처님에 대한 그리움, 사모함으로 가득 찬 경전이다. 『화엄경』만큼 사무치게 부처님을 그리워하는 경전은 없을 것이다. 화엄은 처음부터 끝까지 온통 부처님에 대한 그리움으로 가득 찬 경전으로, 그러한 그리움이 화엄에서는 공경, 찬탄, 공양 등 보현의 열 가지 행원으로 나타난다. 또 청전법륜, 청불주세, 상수불학은 부처님을 떠나지 않겠다는 굳은 다짐의 다른 모습이다. 온 누리 가득한 부처님께 법문을 청하고 이 세상에 부처님이 언제나 계시기를 발원한다는 것은, 우리가 결코 부처님과 헤어지지 않겠다는 간절한 마음의 발현으로 그것이 곧 불리심이다. 공경하고 찬탄하고 공양하는 열 가지 마음은 또한 우리가 부처님과 조금도 다르지 않다는 불이심의 또 다른 모습이기도 하다. 내 생명이 부처님 생명이기에 일체중생을 공경하며, 내 생명이 부처님 생명과 조금도 다르지 않기에 우리는 일체중생의 공덕을 찬탄하고 기뻐한다. 그러니 불이심이다. 그러한 마음으로 세상을 바라보면, 이 세상은 거짓[假]이 아니라 진실[眞]로 가득 차 있다. 일체중생이 허망한 범부 생명이 아니라 모두가 찬란한 부처님의 진신사리인 것이다. 그러니 보현행원은 실상관이요 염불선이 된다.

염불의 삼대 요소로 흔히 신원행(信願行)을 들기도 하는데, 신원행이야말로 행원을 흐르는 일관된 수행 논리다. 또 정토종의 여산혜원(廬山慧遠, 334~416)의 염불 수행이 반주삼매경에 기초한 견불삼매인데, 화엄과 행원 역시 견불성불을 그 바탕으로 하고 있다. 그러니 염불과 행원은 본질적으로 차이가 없다. 다만 일반 염불은 그러한 마음의 표현으로 명호를 부르는 것이 강조되는 반면, 행원은 간절한 서원과 행으로 그런 사무치는 마음을 나타낸다. 따라서 행원염불은 지관(止觀)의 면이 강하다.

이렇게 염불과 보현행원은 닮은 점이 많지만, 엄밀히 말하면 행원염불은 우리가 아는 정토종의 염불과는 다른 다음과 같은 특성이 있다. 행원염불은 정토왕생을 빌거나 부처님 명호를 염송하는 게 아니다. 보현행원의 염불은 '우리 삶 전체가 부처님 속에서 일어나는 것'을 말한다. 온 몸과 마음이 사무치게 부처님을 생각하고, 온 몸과 마음이 사무치게 부처님을 현실로 나투게 하는 것, 그것이 보현행원의 염불이다. 우리의 신·구·의 삼업이 모두 부처님 속에 있으니 말하고 행하고 생각하는 모든 것이 부처님 위신력[佛力]으로 일어나는 것, 그것이 보현행원의 염불이다. 부처님을 사무치게 생각하며 일체 존재를 공경하고, 부처님을 사무치게 생각하며 일체 만물을 찬탄하며, 부처님을 사무치게 생각하며 모두를 섬기고 공양하는 것이 보현의 염불이다.

그것이 불명호로 나타나도 좋고 불명호가 아니라도 좋으니, 보현의 염불은 그런 것이 중요한 게 아니다. 우리의 몸과 마음, 우리 삶 전체, 우리의 말과 행, 마음 모두가 부처님을 떠나지 않고 부처님 속에서 일어나는 것이 보현의 염불인 것이다. 그러므로 사바를 싫어하고 극락을 구하지 않으며, 예토니 정토니 일체의 분별이 없다. 오로지 부처님 계신 곳이 정토며, 부처님을 생각하고 부처님을 그리는 그 마음 이는 곳이 모두가 부처님 계시는 청정 국토인 것이 보현의 염불이다. 그래서 한 마음 이는 곳마다 공경을 일으키고, 한 생각 가는 곳마다 찬탄을 일으키며, 한 몸 나투는 곳마다 섬기고 공양하는 삶을 잊지 않는 것, 그것이 보현의 염불이다. 이런 이유로 보현의 세계에서는 마하반야가 염불이 되며, 그런 이유로 반야행이 염불이 된다. 그리고 일체 부처님을 섬기고 공양하겠다는 보현의 굳은 마음과 서

원이 바로 염불이다.[170]

2. 위빠사나

위빠사나 수행의 두 핵심은 사마타[止(선정)]와 위빠사나[觀(통찰지)]
다. 사마타를 이루기 위해 계를 엄격히 지키며, 그렇게 이루어지는
사마타를 바탕으로 통찰지를 닦아 마침내 열반 해탈에 이른다. 보
현행원 역시 선정과 통찰지와 무관하지 않다. 선정과 통찰지가 보현
행원에서도 일어난다. 다만 전통 위빠사나 수행은 이런 선정과 통찰
지를 직접 닦는 데 비해, 보현행원은 저절로 일어나게 한다. 행원에
서 원은 사마타를 일으키고 행은 위빠사나를 지어가게 한다. 세친의
『정토론(淨土論)』을 보면 이런 행원의 사마타와 위빠사나와의 관계가
좀 더 확실해진다.

　　세친은 『정토론』에서 다섯 문[五念門]이 갖춰지면 마침내 극락
에 왕생한다고 한다. 신업예배문(身業禮拜門), 구업찬탄문(口業讚嘆

---

170 『화엄경』에서 극락정토가 언급되는 곳은 「보현행원품」이 대표적일 것이다. 행원
품은 일체중생을 극락정토에 모시는 것으로 끝나는데 그것은 보현보살의 비원이
그만큼 깊기 때문이다. 이 세상에는 광대한 보현의 서원으로도 제도하지 못할 중
생이 있다. 그런 중생들마저 구제하기 위해 보현보살은 다시 원을 세우니, 그것은
아미타불의 원력을 빌리는 일이다. 그래서 그들을 능히 저 고해에서 발제(拔濟)하
여 모두를 아미타불의 정토에 왕생시켜 마침내 해탈과 깨달음을 얻게 하니, 이는
담란(曇鸞,476~542)의 왕상회향이 혼자 정토에 가는 것이 아니라 중생제도를 위해
박복한 중생들을 함께 정토로 모셔 가는 것과 같다. 『화엄경』에는 '일체중생을 해
탈도에 머무르게 하지 못하면 나 혼자서는 결코 보리 이루지 않겠노라(「십행품」 진실
행)'라는 말로 보현의 비장한 서원을 노래한다.

門), 작원문(作願門), 의업억념관찰문(意業憶念觀察門), 회향문(廻向門)
이 그것이다. 그런데 여기서 작원문은 원을 세우는 것으로, 사마타에
해당한다. 세친은 '작원이란 낮이나 밤이나 항상 원을 세우고 일심으
로 진실로 안락국토에 왕생하기를 염해서 여실히 사마타를 수행하
기를 원하는 것'이라 말한다. 사마타를 이루는 것을 '작원'이라 하였
고, 그것은 일심으로 정토에 왕생하고 싶다는 원심(願心)이 순화되어
적정삼매가 된다는 것이다. 또 세친은 관찰문을 '사마타에 의해 맑아
진 마음에 정토를 똑바로 떠올리는 것[正念]을 이른다'고 말한다. 불
국토의 공덕장엄을 관찰하고 아미타불의 장엄공덕을 관찰하며 모든
보살들의 공덕장엄을 관찰하며 여실히 위빠사나를 수행하는 것이
다. 이렇게 보면 오념문 중의 작원문, 관찰문은 작원과 관찰을 통해
사마타와 위빠사나를 닦아 나가는 것이 된다.

　　원[止]이 사마타며 관찰[觀]이 위빠사나다. 이렇듯 세친의 가르
침에 의하면 원이 사마타를 가져오는 인(因)이 된다. 세친은 사마타
를 작원으로 지어갈 것을 가르치는 것이니, 하나의 원을 마음속에 간
절히 세울 때 염념상속 무유간단의 원이 선정을 초래하는 것이다. 또
그러한 원을 가지고 행 하나하나(원행)를 사무치게 해 나갈 때 통찰의
지혜도 함께 온다. 무엇이 예경제불인가? 어떻게 해야 칭찬여래인
가? 어째서 청전법륜인가? 이렇게 행원을 명상하고 원행을 일상에
서 지어나갈 때, 이 자체가 위빠사나의 역할을 하게 된다(이는 간화선에
서 화두를 드는 모습과 비슷하다).

　　또 원효는 『기신론』의 지관 중 관을 네 가지로 나누어 설명하는
데, 신수심법 등 세상의 진실상을 관찰하는 것을 법상관이라 하고 나

머지 내용을 대비관, 서원관, 정진관으로 나눈다. 이런 분류에 따르면 원을 세우고 대비심을 기르고 정진하는 것 자체가 관이 된다. 즉 행원 자체가 기신론에서 말하는 관법 수행이다.

그런데 이런 사마타와 위빠사나를 조금 다른 시각에서 볼 필요가 있다. 『청정도론』에 보면 사마타와 위빠사나는 그 자체가 목적이 아니라 청정(淸淨)에 이르기 위한 하나의 방편이다. 청정의 세계에 가기 위해 선정이 필요하고, 거기에 통찰지가 가해져야 하는 것이다. 그리고 그것은 위빠사나 수행에서뿐만 아니라 모든 수행이 그렇다. 선만 하더라도 선정에 해당하는 적적(寂寂)과 통찰지에 해당하는 성성(惺惺)이 함께 와야 한다. 삼매와 통찰지는 해탈과 열반으로 가기 위한 모든 수행의 공통 요소인 것이다. 따라서 수행에는 언제나 정혜쌍수(定慧雙修), 혹은 지관쌍수가 강조된다.

모든 수행은 선정과 통찰이라는 두 가지 요소를 가지고 있다. 즉 어떤 수행이든 선정과 통찰의 두 요소가 들어가지 않으면 올바른 수행이 될 수 없다. 다만 이런 선정과 통찰을 어떤 방법으로 취하는가에 따라 수행법이 달라지게 된다.[171] 또 그런 수행을 하는 분들이 어떤

---

171 천태지의가 불교의 일체 수행을 마하지관으로 정리한 것도 이런 이유라 하겠다. 가령 초기 불교의 경우 선정과 통찰을 각각 닦는 면이 강하고 그래서 단계적으로 밟아 나가는 반면, 대승불교는 두 가지를 함께 동시에 닦는 면이 강하다(간화선이 대표적인 예). 또 위빠사나 수행은 이런 선정과 통찰을 '보이는 세계의 분석'으로부터 시작한다. 그래서 물질계를 철저히 분석, 해체하면서 물질계에서 일어날 수 있는 여러 가지 바람직하지 못한 현상을 계로써 삼가 나가며 마음을 모으고 선정을 길러간다. 이런 선정을 바탕으로 보이는 세계의 통찰을 거쳐 보이지 않는 세계의 통찰을 길러 마침내 무상, 고, 무아라는 진실에 사무치게 눈뜨게 되는 형태를 취하는 것이다. 반면 간화선은 이런 모든 절차를 생략하고 화두에 집중함으로써 선정과

마음으로 수행을 하는가에 따라 선정과 통찰지가 모두 함께 닦이기
도 하고 그렇지 않기도 하다. 염불의 경우에도 부처님을 염하는 것에
만 치중하면 선정은 닦이나 통찰은 닦여지지 않는다. 그러나 '부처님
이 어디 계시는가?' 혹은 '천지 우주가 모두 부처님 나툼이 아닌 것이
없구나!' 하는 것을 사무쳐 돌이키면 염불이 바로 통찰지가 되는 것
이며 이렇게 닦는 염불법을 염불선, 또는 실상염불이라 한다.

　　이렇듯 모든 수행은 선정과 통찰지를 함께 갖고 있지만 수행자
의 수행 방법에 따라 정혜쌍수가 되기도 하고 못 되기도 한다(상좌부
수행은 처음부터 선정과 통찰을 엄격히 분리하는 것으로 이런 병폐를 방지하지만, 대
승 수행은 이런 명확한 구분이 없다). 따라서 염불을 하든 명상을 하든 무엇
을 하든, 밝은 수행이라면 종국에는 삼매와 통찰지가 갖춰지지 않으
면 안 된다. 그리고 그렇게 삼매와 통찰지가 갖춰진 상태에서 본 세
계가 청정이요 견성이요 열반이며, 또한 그것이 곧 화엄의 세계다.[172]

　　이렇게 보면 화엄세계로 가는 보현행원에서 선정과 통찰지가
오지 않는다면 오히려 이상한 일일 것이다. 다만 보현행원은 선정을
이룬 후 통찰지로 가는 것이 아니라, 선정과 통찰지를 함께 닦는 가
르침이다. '사무친 원행'이 그런 선정과 통찰지를 동시에 발생케 한

　　통찰을 함께 닦아 바로 진리의 세계에 들어가게 한다. 기도나 신을 믿는 종교에서
　　흔히 보이는 종교적 신비 체험이나 환희도 그 본질이 사마타를 벗어나지 못하고,
　　위빠사나 없이 사마타에 머물기에 아무리 깊은 환희가 와도 그것만으로는 참된 지
　　혜를 이룰 수 없을 것이다.

172　이렇게 수행 자체에 우열은 없다. 따라서 자기에게 맞는 수행을 하면 된다. 다만 우
　　리가 어떤 마음으로 수행을 하는가에 따라 똑같은 수행도 맹행이 되기도 하고 각
　　행이 되기도 한다(각주 8번 참고).

다. 이것은 간절한 의심으로 화두를 참구할 때 선정과 통찰지가 함께 일어나는 간화선 수행법과도 비슷한 원리다. 보이지 않는 세계에서 보이는 세계가 나온다고 볼 때, 보이는 세계의 관찰과 분석을 통해 보이지 않는 세계를 가는 것이 정통 상좌부 수행이라 할 수 있다. 간화선은 진리의 근원인 보이지 않는 세계로 바로 몰입하는 경향[言語道斷, 不立文字]이 강한 반면, 보현행원은 보이는 세계와 보이지 않는 세계를 함께 들어가는 가르침이다. 보현행원의 초기에는 보이는 세계에 치중하지만, 점점 갈수록 이 두 세계를 함께 관찰하게 되는 것이다. 이런 부분이 보현행원 위빠사나와 간화선의 공통점이기도 하고 다른 점이기도 하다.

한편 위빠사나에서는 계를 지키지 않으면 선정에 들 수 없고, 선정에 들지 못하면 통찰지를 이룰 수 없어(점오) 결국 열반 해탈에 들 수가 없다. 반면 보현행원은 계·정·혜가 동시에 이루어지기에(돈오) 굳이 지키려 애쓰지 않아도 계가 저절로 지켜지고, 선정·통찰지도 저절로 함께 일어난다.

3. 선과 화엄, 그리고 대승 사상

대승의 사상은 크게 세 가지로 분류할 수 있다. 반야중관사상, 유식사상, 그리고 여래장사상이 그것으로 이 셋을 어우르는 큰 사상이 있으니, 선과 화엄이다. 선과 화엄사상에는 대승의 세 가지 큰 흐름이 모두 들어있을 뿐 아니라 한 걸음 더 나아가 이 세 가지 사상을 하나로 모으는 사상, 즉 본래성불이란 가르침으로 회귀된다. 선과 화엄은 모두 본래성불을 극명하게 강조한다. 선과 화엄은 우리 모두가 이미 성불해 있으니 그것을 선정(나중에는 화두 타파) 또는 보현행원을 통해 알기만 하면 된다[見性成佛, 見佛成佛]고 가르친다. 따라서 선과 화엄은 모두 돈교(頓敎)다. 많은 화엄 학자들은 선과 화엄의 관계를 강조하였고, 선사들 역시 『화엄경』을 대단히 소중하게 생각했다.

　　이렇게 선과 화엄은 예로부터 무던히도 많은 수행자들이 관계성을 연구하고 또 하나로 엮으려 노력했다. 그럼에도 불구하고 결국 선과 화엄은 하나가 되지 못하고 선 따로 화엄 따로의 길을 간 것 같다. 선의 교리 부분은 화엄으로 보완하고, 화엄의 실천 부분은 선으로 보완하는 일종의 타협 형태가 된 것이다.

　　선과 화엄의 가장 뚜렷한 공통된 특징은 알음알이의 경계라 할 수 있다. 선에서는 알음알이를 지해(知解)라 말하고 화엄에서는 생각[想], 분별, 그리고 일념(一念)으로 표현한다. 이들 용어는 달라도 나타내고자 하는 바는 같다. 불필요한 망상[顚倒妄想]을 지칭한다. 홀연히 일어나는 한 생각에 사로잡혀 그 생각을 붙잡고 끝없이 망상(요즘 용어로는 '뇌피셜')을 지어가는 것을 경계하는 것이다. 마치 의처증 환자가 자기 생각에만 사로잡혀 없는 현실을 만들어가듯, 홀연히 일어난 한 생각에 사로잡혀 끝없는 망상의 세계를 지어가는 것이 우리가 사는 사바세계 중생의 모습이다. 없는데 있다 하고, 있는데 없다 하고, 과거를 붙잡고 헛된 미래를 만들고, 그렇게 내 생각에 속아 사는 것이 중생인 것이다. 그것을 끊기 위해 선에서는 언어도단을 강조하고, 생각 너머의 세계를 가르치며, 간화선에서는 풀리지 않는 수수께끼 같은 의문을 던져 홀연히 일어나는 생각을 버리고 하나의 의심으로 몰아넣는다.

　한편 화엄에서는 일념, 분별, 망상이 중생계를 만든다고 여러 곳에서 우리를 깨우친다. 그러한 화엄의 가르침을 하나로 모은 게 보현행원이다. 보현행원에서는 서원을 통해 허무한 망념을 깨우치고 잠재우게 한다. 홀연히 일어나는 한 생각을 부처님에 대한 공경, 찬탄, 공양으로 잠재우는 것이다. 화엄은 심지어 깨친다는 것 자체가 망상임을 설하기도 한다(예: 佛法不可覺 了此名覺法 諸佛如是修 一法無可得). 화엄교학이 어렵고 깊지만 그건 화엄학승들이 학문의 영역으로 만들어 그런 것이고, 실지 화엄이 전하고자 하는 가르침은 이처럼 단순 소박하다. 일체가 서로 다르지 않음을 알고 분별 망상을 끊는 것이 화엄이요, 그것을 차근차근 이야기를 통해 알려주는 게 화엄 이론인데, 이런 것 없이 단박에 체험하게 하는 게 선이다. 그래서 선과 화엄은 다르지 않다.

　이론적 면이 강조되면 화엄, 체험적 면이 강조되면 선이다. 그런데 엄밀히 말하면 선은 화엄에 포함된다. 왜냐하면 선적 요소는 이미 화엄에 다 있기 때문이다. 그래서 눈 밝은 옛 선사들이 선의 이론적 면을 화엄에서 찾은 것이요 그런 이유로 화엄승들이 선을 화엄과 연관시키기 전부터 먼저 선사들의 화엄 연구가 있었던 것으로 보인다. 선과 화엄이 이렇게 닮은 이유를 필자는 뛰어난 진리성에서 본다. 선과 화엄이 가장 진리에 근접한 가르침이므로 닮은 듯 다르고, 다른 듯 닮은 것이다.

　선은 진리 세계를 '보는 데[見性]' 주력하고, 화엄은 이러한 세계를 '묘사'하는 데 치중하는 면이 있다. 따라서 선은 실천적 면이 강하고 화엄은 어찌 보면 이론적 면이 강하다 할 것이다. 선은 체계적인 이론이나 과정을 생략하고 바로 진리 세계와 대면[頓悟]하게 하는 반면, 화엄은 직접적 대면 대신 보편적이고 합리적인 자세한 이론과 설명을 통해 진리를 가게 한다. 그러므로 선은 진리를 곧바로 체험하는 데 뛰어나지만 이론이 부족한 문제가 있고, 화엄은 이론은 뛰어나지만 실천적 면이 부족한 점이 있다. 다만 이론에 비해 실천적 측면이 부족한 화엄의 문제점은 나중에 보현의 행원이 「보현행원품」에서 열 가지 형태(십종행원)로 정리됨으로써 완벽히 해결된다.

　　선은 우리가 본래 갖고 있는 청정본심을 꺼내 쓰기만 하면 되는 것이고, 화엄 역시 그러하니 우리의 부동지불을 끄집어내면 된다. 육조선이 마음자리를 바로 드러내는 것이라면 화엄은 눈에 보이는 현상을 통해 마음자리로 들어간다는 차이가 있다. 후자는 『화엄경』을 일관하는 특징인데, 화엄은 언제나 '구체적 현실'을 통해 진리의 세계로 들어가게 한다. 반면 육조선은 그런 것조차 없이 바로 우리 마음을 드러내게 한다. 그러니 직지인심이요, 언하변오이다. 선이 말 없음으로 말 없는 자리를 들어가는 것이라면 화엄은 말 있음으로 말 없는 자리를 들어간다. 또 선이 무형상(無形象)으로 몰형상(沒形象)의 자리를 가르치는 것이라면, 화엄은 형상으로 몰형상에 들어가는 가르침이다.

　　선과 화엄의 또 하나의 공통점은 '살아 있다'는 것이다. 선이 살아 있다는 것(생명성)은 많은 선사들이 이미 지적한 바 있지만, 화엄이 살아 있다는 것은 과거 화엄승들이 놓친 것으로 보인다. 그래서 선과 화엄을 하나로 만들지 못한 것 같다. 우선 선은 살아 있다. 특히 임제

선이 그러한데, 선에서 흔히 쓰는 활발발지(活潑潑地)란 말은 시퍼렇게 살아 있는 선의 정신을 한마디로 표현한 것이다. 선은 생명의 울림이어서 살아 있지 않으면 그건 선이 아니다. 문자선(文字禪), 구두선(口頭禪)이 바로 그런 죽은 선이다. 깨친 분상에서 번개같이 생명의 밝음이 바로 튀어나오는 것이 살아 있는 선의 모습이다. 그래서 일언지하에 깨치게 된다. 화엄 역시 살아 있다. 그래서 활발발지의 선과 통한다. 화엄은 생명이 약동한다. 『화엄경』 곳곳에 나오는 환희용약(歡喜踊躍)이란 단어가 그런 예로, 선이 활발발지라면 화엄은 환희용약이다. 선과 화엄은 살아 있는 데서 만난다. 화엄과 선은 똑같이 살아 있는 자리를 비추고 노래하는 것으로, 화엄은 가르침으로, 선은 행으로 그렇게 한다. 둘 다 진리의 노래, 생명의 노래이다. 그래서 둘이 다르지 않다. 선과 화엄은 하나로, 나타난 모습과 표현이 다른 것일 뿐 지향하는 것은 같다. 선이 본 세계를 문장으로 표현한 것이 화엄이다.

　선과 화엄이 이렇게 근본적으로 같음에도 불구하고, 선은 그 발달 과정에서 약간의 변형을 겪게 된다. 전통적인 달마 이래의 육조선은 바로 깨우쳐 주는 선의 형태를 가진다. 즉 스승이 제자에게 진리 세계를 바로 보여주는 것이다. 그런데 이것이 송나라 시대에 와서는 그렇지 못하게 되니, 진리 세계를 바로 보여주지 못하고 중간에 하나의 과정을 거치는데 그것이 화두다. 육조선이 바로 진리와 대면하게 하는 데 반해, 간화선은 화두를 강력히 참구함으로써 비로소 진리를 보게 하는 것이다. 이것은 아마도 당시의 시대적 배경 때문으로 보이는데, 송대에 와서는 선이 점점 희론(戱論)으로 흐르고 문자선으로 변하게 된 경향이 있다. 그래서 당대의 선지식이신 대혜선사께서 하나의 방편을 만든 것이 화두다. 꽉 막힌 의문을 제기함으로써 희론을 방지하며, 수행자들의 큰 발심이 일어나게 한 것이다.

　　그런데 간화선에서 예기치 못한 문제가 하나 발생한다. 누구나 볼 수 있고 누구에게나 전개되던 진리 세계가, 이제는 화두를 타파하지 못하면 가지도 보지도 못하게 되었다. 즉 조건이 생긴 것이다. 화두를 타파하기 위해서는 의심을 해야 하고 믿음이 있어야 하는데, 그 자체가 쉬운 일이 아니다. 이런 것이 없으면 화두 자체를 간절히 들기가 불가능해진다. 그런 이유로 말 한마디에 바로 깨닫던 육조선과 달리, 간화선에서는 화두를 제대로 들지 못하면 진리에 들어갈 수가 없다. 의심하고 믿고 분발하여 화두를 타파해야만 진리 속으로 들어가는 것이다. 반면 보현행원은 아무 조건이 없다. 보현행원에서는 공경하고 찬탄할 때 누구든 바로 부처님 무량공덕 세계로 들어간다. 지금 이 모습 이대로 부처님 진리 속으로 들어가 버리는 것이다. 잘났든 못났든, 의심이 일든 일지 않든, 믿음이 있든 없든 보현행원을 할 때 진리 세계는 그대로 열려 버리고 우리는 그 속으로 힘차게 들어간다. 이것이 선과 보현행원이 같으면서도 다른 점이다.

4. 반야와 화엄: 반야바라밀과 보현행원

『반야심경』에서 경전은 '없다'는 것을 강조한다. 무명도 없고 무명이 다함도 없고, 생사도 없고 생사가 다함도 없다는 것이다. 그렇게 없다는 것만 쫓다 보면 『반야심경』은 없는 것[無]을 가르치는 것으로 생각하기 쉽지만 사실은 그렇지 않다. 지금까지 있다고 생각한 모든 것들이 무너진 그 자리에 오직 찬란히 빛나는 것이 있으니, 그것은 바로 '반야'다. 모든 분별지(分別智, 분별해서 보는 것)가 사라진 그 자리에, 반야지(般若智, 분별 이전의 세계, 있는 그대로를 보는 것)가 진실로 찬란히 빛나고 있는 것이다.[173]

그렇게 본 반야, 또 그렇게 본 반야의 세계는 부정이나 허무가 아니고 대긍정, 그리고 모든 것이 꽉 차 있는 묘유의 세계다. 이러한 반야관은 현대 물리학이 밝힌 진공의 진실상과도 비슷하다. 고전 물리학에서 진공이란 문자 그대로 '아무 것도 없는 텅 빈 것'을 말했으나, 현대 물리학에서는 '너무나 꽉 차 있기에 아무것도 없는 것처럼 보이는 것'을 의미한다. 너무나 많은 에너지가 균형과 조화를 이루고 있기에 전체 물리량이 0(zero)으로 보일 뿐, 실지로는 모든 것이 다 들어있는 세계가 진공의 세계라는 것이다. 따라서 고전 물리학에서 진공은 '아무 것도 할 수 없는 세계'이지만, 현대 물리학에서 진공은 '모든 것이 가능한 세계'다. 다만 우리가 그것을 쓰는 방법을 모르고 있

---

173 반야사상은 중국인에게 큰 관심을 야기했다. 그것은 반야사상과 도가사상이 매우 비슷했기 때문이다(예: 性空과 無, 無相과 無名, 無性과 無爲 등). 그러나 중국인들이 반야를 제대로 이해하는 것은 매우 어려웠으니, 반야 경전 중 번역된 게 별로 없었고 번역된 경전도 인도의 사상, 습관에 근거를 둬 중국인이 받아들이기 쉽지 않았다. 그래서 인도에서 직접 불경을 구해 오자는 욕구가 생겨 승려 주사행(朱士行)은 20여년 간 고생 끝에 『방광반야경』을 번역하게 된다. 또 다른 구법승 축법호(竺法護, 239~316) 역시 많은 대승 경전은 물론 반야류 경전을 번역한다. 그럼에도 불구하고 반야에 대한 정확한 이해는 승조(僧肇, 383~414) 때 와서야 비로소 이루어진다. 그만큼 반야 이해가 어려웠던 것이니, 우리가 반야를 제대로 이해하지 못하는 것도 무리가 아니라 하겠다.

을 뿐이다.

모든 것이 꽉 찬 세계! 그것이 이 세상의 진실된 모습이다. 그렇게 '꽉 찬 그것'을 반야경에서는 '반야'라 한다. 반야가 이 세상에 숨쉴 틈도 없이 꽉 차 있는 것이다. 그리고 화엄에서는 그것을 '부처'라고 부른다. 화엄안(華嚴眼)으로 보면 이 세상은 '부처님으로 꽉 찬 세계'인 것이다. 따라서 말(표현)만 다를 뿐이다. 그렇다면 반야를 제법공의 도리로만 설명하는 것은 온전한 것이 못 된다 하겠다.[174]

반야와 화엄의 핵심은 대긍정과 평등이다. 이것을 표현할 때 반야는 없다[空]는 것으로, 화엄은 있다[華嚴]는 것으로 말한다. 없다고 하든 있다고 하든, 그 본래 소식은 일체 만물의 대긍정, 대평등이다. 일체 만물의 진리, 일체 만물의 진실 생명의 자리인 것이다. 반야가 모든 부처님의 어머니[佛母]라 불린다면 화엄은 이미 부처님이 계시는 세계를 말한다. 따라서 반야와 화엄은 하나다. 다만 반야는 근원, 또는 근본 자리로서의 부처님을 강조한 가르침이라면, 화엄은 그런 근본자리의 부처님이 실지로 부처님으로 탄생한 자리를 가리키는 것이다. 그래서인지 스즈키 선사는 '반야가 화엄에 와서 마침내 인격을 가지게 되었다'라고 말한다. 물리학적으로 말하면 우주의 출발점인 빅뱅의 특이점이 반야라면, 우리가 아는 현재의 광활한 이 우주가 바로 화엄이다. 다만 특이점과 현재 우주 사이에는 150억 년이라는

---

174 반야는 무엇으로 꽉 차 있는가? 지혜와 자비로 꽉 차 있다. 『팔천송반야경』에는 수희, 회향을 「행원품」에서와 같이 '수많은 세상이 있고 거기엔 수많은 부처님이 계신다'는 것으로 시작한다(김형준 옮김, 『팔천송 반야바라밀다경』, 담마아카데미, 2003, 129쪽). 반야-행원이 다르지 않음을 시사하는 대목이다.

천문학적 시공간이 존재하지만, 반야와 화엄은 한 치의 간격도 없다. 그것은 반야와 화엄이 무위의 세계를 말하는 가르침이기 때문이다.

흔히 반야와 화엄을 따로 보는 경향이 있지만 이렇게 반야와 화엄은 하나다. 실지로 반야 경전들을 보면 반야는 없는 것을 뜻하기보다는 진실로 있는 세계를 뜻하는 경우가 많다. 중생들이 하도 있는 것에 집착하기에, 그래서 무명도 있고, 번뇌도 있고, 열반도 있고, 해탈의 길도 있는 줄로만 알기에 없다고 일부러 말하는 것이다. 그런 것은 모두 허망한 세계, 있는 줄 알고 나누고 차별하는 분별의 눈으로 본 가상 세계의 모습이며, 진실로 있는 것은 오직 반야! 한 치의 차별도 오차도 없는, 모두가 진리인 반야의 세계뿐이다. 허망하고 생멸하는 이 모두가 거짓이 아니라 사실은 우리의 진실 모습이요 진실로 존재하는 세계! 허망하게 보이는 모든 차별상이 사실은 모두가 진실을 꽃피우는 세계! 허망을 통해 진실이 드러나며 허망과 진실이 둘이 아닌 세계! 그러한 세계가 반야의 세계이며 모두가 진실 생명으로 가득 찬 세계가 화엄이요 연화장 세계다.

그러므로 반야와 화엄에서는 못난 이 모습 이대로, 업장 가득한 비참한 이 모습이, 찰나로 사라지는 번뇌 가득한 허망한 이 모습, 거짓으로 가득 찬 업보 덩어리 이 모습이 바로 찬란한 영원의 세계, 부처님의 모습과 조금도 다르지 않은, 그대로 반야와 화엄의 모습이라 말한다. 따라서 이 모습 이대로 영원의 길, 진리의 길을 걸어가라고 가르친다. 멀리서 찾지 말고, 무엇을 이루고 나서 무엇을 하려 하지 말고, 조건을 붙이지 말고, 이유를 자꾸 대지 말고, 번뇌 가득하고 업장 가득한 이 자리에서 바로 해탈을 이루라! 그렇게 말씀하는 것이다. 이렇게 알고 고통 가득하고 비천하고 못난 이 자리에서 아무 조건 없이 바로 지금 진리 생명, 부처님 생명으로 살아가는 것이 반야바라밀이요 선(禪)이요 화엄의 길[普賢行願]이다. 그러므로 반야와 선, 화엄이 이렇게 만난다. 이 셋은 조금도 다르지 않다.

반야와 화엄은 하나이지만, 우리는 그것을 잘 모르고 있거나 반야를 보고 나서 화엄을 보려 한다. 그래서 깨친 후에 화엄을 보고, 반야를 알고 보현행원을 하려고 한다. 반야를 체(體)로 삼고 보현행원을 용(用)으로 삼는 가르침도, 본래는 그런 뜻이 아니었지만(이 부분을 꼭 잊지 말고 명심하시기 바란다) 반야만 보고 보현행원은 보지 못하는 우를 범하기 쉽다. 그리고 그런 우는 자칫하면 보현행원을 이론이 없는 맹행으로 전락시켜 버리기도 한다. 그것은 화엄에서 반야를 보기는 쉬워도, 반야에서 화엄을 보기는 쉽지 않기 때문이다.

금하광덕, 그리고 소소소천(簫韶韶天, 1897~1978) 같은 분들은 분명 반야에서 바로 화엄을 보신 스승님들이다. 그 분들 분상에서는 반야와 화엄이 조금도 다르지 않다. 비록 반야의 이름으로 설법을 하셨더라도 내용은 모두 반야화엄이다. 반야의 눈으로 화엄의 세계를 투철히 뚫어 보셨던 것이다. 그러나 범부는 화엄에서 반야를 보는 것이 더 쉬울 것이다. 그것은 큰 그림을 그리다가 작은 그림을 그리기는 쉬워도 작은 그림을 그리다가 큰 그림을 그리기는 쉽지 않은 것과 비슷하다. 화엄을 공부하면, 그리고 보현행원을 하면, 화엄을 알게 될 뿐 아니라 반야도 알게 된다. 큰 그림을 그리다 작은 그림까지 그리게 되는 것과 마찬가지 이치다.

5. 기독교와 보현행원

보현행원을 말씀드리다 보면 기독교와 비슷하다는 말을 가끔 듣는다. 아마 행원에 기독교적인 요소가 있어서 그런 듯한데, 이에 대해 알아본다.

기독교와 보현행원은 과(果)의 자리에서 전개된다는 점에서는 비슷하다. 기독교는 이 세계를 창조주가 만든 완성된 세계로 본다. 완성된 세계에서 너희들 피조물(특히 인간)은 마음껏 그 과(果)를 누리라는 것이다. 보현행원 역시 완성된 세계의 이야기이다. 온갖 모순이 난무하고 미완(未完)의 세계인 듯한 이 법계가 사실은 진리가 꽃핀 완전한 세계라는 것이다. 불완전한 그 자체가 완전인 것이니, 이는 화엄의 대긍정이 부정을 섭수하는 긍정인 것과 같다.

또 기독교와 보현행은 실천행을 강조한다는 점에서 비슷하다. 완성된 세계에서 우리 모습을 완전히 꽃피우기 위해서는 행이 굉장히 중요하다. 그래서 기독교와 보현행원은 뭘 알기 전에, 이유를 따지기 전에 먼저 행을 하라고 선언한다. 행을 망설이는 우리에게 기독교와 보현행원은 믿음을 강조한다. 기독교의 믿음은 이 세상이 창조주의 완성된 세계요 축복이 가득한 세계이며, 인간은 은혜받은 피조물로서 창조주가 주신 축복과 은혜를 마음껏 누릴 의무와 권리가 있다는 것이다. 보현행원은 우리가 바로 부처요 보현보살의 원력이 넘치는 존재임을 믿는다. 이렇게 실천과 믿음을 강조한다는 점에서 또 기독교와 보현행원은 비슷하다.

그러나 기독교는 모든 것이 '있는 자리[有]'에서 전개되는 반면, 보현행원은 '없는 자리[空]'에서 전개된다. 기독교는 모든 것이 있다.

창조가 있고, 창조주가 있고, 천국이 있고, 지옥이 있고, 죄와 구원이 있다. 따라서 만약 그런 것이 '없다'고 하면 기독교 자체가 성립이 되지 않는다. 그러나 보현행원은 그런 것이 없다. 지금까지 있다고 생각한 모든 것이 사실은 없고[空], 있다고 생각하는 것은 모두 네 마음[一心]이 지어낸 착각, 환상에 불과하다는 것이다. 모든 것이 없기에 집착할 것도, 배격할 것도 없다. 따라서 해탈과 열반, 지옥과 극락이 설사 없다 한들 아무 문제가 될 게 없다. 본래 없으니까.

또 기독교는 서양 사상 대부분이 그렇듯 이원론, 이분법에 기초하고 있다. 있음과 없음에서도 언급했듯, 모든 것이 나뉘어져 있다. 그러므로 세상은 하나가 될 수가 없다. 끝까지 나눠져야 한다. 가령 창조주와 피조물은 결코 같은 존재가 될 수 없다. 피조물은 어디까지나 '창조주의 은총 속에 존재할 뿐'이다. 기독교에서도 창조주와 피조물의 합일을 이야기하지만, 기독교의 합일은 어디까지나 다른 두 존재가 일시적으로 하나로 겹쳐지는 것으로 근본적으로는 따로 있다. 그런데 보현행원을 포함한 불교는 '모든 것이 하나'이다. 나눌래야 나뉘어질 수가 없는 것이 불교의 세계관이다. 분리되어 있는 것처럼 보이는 세상은 모두 우리의 착각이고, 사실은 모두가 분리되지 않은 하나라는 것이다. 다만 이 하나는 찐빵 덩어리 같은 하나가 아니라 셀 수 없이 많은 개체로 이루어진, '모든 것이 더불어 존재하는 전체로서의 하나[一眞法界]'다. 부처와 중생은 근본적으로 하나다. 분리되어 있어도 하나다. 『유마경』에 나오는 '수많은 부처님께 공양하지만 나와 부처님이 둘이라는 분별상이 없다'는 말은 이를 가리키는 말이다. 이런 하나의 세계[世界一華]엔 대립과 갈등이 없다. 물은 언제

나 하나의 바다로, 구름은 언제나 하나의 구름으로 차별 속에 모두가 '더불어' 오갈 뿐이다.[175]

기독교와 불교의 또 다른 차이점은, 기독교의 가르침은 모두 '밖'에서 오는데 반해 불교는 우리 스스로에게서 솟아난다는 것이다. 죄도 구원도 기독교는 모두 내[我]가 아닌 바깥의 문제다. 아담과 이브가 죄를 지음으로 인해서 나의 뜻과 다르게 우리는 태어날 때부터 이미 죄인이 되었고, 구원도 내가 결정하는 게 아니라 오로지 창조주의 뜻에 따른다. 신학자들이 그렇게 연구하는 신의 말씀도, 모두 신이라고 하는 바깥 세계에서 오는 가르침이다. 내가 신의 말씀을 들었다 해도, 신의 신성이 나를 통해 나타난 것일 뿐이다. 이렇게 밖에서 오는 가르침은 문제점이 한둘이 아니지만, 결정적 문제는 모든 가치의 판단을 우리가 아니라 남이 한다는 것이다. 가령 이교도를 처형하는 문제도, 나의 본성이 아무리 그런 일을 거부해도 신의 말씀에 그

---

175 종교 체험에서 둘이 아닌 경지[不二, 不異]는 합일(合一)로 나타나기도 한다. 그런데 불교의 불이와 기독교의 합일은 개념이 다르다. 성해영에 따르면 합일을 두 개념으로 나눠 동서양 종교사에서 '신비적 합일(mystical unity)'과 '신비적 동일성(mystical identity)'이라는 두 차원이 긴장 관계로 나타난 적이 많다고 한다. 그리고 동양은 신비주의적 동일성을, 서양은 신비주의적 합일을 더 강조하니 서양 종교는 궁극적 실재인 신과 인간의 동일성을 곧바로 주장하는 건 위험하게 받아들인다는 것이다. 즉 신비주의자들이 자신의 체험에 기초해 신과 인간이 근원적으로 동일하다고 주장하는 건 위험하다는 것인데, 동양은 궁극적 실재와 인간의 근원적 동일성 주장을 무리없이 수용한다. 결국 불교의 합일은 중생과 부처가 본래 하나이기에 하나인 것이며(identity) 이때는 합쳐질 때만 아니라 각각 독립체로 존재할 때도 하나다. 기독교의 합일은 본래 둘이던 것이 하나로 겹쳐지는(unity) 합일로, 겹쳐지면 하나지만 떨어지면 둘인, 주관과 객관이 영원히 따로 있는 하나로 볼 수 있다. (오강남·성해영, 『이제는 깨달음이다』, 북성재, 2011, 91~92쪽)

렇게 나와 있으면 죽일 수밖에 없다. 이런 것이 밖에서 오는 가르침의 문제점이다.

　반면 불교는 바깥을 향하는 마음을 단호히 거부한다. 모든 것이 우리에게 있다. 그러므로 불경에 아무리 뭐라고 쓰여 있어도 나의 불성(佛性)이 용납할 수 없으면 팔만대장경도 소용없는 것이 불교다. 심지어 부처도 거부하는 것이 불교의 가르침이다. 기독교와 불교, 특히 화엄과 보현행원이 비슷해 보여도 이런 점에 차이가 있는 것을 분명히 할 필요가 있다. 어느 쪽이 더 낫고 못하다는 것이 아니라, 기독교와 불교는 이런 차이점이 있다.

6. 명상과 보현행원

① 보현행원 명상법

티베트불교 최고의 가르침, 마하무드라 명상은 보현행원의 가르침과 유사한 부분이 많다. 마하무드라 명상은 티베트의 현교(顯敎)와 밀교를 모두 섭수하는 가르침 중의 가르침이라 하는데, 그 내용이 화엄사상과 보현행원의 가르침과 너무나 일치하는 곳이 많은 것이다. 예를 들면 마하무드라의 가르침에서는, 사고와 감정들을 (특히 부정적인 것일수록) 제거해야 하는 것으로 생각하지 말라고 한다. 그런 사고와 감정들의 본성을 알 수 있다면 마음의 본성 자체를 이해하게 된다는 뜻인데, 농부가 땅을 비옥하게 하기 위해 냄새나는 거름을 사용하듯이 지혜는 마음속의 오염 요소와 미망을 제거함으로써가 아니라 그것들의 본성을 깨달음으로써 얻어지기 때문이다. 마음의 본성이나 불성을 깨닫는 일은 마음속의 어떤 것을 제거하기를 요구하지 않으니, 우리가 갖고 있는 바로 그 마음(생각하고 원하고 기대하고 느끼는)의 본성을 깨닫기만 하면 된다고 하는 것이다. 이런 부분이 일심의 정화, 한마음 밝음을 통해 세상을 변화시키는 보현행원의 가르침과 매우 비슷하다.

또 마하무드라의 가르침에서는 선정과 통찰을 함께 행하는데, 이런 점도 보현행원과 닮은 꼴이다. 그리고 두 가지 보리심을 말한다. 하나는 모든 중생을 위해 보리를 증득하겠다는 생각을 하는 원보리심, 둘은 원보리심의 약속을 실천하는 행보리심으로 바로 '행원'이다. 보현행원은 행으로 하는 명상이요 일상생활 중의 명상이다.[176] 보현행원 명상은 언제 어디서나 공경하는 마음, 찬탄하는 마음, 섬기는 마음, 참회하는 마음, 돌아가는[廻向] 마음을 잊지 않는 것이다. 그리고 그런 마음은 모두와 함께 하고 일체에 감사하는 대긍정의 세계로 우리를 이끌어 준다. 언제 어디서나 서로를 공경하고 찬탄, 섬기는 그 마음은, 스스로 닫힌 문을 열게 하고 잊었던 대진리(大眞理)의 노

---

176 일반적인 명상은 행을 멈춘 상태에서 공부가 시작되지만, 행원은 꼭 그렇지만은 않다. 물론 얼마든지 일반 명상처럼 고요한 곳에 앉아 마음을 모을 수도 있지만, 행원은 일상생활 중에서도 처음부터 명상이 가능하다. 그것은 앞서 말한 것처럼 행 하나마다 간절한 원(願)이 따르기 때문이다. 행원을 할 때는 행마다 원이 밤하늘 보름달처럼 높이 떠서 행을 해 나가는 우리를 환히 비추고 안내한다. 간절한 소망을 세우며, 그 간절한 소망을 언제 어디서나 잊지 않는 것이 원을 세우는 일이다. 그렇게 세우는 원은 우리의 마음을 한 곳에 모으며, 볼록 렌즈 같은 엄청난 에너지를 갖게 한다. 원을 세울 때 우리는 저절로 명상으로 들어간다.

래를 끝없이 울리게 한다. 그리하여 행원의 노래가 울리는 곳에 대립과 갈등이 사라지고, 미움과 원망이 사라지며, 끝없는 세상의 은혜가 우리에게 크나큰 울림으로 다가오는 것이다. 나약과 겁약이 사라지며, 우리도 모르게 힘이 솟고 긍정적이고 역동적인 모습으로 변하는 것이 행원 명상이다.

행원 명상은 저절로 지혜가 밝아지고 저절로 자비가 우리를 흠뻑 젖게 한다. 따라서 행원 명상은 따로 지혜를 찾고 따로 자비를 구할 필요가 없다. 간절한 행과 간절한 원 앞에, 지혜와 자비가 저절로 동시구족(同時具足)되는 불가사의한 일이 일어나는 것이다.

행원 명상은 또한 행으로 짓는 명상이다. 공경과 찬탄, 섬김과 참회가 이론으로만, 마음으로만 끝나는 것이 아니라 행으로, 구체적 현실로 나타나는 명상이다. 내 밝은 마음이 공경행을 이끌어 내고 내 눈부신 지혜가 모든 세상을 찬탄하고 모두가 모두를 섬기는 현실을 만들어내는 것이다. 그러므로 행원 명상이 가는 곳에는 기쁨이 솟고 웃음꽃이 핀다.

이러한 행원 명상은 또한 누구나 쉽게 할 수 있는 장점이 있다. 배운 자 못 배운 자, 가진 자 못 가진 자, 늙은이 젊은이 할 것 없이 누구나 할 수 있다. 또 종교를 떠나 가르침이 다르고 인종이 달라도 할 수 있다. 언제 어디서나 짧은 '고잘미섬모'의 다섯 글자만 잊지 않으면 그 즉시 누구나 저 밝고 힘찬 행원 명상으로 갈 수 있다. 따라서 보현행원 명상은 앞서 말했듯 달라이 라마가 그토록 찾는 범세계적인 보편적 윤리행, 선행이 될 수 있을 것이다.

② 실전 보현행원 명상법

하나, 진리 선언을 한다.

> 내 생명 끝없는 무한진리 생명.
> 우리 생명 끝없는 무한진리 생명.
> 나에게는 끝없는 무한진리 생명이 넘치고 있다.
> 우리에게는 끝없는 무한진리 생명이 넘치고 있다.
> 나는 건강하고 행복하다,
> 온 집안 온 가족 건강하고 행복하다.
> 오늘도 내겐 좋은 일이 일어난다,
> 온 집안 온 가족 좋은 일만 생긴다.[177]

둘, 고맙다 잘했다 미안하다!를 마음속으로 되뇌인다.

일반 명상 자세로 앉아 마음속으로 '고맙다 잘했다 미안하다!' 를 마음속으로 되뇐다. 이때 고마운 대상(또는 사람), 찬탄의 대상, 미안함의 대상을 마음속에 떠올리며 그분들, 또는 대상에 대해 고맙고 잘했고 미안한 마음을 전한다. 이것이 잘 되면 '섬기고 모시겠다'는 맹세도 함께 한다.

초등학교에서 고잘미 명상을 실시한 적이 있다. 매일 조례 시간

---

177 불자들은 다음과 같이 하도록 한다. (금하광덕의 가르침에서 가져옴) "내생명 부처님 무량공덕생명. 나는 불자다, 부처님 위신력이 넘치고 있다. 나는 건강하고 행복하다. 온 집안 온 가족 건강하고 행복하다. 오늘도 내겐 좋은 일이 일어난다. 온 집안 온 가족 좋은 일이 일어난다."

에 아이들에게 두 손을 모으고 "내 생명 끝없는 무한 진리 생명, 나는 진리 생명이다, 나에겐 언제나 무한 진리 생명이 넘치고 있다. 나는 건강하고 행복하다, 우리 어머니 아버지 형/누나/동생 모두 건강하고 행복하다. 오늘 나에겐 좋은 일만 일어난다. 어머니 아버지 형/누나/동생에게도 좋은 일만 일어난다."(이를 '무한 진리 생명 명상'이라 이름 붙였다)를 세 번, 고잘미 합창[선생님 고맙습니다, 선생님 잘 하셨습니다, 선생님 미안합니다. 어머니 고맙습니다, 어머니 잘 하셨습니다, 어머니 미안합니다. 아버지 고맙습니다, 아버지 잘 하셨습니다, 아버지 미안합니다. 친구들아 고맙다, 친구들아 참 잘했다, 친구들아 미안하다. (형제들에게도 이름을 부르며 같은 방식으로 한다.)]을 세 번 연속적으로 하고, 나는 잘 한다, 잘하고 있다 명상을 3분 정도 하고, 친구들끼리 틈만 나면 서로 고잘미를 실천하게 했더니 놀랄 만한 일들이 일어났다고 한다.

고잘미 명상을 시작한 것이 신종 플루가 유행하던 때였는데, 명상을 실시한 교실에서는 신종 플루 발생 환자가 한 명도 없어서 다른 반 선생님들과 학부형들이 놀랐다. 게다가 다툼이 끊이지 않던 아이들에게서 다툼이 없어졌으며, 갑자기 학부형들이 우리 아이가 변했다며 연락이 오는 등 생각지도 못한 일들이 일어났다는 것이다(그런데 어린이들에게 효과가 즉각적이고 컸던 것은 그만큼 티가 덜 묻고 맑아서인 듯 하다). 고잘미 이야기는 우연히 법무부 교정본부 산하 청소년 학교폭력 예방을 담당하던 분께도 전해져, 고잘미 노래도 만들어지고(포털이나 유튜브에서 '고잘미'를 검색하면 볼 수 있다) 인성 교육에 활용되기도 했다. 다음은 인성 교육 당시에 보내드린 글 전문이다.

'고잘미운동'을 전개합시다 - 세상에 가장 좋은 쌀이 고잘미(*)

고잘미란 '고맙다, 잘했다, 미안하다'의 준말로, 고잘미를 할 때 이 세상 모든 일이 거짓말처럼 해결됩니다. 사람들 사이에 대립이 사라지고 갈등이 사라지며, 우리도 모르게 기쁨과 행복이 옵니다.

우리 사회는 지금 대립과 갈등이 너무도 깊습니다. 고마운 줄 모르고 찬탄할 줄 모르고 미안해 할 줄 모르며 모두가 남 탓이고 내 잘못은 없으며 설사 내가 잘못했다 하더라도 미안하다는 말 한 마디를 하지 않습니다. 그리하여 우리 마음엔 분노만 잔뜩 쌓이고 알지 못할 증오로 들끓고 있습니다.

이런 갈등, 대립, 분노를 몰아내는 가장 손쉬운 일이 고마워하고 찬탄하고 미안해하는 일입니다. 소박한 말 한마디가 우리 속에 깃든 어둠을 사라지게 하는 것입니다. 실제로 우리가 몰라서 그렇지 이 세상은 온통 고맙고 잘했고 미안한 일로 가득합니다. 단지 우리가 그 사실을 몰라 고마워하지 않고 칭찬하지 않고 미안해하지 않을 뿐입니다.

그러나 내가 고마움의 말, 칭찬의 말, 사과의 말을 하기 시작할 때 이 세상은 진실로 고맙고 장한 모습을 보여주기 시작합니다. 그리고 그것은 그동안 숨어 있던 아름답고 넉넉한 우리 모두의 본래 모습일 것입니다.

고잘미는 또한 울림을 가져옵니다. 즉 내가 이웃과 세상을 향해 '고맙다' 하고 외치면 세상도 내게 고맙다고 말하는 것입니다. 처음엔 안 할지 몰라도 고잘미가 지속되면 반드시 화답이 돌아옵니다. 메아리가 오는 것입니다. 따라서 내가 먼저 고잘미를 외치는 것이 중요합니다. 그래서 더 나아가 고마운 일은 물론 고맙지 않은 일에조차 고마움을 외칠 때, 고맙지 않은 세상조차 고마운 세상으로 바뀌어 갑니다.

건강하려면 보약보다 밥을 잘 먹어야 하고 이왕 밥을 지으려면 나쁜 쌀보다 좋은 쌀로 짓듯, 세상에 가장 좋은 일 가장 좋은 쌀이 고잘미(米)입니다. 고잘미로 밥을 지으면 세상에서 가장 맛있는 밥이 나오고, 고잘미로 삶을 살면 세상에서 가장 행복한 삶이 출현합니다.

우리 모두 고잘미운동을 전개합시다. 그리하여 행복한 가정, 행복한 사회, 모두가 서로를 존중하고 모두가 서로를 찬탄하는 그런 세상을 한번 만들어 봅시다. 우리가 고잘미를 할 때 내가 변하고 이웃이 변하고 사회가 변하고 한국이 변하고 결국 우리가 사는 세상은 온통 고마움과 찬탄으로 덮일 것입니다.

7. 기도와 보현행원

기도에 종류가 많고 종교에 따라 기도법이 다르기는 하지만, 그것은 형식일 뿐 근본 원리는 똑같다. 기도란 내 본래 생명의 회복이자 발현(發現)이다. 민족에 따라 다르고 종교에 따라 다른 기도법은 모두 그러한 본래 생명의 회복과 발현을 도와주는 방식의 차이에서 기인한다. 사실 기도는 근원 진리(불교는 부처, 기독교는 신)와의 소통, 교감이라 할 수 있다. 나의 간절한 마음을 통해 근원 자리와 공명을 이루는 것이다.

　무엇이 기적을 낳고 삶의 물결을 거슬러 올라가게 하는가? 그것
은 무슨 특별한 비법이 있어 그러는 것이 아니라 나의 본래 맑고 밝
은 자성이 회복되었기 때문이다. 그러한 밝은 자성이 바로 우주의 근
본 자성이요, 내가 밝은 자성을 밝힐 때 우주의 근본 자리와 공명(울
림)이 일어나며 불가사의한 힘이 나를 돕게 된다. 그 결과 도저히 세
상 이치로는 풀 수 없고, 상식으로는 이해할 수 없는 일들이 일어나
는 것이다(이를 때로는 '기적'이라 부른다). 따라서 기도는 본래 맑고 밝은
나의 본 모습을 발하는 것이 되어야 한다. 순간순간 내 진실 생명의
확인이 기도다.

　기도를 할 때 너무 형식에 얽매여서는 안 된다. 그동안 한 번도
제대로 기도의 마음, 밝은 본성을 회복하는 마음을 내어 본 적이 없
는 분들이 많은 터라 종교에서는 그런 분을 위한 일정한 형식을 나름
대로 만들어 권하지만, 형식이 기도의 전부는 아니다. 형식에 매달려
기도의 본질을 잊어버리면 아무리 많은 절을 하고 아무리 많은 참회
를 하고 묵상을 해도 기도는 이루어지지 않는다. 이루어지지 않을 뿐
아니라 오히려 어둠만 더하는 결과를 가져오기도 한다.

　기도의 근본 원리가 그러하기에 기도의 핵심은 '간절한 마음, 밝
은 마음'이다. 어떤 형식으로 기도를 짓던, 근본 마음에는 간절하지
만 밝은 그 마음이 있어야 하는 것이다. 간절함과 밝음이 없는 기도,
숫자에만 매달리는 기도는 (그것이 비록 중요하지 않은 것은 아니지만) 밝고
간절한 한 마음의 발현에 비교할 것이 아니다. 간절해야 하는 이유는
간절할 때 우리의 깊은 의식이 바뀌기 시작하기 때문이다. 기도가 성

취되려면 깊은 의식이 바뀌어야 한다. 그래서 기도는 간절함이 요구된다. 간절함은 식(識)을 바꾼다.

　무엇이 밝은 마음인가? 감사와 희망, 그리고 대긍정이 밝은 마음이다. 사람이 살아가면서 어려운 일이 없을 수 없다. 따라서 비록 앞날이 아무리 어둡고 내 처한 환경이 아무리 절망적이라 하더라도, 그것은 나타난 현상이자 곧 사라질 그림자 같은 것이며, 이미 우리에게는 우주의 자비가 넘치고 모든 것은 바른 곳을 향해 가고 있다는 확신과 감사가 있어야 한다.[178] 또한 모든 것이 잘 될 것이라는 믿음과 함께 나의 삶(그것이 비록 과거에 어떤 모습이었다 하더라도)에 대한 자부심, 내 스스로에 대한 위로와 내일의 약속이 우리 마음에 밝음을 가져온다. 기도는 그렇게 지어가야 한다.

　기도란 '근본 진리에 대한 믿음을 가지고 진리를 이 세상에 현실로 나타나게 하는 것'이다. 따라서 기도할 때는 우선 무엇보다 믿음이 중요하다. 무엇에 대한 믿음인가? 온 세상이 자비로 차 있다는 것, 우주는 결코 나를 내버려두지 않는다는 것, 참된 소망은 반드시 이루어진다는 것, 그래서 우리는 우리의 소망을 기어코 이룸으로써 우주의 자비에 감사하고 은혜를 갚을 것을 믿는 것이다. 이 결과, 기도로 지혜와 용기가 솟고 마음에 연민과 위엄이 차오르며, 끝없는 희망과 밝음, 그리고 기쁨이 솟구침으로써 자신이 변화하고, 사회가 변화하

---

178 티베트의 닝마파에 따르면 각 개인의 마음은 처음부터 본래 자유롭고 깨끗하며 우주는 보현보살로 확인된 근원적이고 선한 부처의 발현이다. (로저 잭슨 지음, 윤희조 옮김, 『윤회』, 운주사, 2024, 302쪽)

고, 기도로써 내 환경을 변화시키고 우주를 변화시킨다.

그런데 보현행원 역시 그러하다. 원 하나하나에, 행 하나하나에 내 진실 생명의 울림이 일어난다. 염념에 내 안에 숨어있던 부처님이 공명하고 내 안의 밝은 생명이 춤을 추는 것이다. 이러한 사실을 매 순간, 매 처에 확인하는 것이 기도요 보현행원이다. 따라서 진정한 기도는 복을 구하는 것[祈福]이 아니라 이미 우리에게 넘치는 복을 꺼내 쓰는 것이 되어야 한다. 그리고 그런 기도는 어두운 기도가 아니라 밝은 기도가 된다. 구할 때는 허기지고 어둡던 것이 꺼내 쓸 때는 넉넉하고 밝다.

대다수 수행의 가장 큰 문제는, 내 고통은 해결해도 남의 고통은 해결 못한다는 것이다. 명상만 하더라도 당사자가 명상을 배우고 실천해야 가능하고, 배울 생각도 할 생각도 없는 이에게는 무용지물이다. 필자는 이런 일반 수행의 한계를 극복할 수 있는 가르침이 없는지 찾고 있는데, 그럴 수 있는 수행은 기도밖에 없는 것 같다. 그리고 보현행원 역시 그 대안이 될지도 모르겠다. 그렇게 생각하는 이유는 보현행원 자체가 대인 관계의 갈등 예방에 뛰어나고, 보현행원 자체에 기도적 요소가 있기 때문이다. 기도는 울림이므로, 나의 울림으로 울리지 않는 이웃의 울림을 이끌어 낼 수 있다. 마치 종을 치면 종소리가 사방에 공명하는 것과 비슷하다.

기도할 때는 기도하는 순간순간마다 내 진실 생명의 확인이 이루어져야 한다. 업보 중생이라 업장 소멸하기 위해 기도하지 말고, 박복하므로 복을 구하기 위해 기도하지 말고, '업이야 있든 말든, 복이야 많든 적든 내 생명은 이미 진실로 꽉 차 있다, 내 진실 생명은 그런 것으로 더해지지도 감해지지도 않는다, 업이야 있든 말든, 복이야 적든 많든, 우리는 오직 우리 갈 길, 진실 생명의 길을 갈 뿐이다' 할 때 우리 앞에는 오직 무한한 가능성만 있고 미래는 온통 희망뿐이다. 잘못을 한탄과 자책으로 뉘우치는 것이 아니라, 내 진실 생명을 태우고 밝힘으로써 지난 업을 소멸하는 것이다. 진실로 밝은 우리 생명을 더 넓은 세계, 더 넓은 미래로 확장시켜 나감으로써 지난날의 참회를 공양 올린다, 그렇게 생각하고 그렇게 나아가야 한다. 그러할 때 모든 것이 밝아지고, 모든 삶이 수행이 되며, 기도 역시 수행이 된다. 똑같은 기도를 하면서도 한쪽은 점점 더 어두워지고 한쪽은 점점 더 밝아진다.

보현행원 역시 매 행이 모두 내 진실 생명의 확인이다. 보현행원을 할 때, 공경하고 찬탄하고 섬기고 공양할 때, 잊어버렸던 나의 불성(佛性)이 생생한 현실이 되어 내 앞에 나타난다[現前]. 그러니 보현행원 수행은 자연히 기도의 모습을 띠게 된다.[179] 기도는 명상과 함께 보이지 않는 세계의 힘을 보이는 세계로 끄집어내는 가장 훌륭한 방법 중 하나다.

---

179 금하광덕은 기도를 강조했는데, 아마 보현행원의 이런 기도적 특성 때문은 아니었을까? 금하광덕의 기도 법문을 가져와 본다. "부처님을 믿고 기도하면 꼭 이루어진다. 부정적인 생각을 버려야 한다. 나의 소망은 이루어지기 어려운 것이다, 과학적으로 판단해도 그렇고 사회적인 상황으로 보아서도 되기 어렵다 하는 이런 생각을 버려야 한다. 세상에서 아무리 어렵다고 생각되고 과학적인 판단으로 될 수 없다고 하더라도 부처님은 무애의 위신력이고 절대무한의 원류인 까닭에 우리가 생각하고 있는 것 우리가 판단하고 있는 것과는 다른 것이다. 부처님을 믿고 기도하면 반드시 이루어진다, 하는 확신을 갖고 기도해야 한다."

기도 성취의 중요한 요소 중 하나는 소망, 믿음, 그리고 부처님과 하나가 되는 것이다. 나의 간절한 소망, 그리고 성취와 부처님의 무한 위신력에 대한 믿음에 간극이 있어서는 안 된다. 만약 간극이 생기면 의심이 일어나고 성취는 물 건너간다. 반드시 성취될 것을, 부처님은 우리에게 무심하지 않으시다는 것을 믿어야 한다. 그리고 하나가 되어야 한다. 물도 새지 않을 만큼 굳게 하나가 될 때, 기도는 마침내 성취된다.

괴롭고 힘들면 부처님을 향해 앉자. 그리고 부처님께 기도를 드리자. 기도는 불보살의 보이지 않는 불가사의한 힘을 현실로 가져온다. 힘들 때는 이렇게 외쳐 보자.

"내게는 부처님이 계신다. 부처님이 늘 나와 함께 있다. 부처님 위신력이 함께 하신다. 부처님은 무심치 않으시다. 꼭 지켜 주신다. 반드시 길을 열어 주신다. 나는 부처님과 함께 있다. 부처님 은혜 가운데 있는 나다. 내가 부처님을 부르고 부처님은 응답하셨다. 부처님은 나를 지켜주셨다. 부처님은 나를 도와주셨다. 부처님 감사합니다. 부처님 감사합니다."

나

오

는

말

시방의 모든 선지식에게 발원을 드려 본다. 부디 저처럼 모자란 이가 아니고, 훌륭하고 뛰어난 분들이 나오셔서 보현행원을 설하셨으면… 아는 것도 없고 인간적으로도 부족한 것 투성이인 저 같은 사람이 보현행원을 떠드니 보현행원이 제대로 전달되었을 리가 없다. 큰스님께서 떠나신 후 설하는 분이 거의 아무도 안 계시는 것 같아 '저라도 나서야겠다' 싶어 공부도 사람도 덜 된 상태에서 밑도 끝도 없이 보현행원을 말씀드렸지만, 그로 인해 얼마나 많은 오해를 드렸을지 생각만 해도 끔찍하고 부끄럽다. 이 자리를 빌어 사과드린다.

행원을 전하면서 저보다 뛰어난 분들의 보현행원 강의를 얼마나 원했는지 모른다. 보다 수행도 깊고 공부도 많이 하신 분들이 행원을 설하시면 더 많은 분들이 동감하고 같이 발심하실 텐데, 그러면 행원의 노래 곳곳에 울려퍼지며 공부도 수행도 일천한 저 같은 사람이 보현행원을 설한다고 굳이 나서지 않아도 될 텐데… 그리고 저는 선지식이 설하시는 보현행원을 가만히 듣고 찬탄만 하면 될 텐데….

부디 많은 선지식들이 보현행원을 설하시길 발원드린다. 그리하여 온 누리 온 곳 방방곡곡에 행원의 노래 가득 울리기를…

「보현행원품」을 많이 읽자. 하는 일 잘 되고 온 가족 평안 행복하고자 하면 필자는 「보현행원품」만한 경전이 없다고 생각한다. 그리고 마하반야바라밀을 염하자. 내 생명을 부처님과 똑같은 무량공덕 생명의 자리에 두고, 불생불멸·부증불감·불구부정의 자리에 두고

끝없는 광명, 끝없는 축복, 끝없는 희망, 끝없는 은혜로 우리에게 오
시는 부처님과 마하반야바라밀의 무한 위신력에 감사하고, 끊임없
이 생각하고[念], 관(觀)하자. 그와 함께 나에게 맞는 수행 하나를 택
해 보현의 마음으로 일심정진하고 일상에서 보현행원을 실천하자.
모든 분, 모든 수행, 모든 삶을 공경하고 찬탄, 섬기자.

부록

금하광덕의 기도문은 대부분 신·해·행·증으로 구성되어 있다(이해를 돕기 위해 필자가 임의로 나눠 보았다). 또 부처님을 생명의 눈으로 보았다. 이것은 다른 선지식들에게서 보기 힘든 광덕 불교의 특징이라 생각한다. 이런 경계에서 보현행원은 당연히 생명의 율동, 생명의 노래다.

송암지원의 『광덕스님 시봉일기』에는 〈보현행자의 서원〉이 나오게 된 과정이 나와 있다. 불광회의 발전은 종로 대각사 시대와 잠실 불광사 시대로 나눌 수 있는데, 금하광덕은 초창기 대각사 시절부터 매주 목요일 저녁 7시에 모이는 법회 때마다 행원 불교를 적극 주장했다. 그러다 어느 날은 「보현행원품」 강의를 끝내고 아쉬움이 남아, 불광 불자 모두의 다짐으로 쓴 것이 〈보현행자의 서원〉이라고 한다. 행원품의 내용을 떠올리면서 간절한 기도의 심정으로 쓰기 시작했더니 단숨에 그 내용을 다 썼다는 것이다(권1).

어떤 특별한 용도가 있어서 사전에 계획해 의도하여 쓴 것이 아니고, 다만 불광 불자들과 행원품 공부를 끝내고 난 뒤에도 가슴속에서 행원품에 대한 뜨거운 서원과 환희가 자꾸만 솟아올라서 행원품 전체를 조감, 정리했던 것이 〈보현행자의 서원〉이 되었고, 이는 행원품에 대한 금하광덕의 신앙이자 발원문이라고도 할 수 있을 것이다. 또는 금하광덕이 스스로 고백하듯, 불광 법회 형제들이 「보현행원품」을 공부하고 모두 보현행자가 되기를 보현보살에게 발원 올리는 서원 공양이었다고 해도 좋겠다(권4).

보현행자의 서원 서문

信

부처님은 끝없는 하늘이시고, 깊이 모를 바다이십니다. 생각할 수 없는 청정 공덕을 햇살처럼 끊임없이 부어 주십니다. 나의 마음, 나의 집안, 우리 사회 구석구석에 또한 온 겨레, 온 중생 가슴속에 한없이 한없이 고루 부어 주십니다.

　　온 중생 온 세계 온 우주는 부처님의 자비하신 은혜 속에 감싸여 있습니다. 부처님의 거룩하신 은혜는 나의 생명과 우리 국토 온 세계에 넘치고 있습니다. 모든 중생이 부처님의 은혜로운 공덕을 받고서 태어났으며, 은혜로운 공덕을 받아 쓰면서 생활합니다.

解

온 중생은 모두가 일찍이 축복받은 자이며, 일찍이 거룩한 사명을 안고 이 땅에 태어나서 거룩한 삶의 역사를 열어가고 있습니다. 이와 같이 거룩한 광명과 은혜로 살고 있으면서 이 사실을 모르고 있는 자를 중생이라 하였습니다.

　　저들은 지혜의 눈이 없다 하기보다 착각을 일으켜 육체를 자기로 삼고, 듣고 보는 물질로써 세계를 삼으며, 거기서 얻은 생각으로 가치를 삼고, 그를 추구합니다. 그렇기 때문에 중생세계는 겹겹으로 장벽에 싸여 있고, 사람과 사람 사이는 막혀 있으며, 중생들은 헤아릴 수 없는 고통에 감겨 지냅니다.

이 모두가 미혹의 탓이며, 착각으로 말미암아 자기를 그릇 인정한 데에 기인합니다.

그렇지만 이 국토는 원래로 부처님 공덕이 넘쳐 있습니다. 설사 중생들이 미혹해서 잘못 보고, 잘못 생각하고, 고통을 느끼더라도 실로 우리와 우리의 국토가 부처님의 광명국토임은 변하지 않았습니다. 거룩한 광명과 거룩한 공덕이 영원히 변함없이 이 세계를 감싸안고, 그 속에 온 중생이 끝없는 은혜를 지닌 채 약여(躍如)합니다.

이 세상이 우리 눈에 어떻게 나타나 보이더라도, 이 마음에 어떻게 느껴지더라도, 저희들은 부처님의 무량공덕장 세계를 의심하지 않겠습니다. 온 세계 가득히 넘쳐 있는 거룩한 공덕을 결코 의심하지 않겠습니다.

거룩하신 대보살들과 모든 중생들이 부처님의 거룩하신 마음속에 하나인 것을 굳게 믿사옵니다. 일체중생의 본성이 불성이므로 온갖 중생의 생명이 부처님의 공덕 생명임을 믿사오며, 중생들이 이 참 생명을 믿고 구김 없이 씀으로써 한량없는 새로운 창조가 열리는 것을 굳게 믿사옵니다.

行

보현보살께서 말씀하신 십종 행원은 부처님의 무량공덕을 우리의 현실 위에 발휘하는 최상의 지혜행입니다. 행원을 실천하는 데서 우리와 우리의 가정과 우리의 사회 위에 생명의 참 가치가 구현되며, 우리 국토 위에 불국토의 공덕장엄이 구현됩니다.

보현행원은 부처님의 무량공덕세계를 여는 열쇠입니다. 열 가지 문은 하나로 통해 있습니다. 한 가지를 행하여도 부처님의 온전한 공덕은 넘쳐 나옵니다. 행원의 실천은 우리가 자기 생명의 문을 여는 일입니다. 나의 생명 가득히 부어져 있는 부처님 공덕을 발휘하는 거룩한 기술입니다. 나의 생명을 부처님 태양 속에 바로 세우는 일이며, 내 생명에 깃든 커다란 위력을 퍼내는 생명의 숨결이며, 박동(拍動)입니다.

그렇기 때문에 행원에는 목적이 없습니다. 어떠한 공덕을 바라거나, 부처님의 은혜를 바라거나, 이웃이 알아주기를 바라거나, 내지 성불하기를 바라지 않습니다. 행원 자체가 목적입니다. 행원은 나의 생명의 체온이며 숨결인 까닭에 나는 나의 생명껏 행원으로 살고 기뻐하는 것뿐입니다.

행원으로 나의 생명은 끝없는 힘을 발휘합니다. 출렁대는 바다의 영원과 무한성을 생명에 받으며, 무가보(無價寶)가 흐르는 복덕의 대하(大河)가 생명에 부어집니다.

나의 참생명의 파동이 행원인 까닭에 나의 생명이 끝이 없고 영원하듯이 나의 행원도 끝이 없고 영원합니다. 허공계가 다하고, 중생계가 다하고, 중생의 업이 다하고, 중생의 번뇌가 다하더라도 나의 생명 행원은 다함이 없습니다.

보현행원은 나의 영원한 생명의 노래이며, 나의 영원한 생명의 율동이며, 나의 영원한 생명의 환희이며, 나의 영원한 생명의 위덕이며, 체온이며, 광휘이며, 그 세계입니다.

證

나는 이제 불보살님 전에 나의 생명 다 바쳐서 서원합니다.

보현행원을 실천하겠습니다.

보현행원으로 보리를 이루겠습니다.

보현행원으로 불국토를 성취하겠습니다.

대자대비 세존이시여, 저희들의 이 서원을 증명하소서.

금하광덕의 주요 사상은 반야행원으로, 죽은 반야, 정적의 반야가 아니라 '살아있는 반야, 생명의 반야'이니, 반야가 살아서 펄펄 뛰고 있다(그렇게 살아있는 반야, 생명의 반야가 화엄이다). 살아있는 반야, 생명의 반야는 필히 행동의 반야, 행의 반야로 나타날 수밖에 없다. 그리고 그렇게 나타난 행의 반야가 바로 보현대행이다. 이런 이유로 불광은 행동 불교, 보현행의 길을 가실 수밖에 없으니, 참으로 밝고 큰, 그리고 깊고 넓은 금하광덕의 세계이다. 반야를 꿰뚫어 보지 못하면 결코 할 수 없는 일, 반야를 그야말로 철저히 보신 분이 아니면 갈 수 없는 길을 가신 것이다. 반야는 죽은 것, 고요한 것[寂靜]이 아니라 날뛰고 격정적인 것이다. 그러기에 반야가 살아 숨 쉬는 화엄의 해인삼매는 정(靜)의 삼매가 아니라 동(動)의 삼매다. 해인에 비친 법계는 그저 고요한 것이 아니라 만물이, 만유가 서로 조우(遭遇)하며 서로 의존하며 서로 주고받는 살아있는 생명으로 가득한 것이다. 이렇게 살아 숨쉬는 진실 법계에 의해 우리 세계는 끝없이 열려 간다[開顯].

　　이렇게 움직이면 움직이는 만큼 열리고, 행하면 행하는 만큼 현현하는 이 세계는 그야말로 진리 그 자체라, 이것을 이름하여 꽃 화(華) 자, 장엄할 엄(嚴) 자를 써서 일찍이 옛 불교인들은 '화엄'이라 이름 붙였다. 그러므로 반야에 참으로 눈 뜬 분이시라면, 공(空)을 뛰어넘어 빛나는 저 장엄한 세계[妙有]를 보신 분이시라면, 반야대행이 아니 나올 수 없다. 바꿔 말하면, 반야대행이 아니 나오는 분은 참으로 깨치신 분, 반야안을 갖춘 분이라 할 수가 없을 것이다.

　　이런 이유로 우리 광(光) 자 덕(德) 자 큰스님은 중생 속으로, 세상 속으로 아니 들어가실 수가(입전수수) 없었을 것이다. 그냥 깨치

385

셨으면 모르되, 그야말로 투철히 깨치신 분이기에 이 세상이 적정에만 머물러서야 아무 것도 아니됨을 모를 리가 없기 때문이다. 행이야말로 이 허망한 공의 세계를 온갖 생명이 용솟음치는 환희의 세계로 바꾸며, 무상한 삼계(三界)를 영원한 법계로 바꾸는 비법(秘法)이요 신통(神通)임을 모를 까닭이 없는 것이다. 그러므로 금하광덕은 세상 속으로 들어오셨다. 마치 부처님이 그러하셨듯, 원효가 그러하셨듯, 그렇게 범어사 시절을 못 잊으시고 그렇게 산(山)을 그리워하시면서도, 결코 우리 곁을 떠날 수 없어 열반마저도 물 좋고 공기 좋은 곳이 아니라 공기 탁하고 숨 막힌 시멘트 속에서 이루고 떠나셨다. 이 기도문 역시 임의로 필자가 신해행증으로 나눠 본다.

반야보살 행원 기도문

信

위없는 진리로서 영원하시고 법성광명으로 자재하옵신 본사 세존이
시여. 저희들의 지성 섭수하시고, 자비 거울로 간곡히 살펴 주옵소서.

대자대비 세존께서는 온 중생 하나하나 잠시도 버리지 않으시
고 영원한 진리 광명으로 성숙시키시건만, 미혹한 범부들이 크신 광
명 등지고 스스로 미혹의 구름을 지어 끝없는 방황을 계속하여 왔사
옵니다. 장애와 고난과 죽음이 따랐고, 불행과 눈물과 죄악의 업도를
이루었사옵니다. 그러하오나 부처님의 지극하신 자비 위신력은 저
희들을 살피시고 감싸시어 저희들에게 믿음의 눈을 열게 하셨사옵
니다.

解

저희들의 본성이 어둠과 죄악이 아니고 광명과 지혜이오며, 불안과
장애가 아니고 행복과 자재이오며, 무능과 부덕이 아니라 일체 성취
의 원만 공덕이 충만함을 깨닫게 하셨사옵니다. 저희 생명에서 부처
님의 자비로운 위신력이 샘물처럼 솟아나고, 부처님의 크신 자비와
큰 서원은 생명의 소망으로 빛나고 있음을 깨달았습니다. 저희들의
용기는 무장애 신력으로 장엄하였고, 부처님의 자비하신 가호력이
영원히 함께함을 깨달았습니다. 부처님의 크나큰 원력이 저희들과

저희 국토를 성숙시키니, 저희 국토는 영원히 진리를 실현하고 영광으로 가득 채울 축복된 땅임을 깨달았습니다. 이처럼 커다란 은혜와 찬란한 광명으로 장엄한 저희에게 어찌 실로 불행과 고난이 있사오리까.

영원히 행복하고 뜻하는 바는 모두 이루며, 행운과 성공이 끝없이 너울치는 은혜의 평원이 열리고 있사옵니다. 마하반야바라밀의 크신 위덕이 이와 같이 일체중생, 일체국토를 광명으로 성숙시키고, 일체생명 위에 무애 위덕을 갖추어 주셨사옵니다. 이와 같은 부처님의 대자비 은덕으로, 저희들의 생각은 항상 맑고 뜻은 바르며, 마음은 끝없이 밝은 슬기로 가득 차 있사옵니다. 그러므로 저희들이 부처님의 반야 법문을 깨닫고 이 믿음에 머무르니 끝없는 행복의 나날이 열려옵니다. 불행은 이름을 감추고, 희망의 햇살은 나날이 밝음을 더하고, 성공의 나무에는 은혜의 과실이 풍성하고, 저희들의 생애는 끝없는 성취를 충만케 하십니다.

行

대자비 세존이시여! 이제 저희들은 부처님의 끝없는 은혜 광명 속에서 지성으로 감사드리고 환희용약 하오면서 서원을 드리옵니다. 저희들은 반야 법문에서 결코 물러서지 않겠습니다. 생명의 바닥에서 영원히 빛나는 부처님의 끝없는 은혜를 잠시도 잊지 않겠습니다. 온 누리 온 중생 위에 끊임없이 넘치는 부처님의 자비 은덕을 끝없이 존경하고 찬탄하겠습니다. 부처님을 위시한 일체 삼보님과 일체중생에게 온갖 정성 바쳐 공양하고, 섬기고 받들겠습니다. 그리하여 영원토록 모든 국토 모든 중생에게 평화, 행복이 결실되도록 힘쓰겠습니다. 자비하신 세존이시여, 저희들의 이 서원이 이루어지도록 가호하여 주옵소서.

證

모든 번뇌에서 해탈하고 고난에서 벗어나며, 대립과 장애와 온갖 한계의 벽을 무너뜨리고, 걸림없는 반야 광명이 드러나게 하여 주옵소서. 미혹의 구름이 덮여 올 때 믿음의 큰 바람이 일게 하시며, 고난과 장애를 보게 될 때 바라밀 무장애 위덕이 빛나게 하여 주옵소서. 그리하여 저희들의 생애가 보살의 생애로서, 일체중생과 역사와 국토를 빛냄으로써 마침내 부처님의 크신 은덕을 갚아지이다.

　　나무 석가모니불
　　나무 석가모니불
　　나무 시아본사 석가모니불

1992년 4월 2일 공연된 최초의 창작 국악 교성곡 〈보현행원송〉 가사이다. 불광사의 금하광덕이 「보현행원품」의 내용을 가사로 만들고, 중앙대학교 교수이던 박범훈이 작곡했다. 이 글은 「보현행원품」의 핵심을 대단히 간결하게 그리고 대단히 아름다운 운율로 빚어낸, 가히 균여(均如, 923~973) 대사의 〈보현십원가〉에 비교될만한 노래이다. 한문으로 「보현행원품」 독송이 어려운 오늘날 한글 세대들의 「보현행원품」 수행에 큰 도움이 되리라 본다.

보현행원송

나-무- 삼계대사 사생자부 시아본사 석가모니불
나-무- 여래장자 법계원왕 만행무궁 보현보살마하살
나-무- 대방광불화엄경 입부사의 해탈경계 보현행원품

거룩할사 부처님 위덕이여
빛나올사 부처님 공덕이여
끝없는 자비하심 걸림없는 위신력이여
아!
무엇으로 견주어 보고 그 누가 짐작인들 하오리까.
시방 일체 부처님이
불가설 불가설 불찰 극미진수겁에라도
다 말씀 못하시는 크옵신 공덕이여
말과 비유와 생각을 넘었어라.
아!
거룩하온 지혜시여
빛나옵신 위덕이여
온 국토 온 생명을 키우시는 빛이시어라 빛이시어라

불자여 형제여 이 땅의 광명이여

크옵신 공덕문은 활짝 열리고
자비하신 손길이 기다리시니
어서 어서 공덕문에 뛰어들지라
부사의 해탈문에 뛰어들지라
대원왕 보현행원 힘써 닦아서
무량광 여래공덕 이룰지로다.

개경계

위-없이	심히깊은	미묘법이여
백-천-	만겁인들	어찌만나리
내- 이제	보고듣고	받아지니니
부처님의	진실한뜻	알아지이다

개법장진언

옴 아라남 아라다 (3번)

대방광불화엄경 입부사의해탈경계 보현행원품

부처님의	크신공덕	한량없어라
제불께서	무량겁을	연설한대도
지니신덕	소분조차	말씀못하네
누가있어	이공덕을	이루려하면
열-가지	행의원을	닦을지로다
열가지-	광대행원	닦을지로다

보현행원　　수행하는　　보살들이여
모―든　　부처님께　　예경할지라
시방세계　　미진수불　　빠짐이없이
눈-앞에　　대-한 듯　　큰믿음으로
청정하온　　삼업을-　　모두기울여
염념-히　　끊임없이　　예경할지라

보현행원　　수행하는　　보살들이여
일체여래　　모든공덕　　찬탄할지라
시방세계　　미진수의　　부처님회상
한량없는　　보살들이　　함께하신데
미묘한말　　무진음성　　모두기울여
염념히-　　끊임없이　　찬탄할지라

보현행원　　수행하는　　보살들이여
시방세계　　일체불게　　공양할지라
수행하고　　중생돕고　　대신고(苦)받고
선근(善根)닦아　　보살업을　　쉬지않으며
보리-심　　여의잖고　　중생거두는
진실공양　　법공양에　　끊임없어라

보현행원　　수행하는　　보살들이여
무시이래　　지은업장　　참회할지라

393

지난동안　　　지내-온　　　무량겁중에
탐심진심　　　삼독심-　　　삼업으로서
지은악업　　　허공-을　　　지내오리니
염-념히　　　끊임없이　　　참회할지라

보현행원　　　수행하는　　　보살들이여
모든여래　　　지은공덕　　　기뻐할지라
일체제불　　　초심부터　　　무량겁동안
신명을-　　　바쳐가며　　　닦은선근과
가지가지　　　바라밀문　　　원만히닦아
이루옵신　　　무상보리　　　수희할지라

보현행원　　　수행하는　　　보살들이여
일체불께　　　설법-을　　　청할지로다
시방세계　　　끝이없는　　　불국토에서
미진수-　　　불보살님　　　함께하신데
몸과말과　　　종종방편　　　모두기울여
묘한법륜　　　굴리기를　　　청할지로다

보현행원　　　수행하는　　　보살들이여
일체제불　　　주세간을　　　청할지로다
일체세계　　　미진수불　　　열반들때와
성문연각　　　유무학과　　　선지식들께

열반에- 들지말고 미진겁토록
중생들을 이락토록 권청할지라

보현행원 수행하는 보살들이여
어느때나 여래따라 배울지로다
비로자나 부처님이 발심하시고
신명을- 아끼잖고 정진하시며
가지가지 난행닦아 보리이루고
중생들을 성숙시킴 배울지로다

보현행원 수행하는 보살들이여
온갖형상 일체중생 수순할지라
부모님과 스승님과 부처님처럼
섬기고- 받들고- 공양올리며
길-잃은 이에게는 길을가리켜
평등하게 요익하고 수순할지라

보현행원 수행하는 보살들이여
중생에게 모든공덕 회향할지라
중생들이 안락하고 선업닦아서
악도문은 굳게닫고 열반길열며
악업으로 받는고는 대신다받아
모두모두 무상보리 이루게하라

(후렴)

허공계	다-하고	중생다하고
중생의	번뇌가-	다할지라도
보살의-	행원은-	다하지않아

보살이여	이-것이	열-가지	행원이니
누구나-	이대원을	받-들어	행한다면
이것이-	중생들을	성숙하여	나감이며
아뇩다라	삼보리에	수순하고	행함이며
보현보살	큰행원을	원만하게	이룸이라.

어떤보살	세상에서	으뜸가는	칠보산과
인간이나	천상에-	다시없는	안락으로
일체세계	중생에게	무량겁을	보시해도
이원왕이	귀에한번	지나침만	못하나니
그공덕은	만분에도	미치지-	못하니라.

어떤사람	신심으로	대원왕을	수지하면
일체죄업	일체고뇌	모두다-	소멸되고
마군이나	나찰들도	발심하고	수호하니
짙은구름	벗어난-	달빛처럼	자재하여
불보살님	칭찬받고	천상인간	예경하리.

이사람은 인간되어 보현공덕 원만하고
보현보살 미묘색신 모두속히 성취하고
어느때나 천상인간 승족중에 태어나서
일체악취 일체외도 모두다- 조복받아
사자왕이 당당하듯 중생공양 받으리라.

이사람은 연꽃속에 태어남을 보게되고
부처님의 수기받고 시방세계 다니면서
백천만억 나유타겁 중생따라 이익주고
마군중을 항복받아 보리도량 이르러서
무상정각 이루우고 묘법문을 굴리리라.

이사람이 임종할때 일체몸은 무너지고
일체친족 일체위세 따라옴이 없건마는
오직보현 원왕만은 그의앞길 인도하여
찰나중에 왕생극락 아미타불 친견하고
문수보현 관음미륵 제보살을 뵈오리라.

한량없는 세계중생 보리심을 내게하고
근기따라 교화하여 무량중생 이익주니
대원왕을 들었거나 그말씀을 믿었거나
수지하고 독송하고 남을위해 말해주는
그사람이 지닌공덕 부처님만 능히알리

그대들은	원왕듣고	의심을-	내지마라
마음비워	받고읽고	능히외워	지니면서
서사하고	남을위해	설해주는	그사람은
일념중에	모든행원	모든복취	성취하여
고해중생	건져내어	극락국에	나게하리.

보현행원은 나의 진실생명의 문을 엶이어라.
무량위덕 발휘하는 생명의 숨결이어라.
보현행원은   나의 영원한 생명의 노래
               나의 영원한 생명의 율동
               나의 영원한 생명의 환희
               나의 영원한 생명의 위덕
               체온이며 광휘이며 그 세계이어라.

내 이제 목숨바쳐 서원하오니
삼보자존이시여 증명하소서
보현행원을 수행하오리
보현행원으로 불국 이루리
보현행원으로 보리 이루리
나무 대행 보현 보살 마하살
나무 마하반야바라밀.

보현행원으로
완전해지는
화엄의 지혜

화엄경
보현행원품
강의

2024년 12월 24일 초판 1쇄 발행

지은이 이종린
발행인 박상근(至弘) • 편집인 류지호 • 편집이사 양동민
책임편집 하다해 • 편집 김재호, 양민호, 김소영, 최호승, 정유리
디자인 쿠담디자인 • 제작 김명환 • 마케팅 김대현, 이선호, 류지수 • 관리 윤정안
콘텐츠국 유권준, 김대우, 김희준
펴낸 곳 불광출판사 (03169) 서울시 종로구 사직로10길 17 인왕빌딩 301호
　　　　대표전화 02) 420-3200 편집부 02) 420-3300 팩시밀리 02) 420-3400
　　　　출판등록 제300-2009-130호(1979. 10. 10.)

ISBN 979-11-7261-119-4 (03220)

값 25,000원